靈能塔羅

打開內在之眼，迎接更具洞見的占卜

麥特・奧林
Mat Auryn

各界讚譽

「這本手冊可以解鎖你的天才⋯⋯麥特・奧林正在證明自己是罕見的傑出人物，他一定會好好定義當前這個世代的神祕學。」
——班妮貝兒・溫（Benebell Wen），《整體塔羅牌》（Holistic Tarot，暫譯）作者

「無論你是初學者還是經驗豐富的占卜師，麥特都提供了易於遵循的步驟，可以為你的塔羅占卜加持充電，提高你的靈力。」
——瑪莉・K・格瑞爾（Mary K. Greer），《跟著大師學塔羅》（Tarot for Your Self）作者

「這本綜合手冊具有能幫助塔羅占卜師發展靈能技能的實用練習⋯⋯一本即時的經典。」
——泰瑞莎・里德（Theresa Reed），《命運手中的牌》（The Cards You're Dealt，暫譯）作者

「《靈能塔羅》是365度視野的塔羅占卜實作，適合各個層級的塔羅占卜師。」
——T・蘇珊・張（T. Susan Chang），《有生命的塔羅》（The Living Tarot，暫譯）作者

「奧林寫了一本極其引人入勝的塔羅書，而我們大家很幸運，生逢其時，可以飽覽此書。」
——梅麗莎・西諾娃（Melissa Cynova），《廚房桌上的塔羅》（Kitchen Table Tarot，暫譯）作者

「這本書填補了占卜領域長久以來亟需填補的空缺⋯⋯作者帶領你進入運用天生的直覺讓塔羅的完整豐富得以顯現的世界。」
——南希・亨德里克森（Nancy Hendrickson），《祖靈塔羅》（Ancestral Tarot，暫譯）作者

「在當今光輝活躍的神祕學界，奧林是最耀眼的明星之一⋯⋯他有本領將事物分解成容易消化吸收的片段，這使得本書與眾不同。」
——塔拉莎・特瑞斯（Thalassa Therese），舊金山灣區塔羅座談會（San Francisco Bay Area Tarot Symposium）的占卜師、創辦人、製作人

「一本精采的指南，充滿能夠喚醒直覺的練習和技巧。要準備好啟動你的最高靈能潛力。」
──艾略特・亞當（Elliot Adam），暢銷書《無畏塔羅》（*Fearless Tarot*，暫譯）作者

「另一本有價值、深思熟慮又頗具洞見的創作……麥特熟練地帶領你循序漸進地創造豐碩多產的塔羅占卜法。」
──珍・桑基（Jen Sankey），《魔法森林貓咪塔羅》（*Enchanted Forest Felines Tarot*，暫譯）作者

「如果你曾經懷疑自己的靈力，本書首先會給予你溫和的輕推，然後是令人雀躍的激勵，直至你深入探究自己的內在運作並發現自己的潛力為止。」
──西達斯・拉馬克里希南（Siddharth Ramakrishnan），哲學博士，《塔羅牌的神經科學》（*The Neuroscience of Tarot*，暫譯）作者

「奧林提供了原創的牌陣、練習、技巧、實作法以及冥想，幫助你培養洞察力，熟習塔羅的技能。」
──絲凱・亞歷山大（Skye Alexander），《現代女巫的塔羅書》（*The Modern Witchcraft Book of Tarot*，暫譯）作者

「本書以親密的一對一敘事風格撰寫，將歷史參考資料與個人軼事流暢地編織在一起。」
──希羅・馬爾切提（Ciro Marchetti），《皇家炫金塔羅》（*Gilded Tarot Royale*，暫譯）創作者

「奧林將塔羅的世界從平凡的世俗領域擴展到無限的可能性，讓人在連結靈界時，可以虛心開放，準備好好接收。」
──艾琳・哈爾沃森（Ailynn Halvorson），《塔羅療癒藥房》（*The Tarot Apothecary*，暫譯）作者

「如果你只閱讀一本麥特的書，那就選這本吧……他的練習將帶你深入了解如何結合你的天賦與實修培養的才能。」
──梅蘭妮・巴納姆（Melanie Barnum），《真實人生直覺》（*Real Life Intuition*，暫譯）作者

「本書讓所有塔羅愛好者與塔羅牌得以建立更深入且更深邃的連結。麥特・奧林引導讀者透過深具洞見和必不可少的基礎了解靈能運作。」
──艾瑟妮・道恩（Ethony Dawn），《塔羅魔法書》（*Tarot Grimoire*，暫譯）作者

「麥特・奧林將兩個時常被誤解成相互排斥的主題──塔羅牌與靈力──流暢地編織在一起。」
──克里斯・昂納里奧（Chris Onareo），IGTV（Instagram TV）節目〈Show Us Your Deck!〉與〈We're Booked!〉主持人

「一本慷慨、詳盡且友好的指南，運用塔羅牌和其他占卜工具啟動探索，讓我們得以更全面地了解靈力。」
──梅格・瓊斯・沃爾（Meg Jones Wall），《尋找愚者》（*Finding the Fool*，暫譯）作者

「我運用專業解讀塔羅牌超過25年，所以當我告訴你，《靈能塔羅》是我們大家一直在等待的著作，那可是意義非凡哦！」
──黛博拉・布雷克（Deborah Blake），《日常女巫塔羅》（*The Everyday Witch's Tarot*，暫譯）創作者

「奧林帶領讀者超越基本的牌面意義，從而提升自己的塔羅修行⋯⋯本書旨在為你的占卜實務加持充電。」
──潔咪・艾爾福德（Jaymi Elford），《由塔羅啟發的人生》（*Tarot Inspired Life*，暫譯）作者

「這無疑是我讀過最好的塔羅書，而且我相信，它可以幫助所有人運用更多的直覺、靈力與自信，給出為人灌注力量的塔羅占卜。」
──艾絲翠・泰勒（Astrea Taylor），《透過魔法啟發創造力》（*Inspiring Creativity Through Magick*，暫譯）作者

「奧林又寫了一本曠世鉅作。他的最新作品以革新的方法和別具一格的想法脫穎而出⋯⋯他的詳盡研究和獨特觀點值得讚揚。」
──蜜雪兒・韋爾奇（Michelle Welch），《靈界揭露》（*Spirits Unveiled*，暫譯）作者

「麥特持續證明自己是知識的源泉⋯⋯他對探索的熱愛創造了《靈能塔羅》的獨特洞見⋯⋯解讀塔羅牌確實是一門藝術,但解說和教授塔羅牌更是。今天,麥特為我們帶來的是大師級的課程。」
——亞瑟・王(Arthur Wang),《真黑塔羅》(TrueBlack Tarot,暫譯)繪者兼創作人

「對於真正希望深化其塔羅知識的人來說,這本精采的書籍是必讀之作⋯⋯請幫自己一個忙,把《靈能塔羅》新增至你的靈性圖書館吧!」
——莉莉絲・朵西(Lilith Dorsey),《女巫之道的塔羅指南》(Tarot Every Witch Way,暫譯)作者

「奧林解讀塔羅牌的革新方法將會讓你看見,如何以你從未想過的方式開啟你的靈能感官⋯⋯在我自己的塔羅圖書館中,《靈能塔羅》是重點兼核心。」
——帕米塔夫人(Madame Pamita),《蠟燭魔法之書》(The Book of Candle Magic,暫譯)作者

「奧林又發表了一部現代巫界的鉅作經典。這本俐落、明瞭且詳細的著作不僅為塔羅牌占卜師提供了工具和技術,更提供了特有的靈性路徑。最重要的是,麥特以和善的語氣將可能令人困惑的概念分解成迷人的實作法。」
——寇特妮・韋伯(Courtney Weber),《獨自讀塔羅》(Tarot for One,暫譯)作者

「奧林發光閃耀,是洞見與靈感的燈塔⋯⋯真正促使《靈能塔羅》與眾不同的是本書的整合方法,揉合了靈能開發和能量運作技巧與基礎塔羅實作。」
——艾莉莎・巴薩(Alysa Bartha),《掌握塔羅精要》(Essential Tarot Mastery,暫譯)作者

「在聲稱為占卜師提供塔羅占卜新視角的書籍中,《靈能塔羅》確實提出了不同方法,不僅有傳統詮釋,更加入了靈能開發,從而得出更直覺的解讀。」
——尚-路易・德・比亞西(Jean-Louis de Biasi),《神聖阿爾克那的太陽之光》(The Divine Arcana of the Aurum Solis,暫譯)作者

「麥特・奧林再次將他的頂尖專業知識散布到資訊豐富且方便使用的內容之中。這本書有豐富的塔羅與神祕學歷史和理論,但卻運用誰都可以完成的練習把它帶到當今的世界。」
——卡珊卓拉・史諾(Cassandra Snow),《酷兒塔羅》(Queering the Tarot,暫譯)作者

「《靈能塔羅》是我讀過最好的塔羅教學書之一⋯⋯我絕對會推薦它給想要打好基礎的新手占卜者和經驗豐富的占卜師。」
——莎拉・L・梅斯托斯（Sara L. Mastros），《所羅門的魔法》（*The Sorcery of Solomon*，暫譯）與《奧菲讚歌魔法書》（*The Orphic Hymn Grimoire*，暫譯）作者

「這是一本出色且相當平易近人的作品，它讓塔羅占卜師有力量透過塔羅牌的鏡頭，接受和發揮自己與生俱來的靈能本質。它是極其獨特的作品，因為市面上並沒有能夠如此全面地將塔羅占卜與靈能藝術交織在一起的東西。」
——瑪莉亞・明尼斯（Maria Minnis），《為辛勞者而設的塔羅》（*Tarot for the Hard Work*，暫譯）作者

「這是一本探索塔羅哲學、神性、能量校正、靈能練習與沉浸式冥想的重要紙牌占卜指南，所有這一切都是為了強化你與生俱來的直覺天賦。」
——莎夏・葛拉漢（Sasha Graham），《塔羅的魔法》（*The Magic of Tarot*，暫譯）作者

「《靈能塔羅》解開了其他塔羅書籍中未被探討的重要塔羅主題⋯⋯它包含豐富的理論性和實用性知識，更是珍貴的練習和技巧的寶庫。」
——查理・克萊爾・伯吉斯（Charlie Claire Burgess），《激進塔羅》（*Radical Tarot*，暫譯）作者

「麥特・奧林是迄今為止最優秀的作家，他善於幫助魔法人士變得更具有靈能力⋯⋯麥特為他的塔羅書創作的實用練習是真正的天才。」
——卡洛琳・肯納（Caroline Kenner），「傻狗」（Fool's Dog）塔羅應用程式公司的聯合創辦人，《布狄卡的世俗樂園塔羅》（*Boadicea's Tarot of Earthly Delights*，暫譯）的共同創作者

「麥特匯集了我們的自然本能和獨特人生經驗的智慧，為塔羅占卜服務⋯⋯《靈能塔羅》更上一層樓，重新定義了塔羅指南書。」
——理查・卡辛斯基（Richard Kaczyski），《持久者：阿萊斯特・克勞利傳》（*Perdurabo*，暫譯）作者

「我很感激奧林先生把書寫得那麼好，它幫助我戰勝了成為靈能塔羅占卜師的恥辱。」
——南希・安特努奇（Nancy Antenucci），《靈視塔羅》（*Psychic Tarot*，暫譯）作者

關於作者

©Shane Ernest, Rare Photography

麥特・奧林（Mat Auryn）是神祕學界與巫術界頗具影響力的作家兼教師，讀者群從美國擴展到國際。他的深厚知識與經驗，源自於多年來在各種神祕傳統和祕傳教派的專注研習、實踐與訓練，而且往往是在知識淵博的著名導師指引下進行。他的獲獎著作《魔法顯化》（*Psychic Witch*）與《魔法深化》（*Mastering Magick*）為那些對靈能與魔法實作感興趣的人，提供了實用的洞見和修習法。這些著作借鑒了一系列的傳統，例如占星學、赫密士主義（Hermeticism）、威卡教（Wicca）、傳統巫術（Traditional Witchcraft）、新思維（New Thought）、泰勒瑪（Thelema）、超心理學（parapsychology）、榮格分析心理學（Jungian analytical psychology）、新柏拉圖主義（Neoplatonism）以及煉金術，因此成為對求道者來說萬用多變但又平易近人的指南。他的著作曾經贏得多個獎項，已被翻譯成超過13種語言，影響力不斷擴大。

寫作之外，麥特多年來在麻薩諸塞州塞勒姆市（Salem）擔任專業靈媒兼塔羅占卜師，同時也自己私人執業。此外，他為專業和主流刊物撰稿，包括經常為《巫與異教徒雜誌》（*Witches & Pagans*，暫譯）撰寫專欄。他的作品曾經出現在《柯夢波丹》（*Cosmo*）、《新聞週刊》（*Newsweek*）、《波士頓環球報》（*The Boston Globe*）與《O: Oprah Daily 雜誌》等媒體，也曾在巴克蘭巫術博物館（Buckland Museum of Witchcraft）展出，甚至成為《巫道》（*Witch Way Magazine*，暫譯）雜誌頒發的「最樂於助人巫師獎」（The Most Supportive Witch）第一位得主。他還與女演員兼作家瑞秋・楚（Rachel True）共同主持〈THE CIRCLE IS podCAST〉。麥特是紐約州萊茵貝克（Rhinebeck）歐米茄整體研究學院（Omega Institute for Holistic Studies）的教員，在此教授並帶領學員探討靈力和魔法的靜修課程。麥特現居加州灣區，他是曼陀羅貿易公司（Datura Trading Co.）與現代巫者大學（Modern Witch University）的共同所有人。他透過寫作、工作坊、採訪、社交媒體與講座分享他的知識和洞見，始終如一地強調，重要的是，透過靈能與魔法的賦能培力，實現個人成長和正向轉變。如需更多麥特及其工作的相關資訊，請造訪 Auryn.net。

麥特・奧林的其他著作

Psychic Witch: A Metaphysical Guide to Meditation, Magick, and Manifestation (Llewellyn)

Mastering Magick: A Course in Spellcasting for the Psychic Witch (Llewellyn)

Pisces Witch: Swimming in the Starry Seas with Ivo Dominguez, Jr. (Llewellyn)

Ephemere Tarot: The Guidebook with Arthur Wang (TrueBlack Tarot)

由麥特・奧林撰寫序文的著作

Of Blood and Bones: Working with Shadow Magick and the Dark Moon by Kate Freuler (Llewellyn)

Seasons of Moon and Flame: The Wild Dreamer's Epic Journey of Becoming by Danielle Dulsky (New World Library)

Queering Your Craft: Witchcraft from the Margins by Cassandra Snow (Weiser)

Mountain Conjure and Southern Root Work by Orion Foxwood (Weiser)

Pure Magic: A Complete Course in Spellcasting by Judika Illes (Weiser)

Consorting with Spirits: Your Guide to Working with Invisible Allies by Jason Miller (Weiser)

Men and the Goddess: An Anthology Revisited by Erick Dupree (self-published)

Scott Cunningham: The Path Taken: Honoring the Life and Legacy of a Wiccan Trailblazer by Christine Cunningham Ashworth (Weiser)

Magical Tarot: Your Essential Guide to Reading the Cards by Madame Pamita (Weiser)

紀念瑞秋・波拉克

（Rachel Pollack，1945－2023）

「倘若你想在塔羅占卜時開發你的靈能力或比較直覺的面向，那就試試看吧！當你為人們占卜的時候，要讓你的頭腦對閃現的念頭或圖像等等保持開放的態度——要願意表達它們……重要的是，不要陷入是否準確的陷阱。塔羅牌不是變戲法或舞臺表演，如果你擔心出錯，你就什麼也不敢說了。」

——瑞秋・波拉克
《瑞秋・波拉克的塔羅智慧：靈性教導與深層意義》
（*Rachel Pollack's Tarot Wisdom: Spiritual Teachings and Deeper Meanings*，暫譯）

獻辭

我的優秀夥伴查斯（Chas）、迪凡（Devin）及史東（Storm）：你們在撰寫和修訂本書時給予的支持，加上校對以及極具洞見的回饋，一直是形塑本書最終樣貌所不可或缺的。除了本書外，我更感激能與這樣卓越的人分享我的人生。

艾普莎（Aeptha）：我們人生道路的交會感覺不像偶然，比較像是一連串改變人生的共時性事件造就的關鍵時刻。妳對世界的獨特貢獻是無價的，而且認識妳一直是我的莫大榮幸。

克里斯・勒瓦瑟（Chris LeVasseur）：在塞勒姆市緊張的十月季期間於「魔法屋」（Enchanted）公司工作，那不僅是我的全職塔羅占卜生涯的起點，更磨練了我的靈力，成就了今天擔任占卜師的我。感謝你給我這個機會，也感謝你每年十月讓我在你的住處過夜，使我免於每天與交通堵塞奮戰。

克里斯・昂納里奧（Chris Onareo）：感謝我丈夫戲稱為「我的塔羅男友」的傢伙。你在我撰寫本書手稿時率先閱讀並提供意見，那非常有價值，而你的友誼對我來說更是意義重大。

達尼艾拉・迪歐妮（Danielle Dionne）：妳是看見我有教學潛力的第一個人，妳的友誼徹底改變了我對通靈的懷疑，點燃了我自己的通靈修習。從塔羅牌到通靈，乃至寫作，妳一直是真正的朋友和活生生的榜樣，使我不斷突破自己的邊界。

艾莉西亞・蓋洛（Elysia Gallo）：感謝妳總是辛勤工作，幫助我將零散的思緒和凌亂的草稿，轉變成對其他人來說實際上條理清楚的著作。與妳合作以及逐漸認識妳一直是與鹿林（Llewellyn）合作最美好的部分之一。

詹姆斯・安德森・福斯特（James Anderson Foster）：感謝你持續的支持以及將我的著作化為有聲書。講述有聲書是一門藝術，而我就是只想要你來為我的作品發聲。

茱蒂卡・伊爾斯（Judika Illes）：妳的建議一直庇護著我的真實性，在極具挑戰的時期激勵著我的靈。妳在作者身分與編輯角色之間取得平衡，對神祕學寫作的奉獻無人可比，我很珍惜我們的寶貴友誼。

馬斯卡洛（J. R. Mascaro）：難得認識個人靈知和靈性體驗跟我一模一樣的人，額外的好處是，有你在身邊很讚。你一直非常肯定我個人與大蛇之間的體驗，而我也毫不懷疑你的未來會十分美好。

瑪莉・K・格瑞爾：在我們還不認識之前，妳的著作就是我的非官方導師，塑造了我在塔羅占卜時的聲音和風格。妳成功卻很謙遜的態度、我們分享過的深具洞見的塔羅牌討論，以及妳在活動中營造的氛圍，都對我產生了持久的影響，而且無庸置疑的是，妳的努力已經正向影響了現代的塔羅學界。

帕米塔夫人：妳是我最愛的紫髮人，妳不僅是好人，在魔法方面也同樣天賦異稟。成為妳的朋友使我的人生在許多方面都變得更好，我很高興曾經決定駐足在妳的展示攤位前，看看那些年妳所創作的蠟燭。

蜜雪兒・韋爾奇：妳名副其實的善意一直是我的檢驗標準，妳邀請我在NWTS與TIDE塔羅活動上演講，使我認識了一群志同道合的超讚塔羅夥伴。妳與羅傑（Roger）的工作是這個當面諮詢的塔羅社群的核心，對此，我們全都心懷感激。

瑞秋・楚：妳在《魔女遊戲》（*The Craft*）與《一半一半》（*Half and Half*，暫譯）中的角色是我的偶像，我相當仰慕妳。有妳為我寫序以及轉變成在現實人生中支持我，這實在超不真實。妳在銀幕外的真誠與機智（尤其是為我做的塔羅占卜影響深遠），證實妳在各方面都貨真價實。

蘿比・佩克（Robbi Packard）：妳的商店「知更鳥的巢」（The Robin's Nest）使我第一次登上講臺教學，也讓我看見融合商業與真實社區建築的藝術。謝謝妳，蘿比，感謝妳堅定的支持，感謝妳讓「知更鳥的巢」成為我第一次展翅翱翔的靈性家園。妳不僅大大影響了我的人生，也影響了無數其他人。

泰瑞莎・里德：認識妳向來是真正的享受，妳對寫作和教學的奉獻一直是我靈感的無盡根源。感謝妳的友誼，也感謝妳在我需要發洩的時候為我提供空間。

祝聖儀式

本書以掌管塔羅牌的鷹翼天使之名義得到聖化，鷹翼天使是神性的使者兼求道者的嚮導，祂守護並揭示阿爾克那（arcana，譯注：中世紀煉金術士追尋的奧祕，也是天地萬物運行的道理），而且祂的每一根羽毛都是一張塔羅牌。

本書以掌管運氣、命運、機會以及天命的女神之名義得到聖化，這位女神握有豐盛的聚寶盆，轉動著「命運之輪」，她提醒我們，生命是有許多迂迴曲折的旅程，以及如何回應命運取決於自己。

本書以朱鷺頭神性書記與智慧大師的名義得到聖化，這位男神是神聖知識的守護者、書寫的發明者，是所有法學家、學者及魔法師的守護神：塔羅牌的奧祕因祂而得名。

其他致謝

阿巴索尼亞（Abbathoniah）、亞當・薩特韋爾（Adam Sartwell）、亞丁・阿登尼斯（Aden Ardennes）、艾丹・瓦赫特（Aidan Wachter）、艾琳・哈爾沃森（Aileen Halvorson）、阿里・多薩里（Ali Dossary）、艾莉森・奇科斯基（Alison Chicosky）、又名「布朗克斯女巫」（BronxWitch）的艾莉・克拉維茲（Aly Kravetz）、艾莉莎・巴薩、艾咪・布雷克索恩（Amy Blackthorn）、阿納・尼諾（Anaar Nino）、安迪・基斯（Andy Kiess）、安・尼文（Anne Niven）、艾莉・曼奇（Ari Mankey）、艾琳・墨菲—西斯考克（Arin Murphy-Hiscock）、亞瑟・王、艾絲翠・泰勒、貝姬・津斯（Becky Zins）、班妮貝兒・溫、班・斯汀普森（Ben Stimpson）、比爾・克勞斯（Bill Krause）、芭比・索貝爾（Bobbi Sobel）、布雷克・貝維爾（Brett Bevell）、布雷特・哈利黑德（Brett Hollyhead）、卡洛琳・肯納、卡珊卓拉・史諾、查爾斯・哈靈頓（Charles Harrington）、查理・克萊爾・伯吉斯、雀兒喜・沃爾夫（Chelsea Wolfe）、克里斯・阿勞恩（Chris Allaun）、克里斯・奧拉佩羅（Christ Orapello）、克莉絲汀・阿什沃斯（Christine Ashworth）、克里斯多佛・潘薩克（Christopher Penczak）、希羅・馬爾切提、科比・麥克（Coby Michael）、寇特妮・韋伯、達娜・紐科克（Dana Newkirk）、丹妮艾兒・達爾斯基（Danielle Dulsky）、大衛・索利斯貝里（David Salisbury）、朵恩・韓特（Dawn Hunt）、黛博拉・布雷克、愚蠢的魚丹尼斯（Denis of Foolish Fish）、德里克・蘭德（Derrick Land）、迪奧蒂瑪・曼蒂尼亞（Diotima Mantineia）、達米安・艾可斯（Damien Echols）、多迪・葛拉漢・麥凱（Dodie Graham McKay）、杜爾加達耳・阿倫・杜瑞爾（Durgadas Allon Duriel）、艾略特・亞當、伊莉莎白・奧圖納利斯（Elizabeth Autumnalis）、恩菲絲・J．布克（Enfys J. Book）、艾瑞克・杜普里（Erick DuPree）、艾莉卡・羅賓遜（Erika Robinson）、艾瑟妮・道恩、加壁列拉・赫斯提克（Gabriela Herstik）、格雷・湯森德（Grey Townsend）、葛雷格・紐科克（Greg Newkirk）、關德琳・李斯（Gwendolyn Reece）、奎昂・雷文（Gwion Raven）、漢娜・卡特賴特（Hannah Cartwright）、海倫・米歇爾（Heron Michelle）、希拉莉・惠特摩爾（Hilary Whitmore）、霍莉・范德哈（Holly Vanderhaar）、雨果・拉格斯帕達（Hugo Largaespada）、小伊沃・多明格兹（Ivo Dominguez, Jr.）、傑克・葛雷爾（Jack Grayle）、潔姬・史密斯（Jacki Smith）、傑克・理查兹（Jake Richards）、傑米・索耶（Jamie Sawyer）、傑森・曼奇（Jason Mankey）、傑森・米勒（Jason Miller）、傑・桑基（Jay Sankey）、潔咪・艾蘭德、尚一路易・德、比亞西・傑夫・卡倫（Jeff Cullen）、珍妮佛・特謝拉（Jennifer Teixeira）、珍・桑基、傑西・海瑟威（Jesse Hathaway）、吉姆・迪金森（Jim Dickinson）、吉姆・韋爾奇（Jim Welch）、約翰・貝克特（John Beckett）、茱莉亞・哈莉娜・哈達斯（Julia Halina Hadas）、朱麗葉・迪亞茲（Juliet Diaz）、卡娜妮・索雷爾（Kanani Soleil）、凱倫・布魯因（Karen Bruhin）、凱莉・弗洛伊勒（Kate Freuler）、卡崔娜・梅森吉（Katrina Messenger）、克莉絲汀・戈爾曼（Kristine Gorman）、勞莉・比扎羅（Laurie Bizzarro）、蘿拉・艾多倫（Laura Eidolon）、蘿拉・坦珀絲特・札洛夫（Laura Tempest Zakroff）、莉安・馬拉瑪（Leanne Marrama）、莉莉絲・朵西、麗莎・庫克（Lisa Cook）、朗尼・斯科特（Lonnie Scott）、馬可斯・沃爾夫（Marcus Wolf）、瑪莉亞・明尼斯、馬庫斯・艾恩伍德（Markus Ironwood）、瑪莎・柯比・卡波（Martha Kirby Capo）、瑪麗・蓋茨（Mary Gates）、麥修・維納斯（Matthew Venus）、瑪薇雅・凱・艾兒嘉瑪・波瑪尼（Mawiyah Kai EL-Jamah Bomani）、梅蘭妮・巴納姆、梅麗莎・西諾娃、蜜雪兒・貝朗傑（Michelle Belanger）、梅格・羅森布賴爾（Meg Rosenbriar）、瑪哈拉・斯達林（Mhara Starling）、麥可・G．史密斯（Michael G. Smith）、米淇・穆勒（Mickie Mueller）、米屈・霍洛維茲（Mitch Horowitz）、米切爾・哈靈頓（Mitchell Harrington）、摩根・戴姆勒（Morgan Daimler）、莫特瑞斯（Mortellus）、莫斯・馬蒂（Moss Matthey）、納賈・萊特富特（Najah Lightfoot）、南希・安特努奇、南希・亨德里克森、內森・霍爾（Nathan Hall）、內森尼爾・約翰史東（Nathaniel Johnstone）、尼可拉斯・皮爾森（Nicholas Pearson）、尼克・迪金森（Nick Dickinson）、奧萊安・福克斯伍德（Orion Foxwood）、潘恩・葛羅斯曼（Pam Grossman）、潘蜜拉・陳（Pamela Chen）、菲妮克絲・勒菲（Phoenix LeFae）、理查德・戴維斯（Richard Davis）、理查・卡欽斯基、萊恩・洛根（Ryan Logan）、莎賓娜・馬格里奧科（Sabina Magliocco）、珊卓拉・瑪麗亞・賴特（Sandra Mariah Wright）、莎拉・L．梅斯托斯、莎夏・葛拉漢、雪倫・奈特（Sharon Knight）、雪莉・蕭恩（Sherry Shone）、西達拉・拉馬克里南、希薇爾・雷文沃夫（Silver RavenWolf）、絲凱・亞歷山大、索麗塔・德埃斯特（Sorita d' Este）、絲蒂芬妮・布賽瑪（Stephanie Buscema）、史蒂芬妮・泰勒・葛里瑪西（Stephanie Taylor Grimassi）、史蒂芬・英特米爾（Steven Intermill）、史蒂夫・肯森（Steve Kenson）、蘇・烏斯塔斯（Sue Ustas）、蘇珊・戴爾蒙德（Susan Diamond）、T．蘇珊・張、T．索恩・科伊爾（T. Thorn Coyle）、塔拉・洛夫—馬奎爾（Tara Love-Maguire）、塔拉莎・特瑞斯・希蘭卓・戴維斯（Thealandrah Davis）、索恩・穆尼（Thorn Mooney）、桑普・福吉（Thumper Forge）、提姆・雷根（Tim Reagan）、托妮・羅通達（Toni Rotonda）、文森・希金波坦（Vincent Higginbotham）、左拉・耶穌（Zola Jesus）。

目錄
∞

練習與技巧清單　xviii

序　xxi

本書介紹：塔羅的靈能藝術…1

第1章：占卜、神性、你…9

第2章：能量的基礎…33

第3章：默觀與冥想…63

第4章：直覺塔羅…91

第5章：走出自己的路…115

第6章：內在層面與內在塔羅神殿…139

第7章：你的塔羅靈界幫手…163

第8章：靈能塔羅…191

第9章：塔羅牌與通靈…221

第10章：更深入探究靈能塔羅理論…243

結語…275

附錄A：靈能肯定語與塔羅牌…279

附錄B：應急資源…285

參考書目…287

索引…293

練習與技巧清單

1：三重魂靈對自我的許諾 …18
2：透過能量、本質與資訊分析塔羅牌 …21
3：三重魂靈洞見牌陣 …24
4：讓人平靜的放鬆技巧 …27
5：進入阿爾法狀態 …28
6：平衡的智慧之柱 …30
7：力量之井評估牌陣 …39
8：女祭司扎根接地 …41
9：節制能量流 …43
10：讓心歸於中心 …45
11：月亮盔甲 …48
12：占卜前喚起法 …50
13：能量淨化以及為你的塔羅牌加持充電 …52
14：喚醒你的掌心輪 …54
15：感覺能量，知道何時該停止洗牌 …56
16：建立你的能量空間 …57
17：關閉戒指 …60
18：增強你的專注力 …66
19：運用塔羅牌強化你的觀想 …68
20：像塔羅靈能師一樣思考 …72
21：你的塔羅日誌 …75
22：每日抽牌 …76
23：以比較法探索塔羅牌 …78
24：兩張牌連袂默觀 …81
25：詮釋時，將塔羅牌視為一格格漫畫 …83

xviii

練習與技巧清單

26：運用塔羅牌進行凝視占卜 …87
27：找到你的本源頻率 …96
28：清空自己才能感受到直覺 …98
29：建立你的情緒資料庫 …100
30：運用塔羅牌培養同理心 …107
31：運用擺錘與塔羅牌連結 …109
32：在塔羅占卜期間感受時間線 …111
33：運用塔羅牌自動書寫 …128
34：反思塔羅牌的聲音 …131
35：靈能肯定語抽牌 …136
36：神諭卡淨化器 …138
37：進入你的內在塔羅神殿 …147
38：錢幣密室 …148
39：寶劍密室 …149
40：權杖密室 …151
41：聖杯密室 …152
42：大阿爾克那密室 …153
43：直接探索某張牌 …156
44：內在神殿牌陣 …159
45：探索密室的智慧 …160
46：與你的塔羅指導靈會面 …164
47：與你的塔羅指導靈合作 …167
48：羽毛飛行指導靈塔羅牌陣 …171
49：了解你的塔羅出生牌 …177
50：了解你的流年牌 …178
51：與塔羅指導靈一起孵化夢境 …183
52：吸引合適的問卜人 …184

練習與技巧清單

53：強化塔羅指導靈的臨在感 …186
54：呈現塔羅指導靈的面向 …188
55：了解你的靈能學習風格 …201
56：觀察你的感官想像力 …202
57：聆聽你的內在耳朵 …203
58：觀察你的感官記憶 …203
59：靈能感知校正 …204
60：在占卜時連結高我 …206
61：能量重新校準 …209
62：塔羅牌預知檢測 …211
63：心靈感應塔羅牌檢測 …212
64：運用塔羅遙視 …213
65：團體塔羅心靈感應開發 …217
66：你的心智塔羅牌 …218
67：適用於通靈的綻放呼吸法 …223
68：連結到光的頻率 …225
69：看見氣場 …227
70：驗證靈如何往生 …234
71：執行塔羅通靈療程 …236
72：關閉通靈療程 …240
73：規劃邁向完美抉擇之路牌陣 …245
74：個人煉金術牌陣 …255
75：共時性與塔羅詮釋 …261
76：與HRU會面 …267
77：召喚HRU的祈禱 …269
78：HRU的托特塔羅奧義圖書館 …270

∞
xx

序

對我來說，塔羅牌就像一條金色的細線，錯綜複雜地將我人生的各個面向串連在一起。它一直是我今生直覺自我照護的可靠管道，而且它讓我能夠與集體無意識，乃至更遙遠的界域建立起某種心靈連結的模式。倘若我順著那條金色細線回溯，釐清我的人生最初與塔羅交織的起點，我會發現，最初的那一針是我領悟到塔羅本身的語言。這層醒悟發生在我4歲左右，當時我住在紐約市的格林威治村（Greenwich Village）。我剛離開度過早年大部分時光的寄養家庭，搬去與父親和他的新婚妻子同住。我的繼母是女演員兼學校的兼職教師，她很早就教我們識字。這使我迷戀公寓家中那一整面占據黃金地段的巨型落地書櫃，而且稱之為「圖書館」。

最先令我眼睛為之一亮的書是卡爾・榮格（Carl Jung）的《人及其象徵》(Man and His Symbols)，主要是它鮮豔的70年代曼陀羅封面光彩奪目。我懷疑自己的閱讀理解能力是否足以應付這本書，然而書裡的圖像實在令我著迷。幾年後，父母的朋友送給我一副塔羅牌。我立即被震撼住了，那是一種罕見且高頻、如同塔羅「高塔」牌的頓悟，腦中一連串畫面閃現，來自曾經令我念念不忘的那本榮格著作。這副牌上經典的萊德偉特史密斯（Rider-Waite-Smith）圖像，與榮格那本書裡的圖像，在我腦海中具有相同的性質。甚至更令我著迷的是，這些圖像似乎是用我可以理解的語言撰寫而成。如果有老師指導，我知道我能找到這些圖像之間的相互關係，以及它們與我的關聯。除此之外，我開始思考，是否可以利用這些符號與比自身宏大許多的事物溝通。

為了拍攝克里斯・洛克（Chris Rock）主演的電影《CB 4》當中的浪漫愛情橋段，我搬到了加州，在那之後，我繼續著自己的塔羅研究。當

序

時20歲出頭,很幸運能夠靠演戲養活自己。不需要像在紐約市那樣當調酒師,我有大量的空閒時間,大部分時候都在思考,是否還會再接到工作——這是演員常有的憂慮。我逐漸養成了習慣,總是對著電視發呆,因為關注虛構角色的煩惱,似乎比面對自己的問題來得容易。然後,我的電視機壞了。身為美國人,這簡直是人身攻擊。就在那時,聽起來像是沙沙落葉的安靜聲音建議我:別修了,開發其他比較少用的肌肉——主要是我的直覺。於是,我埋頭鑽研塔羅牌,以此轉移對試鏡機會減少的焦慮,避免陷入藝術家的低潮。這是在網際網路普及之前,當時想要獲取神祕學的相關資訊,必須主動去尋找,大多數時候都要去那些剛從80年代「撒旦恐慌」(satanic panic,譯注:當時許多人日益關注蔓延整個美國的撒旦陰謀,人們特別害怕撒旦主義者在生理上和心理上以兒童為目標)陰影下走出來的另類書店。

我買了許多書,包括瑪莉‧K‧格瑞爾、史達霍克(Starhawk)以及瑞秋‧波拉克的著作。我將這些素未謀面的女性視為我的老師。我保存了大量的魔法筆記,記錄了塔羅花色的出現模式,彷彿它們是夜空中的星辰。我親手繪製牌卡,並透過大阿爾克那的故事,逐漸了解自己的多種面向。所有這一切都開始點燃我自己的魔法,增強了我在世界上的靈能振動。九個月後,一位朋友來訪,擺弄著那條電視機專用纜線然後說道:「只是電線鬆了。」電視機叫囂著,發出滋滋聲響,突然間我回到了之前有液晶電視的生活狀態。兩週後,《魔女遊戲》的劇本出現在我的生命中。我完全相信,這部劇本是因為我那幾個月的努力而被吸引到我身邊。這是一份美妙且歷久彌新的禮物,也是土星、木星、聖靈及宇宙因為我的勤奮努力而給予的具體功課。它讓我理解到,人確實可以在不知情的情況下,為未知做好準備。它也鞏固了塔羅牌在我人生中的應用和實際效益。這開啟了一段新的追尋,讓塔羅不再只是提供容易又實用的魔法,而是更深入的探索。時候到了,該要潛入深淵,探究魔法

xxii

序

的根源與精髓,接觸那些存在於上方和下方的事物。即使此刻敲打著鍵盤,我仍舊沉浸在塔羅的學問之中。

這段與塔羅牌的深厚戀情,最終發展成我的著作加塔羅套牌《真心直覺塔羅牌》(*True Heart Intuitive Tarot*,暫譯)。在準備新書發表的時候,我在麻州塞勒姆市做了一天的塔羅占卜。就在這一天,這個地點,臨近薩溫節(Samhain)且狂風大作的時候,我與屬於麥特・奧林的魔法發生了命中注定的初次邂逅。他既神祕又魅力十足,是那種有教養的靈魂,在茫茫人海中不常遇見。麥特本人展現出了異常清明而遼闊的能量場。我知道這點是因為在親眼見到麥特之前,我便感覺到了麥特。那時的我連續占卜了幾個小時,正忙著淨化手中的塔羅牌,突然間感覺到靈能的爆裂聲,如同隆隆的夏日雷鳴,接著一陣輕微的電流迅速劃過我的後頸。我不由得挺直腰桿。不一會兒,一位俊美迷人、心靈閃耀(且光芒照耀數英里)、外表無懈可擊的生物走進來,那是麥特。

我的第一個念頭是:「你在這裡做什麼?**你**不需要占卜啊!」我說了差不多這樣的話,而他堅定表示,他確實想要做一次塔羅占卜。後來我才發現,他來找我正是因為——就這麼一次——他的名聲不會賽過本人。他想要一次不偏不倚的解讀。當你像他一樣是個知名的靈能巫師時,我可以理解,找人做塔羅占卜是多大的挑戰。我們之間的交流極其美妙,在我心裡,這麼形容甚至還有些保守。

現在我了解了麥特在神祕學界的地位,我很感激他沒有把我當作外來者。他沒有帶著先入為主的觀念,以為我只是那部女巫電影裡的某個女孩,這反而證明了他的心態開放。他似乎天生明白,一個人可以同時擁有多重身分。在替麥特解讀期間,牌面顯示他的當下很美好,未來將迎來巨大的成功。大量的大阿爾克那牌洋溢著幸福與喜悅。我問他,是不是有一項重大的企劃案呼之欲出。他回答確實如此。他剛寫完他的第一本著作《魔法顯化》,不過正在等待稿子付梓,那是一本即將上市

序

創造記錄的著作。也許他已經看見這是他自己的未來,但我欣賞他的開放、率真與求知精神。他是生命與魔法的探究者。我注意到,他有幾分半神後裔的氣質,但同時帶著一絲謙遜,就好像我自己處在高頻狀態的樣子。

假如你熟悉麥特之前的暢銷作品《魔法顯化》與《魔法深化》,你就會知道他是祕傳與魔法知識的驚人源泉。他是睿智的老師,也是引人注目的作家。在這本最新力作《靈能塔羅》當中,麥特彙聚了他一生的魔法與靈能修行。顯然,他理解且十分看重塔羅牌在玄學用品萬神殿中的地位,並視之為靈能啟動的方便工具。與某些自我膨脹、把自己定位成一切神祕事物的「把關者」不同,麥特不僅是神祕火焰的守護者,更是熱心的傳承者,樂於將魔法的火炬盡可能地傳遞給願意聆聽的人。這使他更加迷人,也展現出他的才智。我很清楚,麥特對他人的扶持與倡導,反過來強化並放大了他的魔法。我永遠感激麥特・奧林歡迎並邀請所有人(包括我自己在內)解鎖內在的魔法。假使你願意誠實地面對自己(這正是塔羅牌最擅長的),那麼我想不出比麥特更適合的同伴與倡導者。

在像麥特這樣的老師指導下,你可以順利地將塔羅牌融入你的現有修習之中,以此探索和駕馭內在深層,從而獲得直覺和靈能的洞見。只要經常實作演練,塔羅牌就可以相當快速地提供精準的洞見。麥特的方法邀請我們透過塔羅牌探索,在那些空間裡,隱藏了最有力且等待著被開啟的內在智慧。探究自己心靈深度的挑戰,是塔羅牌和「愚人旅程」中反覆出現的主題。幸運的是,麥特知道如何帶著洞察力與慈悲融入探尋自我的根源。他敦促我們,把自己最深層那種獨一無二的魔法表現出來。

無論你是期待與自己、集體無意識連結,還是旅行到更遙遠的地方,麥特都能滿足你的需求。假使你想要逐步向上或逐步深入修習魔法,你所期待的莫過於像麥特這樣有學問、知識淵博、鼓舞人心、專注

序

敬業又心懷慈悲的嚮導。就跟麥特的其他著作一樣,這本書依然層次分明、內容豐富且深度詳實,同時仍舊平易近人。像麥特這樣創造出如此綜合的塔羅概要兼靈能啟動的指南,意味著他的作品注定會躋身神祕領域的現代經典之列。他知識廣博,天生與後天修習的能力非凡,但最獨特的是他的超凡能力——能夠觸動人心並激發他人,使其內在的魔法與靈能力覺醒。麥特不僅將文字寫在扉頁上供你閱讀,他更是將自己旺盛的生命力和元素魔法注入著作之中,而本書就是最佳例證。

——瑞秋・楚

本書介紹

塔羅的靈能藝術

在玄學商店解讀塔羅牌時,我注意到顧客在櫃檯預約時經常詢問一個問題:「這裡的塔羅占卜師是靠靈能力,還是純粹用塔羅牌占卜?」許多同行塔羅占卜師被問到這個問題時,都會變得敏感易怒,但我個人認為,這個問題合理有根據。如今,塔羅牌似乎已經遠離了它的靈能根源。因此,當店裡的顧客走到我面前,詢問我究竟是運用靈能技能還是純粹詮釋塔羅牌時,我花了點兒時間斟酌思量。眼前的年輕女子似乎問得很真誠。我解釋說,根據我的經驗,塔羅占卜可以是揉合靈能力(psychism)與牌卡詮釋。我補充說道,某些占卜師,包括我自己在內,可能比較仰仗自己的靈力,而某些占卜師可能是聚焦在塔羅牌的傳統符號和意義。這並不意味著誰天生優於誰,只是他們各有不同的方法。我還提到,塔羅牌如何扮演一條導管,讓我更輕易地契入我的直覺和靈能洞見。雖然技術上來說,塔羅占卜與靈能占卜本身可能是兩種不同的作法,但它們可以和諧地運作,提供更深層次的指引、洞見及個人成長,比兩者分開使用更為精確。這位女子的問題不僅提醒我體認到,靈力與塔羅占卜之間相互作用的重要性,也讓我領悟到,就當今的實務作法而言,兩者似乎分裂得相當厲害。無論如何,架橋銜接這份連結可以帶來更豐富、精確,也更善於賦能培力的塔羅占卜體驗。

思考靈力(psychic ability)的一個方法是,將它比作音樂。有些人靠耳朵就可以學音樂,不需要音樂培訓,那意味著,他們可以聽見歌曲的音符,然後精確地彈奏出來,但是這種能力很罕見。在我看來,把塔羅牌用作占卜工具比較像是讀樂譜。樂譜中寫明那些音符,將它們安排成可以被理解、閱讀以及重新創作的結構。同樣地,塔羅牌提供了某種

本書介紹

結構和形式,有助於錨定和理解靈能資訊,假使沒有那個結構作為參照點,資訊可能會雜亂無章或不清不楚。採用這個方法,便可頻繁地使用塔羅牌來增強靈力。這類似於經由視譜練習,最終學會了靠耳朵聆聽來彈奏鋼琴。我撰寫本書的目標之一是,展示如何使用塔羅牌增強你的靈能力,以及靈能力如何大大提升你的塔羅占卜能力。

靈能藝術

討論靈力和靈能現象時,「靈能藝術」(psychic arts)這個詞激發了我的想像力。它暗示,我們不僅將直覺、靈(spirit)與靈能技能視為技能,更視為表達方式。類似於我們將藝術當作內心深處真理與情感的導管,靈力也提供了個人與共享的表達。它們要求持續的落實和專心致志,但也為實驗的好奇心與創新提供了空間。如此比作音樂尤其使我有共鳴感,它強調揉合技術與創意的探索。雖然音樂家必須嫻熟精通技巧和音階,但如果他們要編寫自己的歌曲,也必須擁抱創意,容許自發、即興的創作。

以類似的方式磨練靈能技能時,我們會深入探究具體的實作和方法。這包括學習有效地管理能量、使我們的直覺感官變敏銳,以及與靈性存在體建立有意義的連結。這些方法就如同音樂中的基本和弦,能提供基礎的結構,但是真實的魔法發生在我們超越結構化的學習並與音樂本身連結之時,那容許我們與生俱來的創意以獨一無二的方式自由地流動。正是那樣直覺的即興創作,當我們處在那個區域或心流狀態的時刻,我們可以用獨特的個人方式與自己的靈力連結。

在這些時刻,我們真實地表達了自己的靈能藝術技巧,就好像音樂家可能會靈感爆發,不得不寫下一首歌曲,或是畫家看見某個畫面,感覺不得不強迫自己把腦袋中的畫面表現在畫布上。正如藝術中沒有一成

2

不變的硬性規定,只有幫助我們塑造創意表達的指導方針與技巧,靈能力也同樣不受限。我們不受規則或限制的約束。這裡的概念是:好好享受過程,冒些風險,發現你獨特擅長的事。就好像藝術的價值往往在於探索的過程,那可能甚至超過你最終找到的東西。這其實是無意間發現新事物所帶來的興奮感。重點是在靈能現象的合唱團內找到屬於你的聲音,以及運用它創造你與塔羅牌的和諧共振。

堅持不懈地運用靈能藝術

為了靈能開發而學習玄學和靈性練習可能令人興奮雀躍,但有些人一開始會感到有點兒不確定或猶豫不決,那很自然,類似於第一次拿起吉他的感覺。在人生的許多領域中,堅持不懈是關鍵。正如同我們不會預期在上了幾堂吉他課之後,就嫻熟精通複雜的曲調;或是第一次嘗試繪畫就畫出鉅作。在任何領域熟練精通,包括靈能開發,都需要時間、專心致志以及持續的落實。假使你像學習任何新技能一樣熱切而有耐心地對待這些努力,我確信你一定會注意到進步。

這是因為嫻熟精通靈能開發與嫻熟精通任何藝術的過程相似。藝術家不會第一次嘗試就創作出完美的作品。同樣地,完善靈力是持續不斷的努力。想想畫家在完成畫作之前反覆地畫著草圖,每幅草圖都是邁向最終願景的一步。同樣地,你在靈性練習中的每一次努力,即使一開始看似毫無成果,也都會促使你更接近駕馭非凡的靈力。藝術的重點不在於瞬間完美,而在於成長的演進和持續的學習。隨著時間推移,持續的落實能讓藝術家找到自己獨特的風格,掌握自己的媒材——靈能旅程鏡映了這點。你若能專心致志,就會發現與你相映契合、磨礪你的直覺且深化你靈性連結的技巧。與其因最初的障礙而灰心沮喪,倒不如將障礙視為踏腳石。

本書介紹

每一位知名的藝術家或音樂家都曾經是新手,他們的成功與技能來自於專心致志與相信自己。靈能探索也很類似,你要保持專心致志,有耐心地對待它,就像對待其他藝術一樣。靈能開發的回饋是非常值得投入付出的。我在自己和無數其他人身上親眼見證了持續落實的好處,因此我會持續不斷地強調這事的重要性。一滴水乍看可能起不了多大作用,但是如果那滴水後續跟著一滴又一滴,假以時日,在水的堅持不懈之下,就可以創造出整座洞窟。

人人都有靈力

我堅定的信念之一是:人人都有靈力。當有人說自己沒有靈力時,我其實很難過。雖然某個人沒有充分利用自己的靈能潛力可能是事實,但是潛力本身仍然存在於他們之內。每一個人從出生便具有某種程度的靈力,它不是由獲選的少數人所獨有。你的技能會隨著你投入的努力而成長。人們理解靈能力的方式,首先源自於節目、電影及書籍對靈能力的描述。雖然小說中描繪的靈力有時候可以鏡映出實際的體驗(尤其是在進階階段),不過往往差異極大,特別是在靈能開發的早期。靈能力涉及感知隱微的力量,因此,我們體驗它的方式往往也很隱微。這就是為什麼冥想和正念之類的修習法,可以培養和提升這些能力的原因──協助我們保持臨在,專注於與靈能感知相關的微妙身體感受。

如何使用本書

本書談的不止是塔羅的基礎知識,而且瞄準了對塔羅基本牌義已經有些理解的人們。它適合任何技能水平的占卜者,只要占卜者想要以塔羅牌為工具,更好地讀取自己的直覺和靈能感官。這裡的焦點在於,讓

本書介紹

你的塔羅占卜更貼近個體，幫助你將牌義直接應用到自己的人生境遇。重點是運用靈力提升你的塔羅占卜水平。如果你厭倦了模糊又寬泛的塔羅占卜，本書的目標是教你如何使占卜更具體且更有洞見。本書適合想要透過靈能洞見提高自身塔羅占卜技能的任何人。借助本書中的知識和技巧，你一定能夠提供更多為人帶來力量的精確占卜，那將會幫助你（以及你的問卜者，如果你正在為他人占卜）釐清思緒及領會理解。

在本書中，我們會以敬意看待塔羅牌，尊重它豐富的歷史，同時也倡導與塔羅牌進行更廣泛且直覺的交流。與某些當代觀點相反的是，我並不建議捨棄「小白書」，也就是塔羅指南書，這些指南書往往伴隨塔羅牌並概述每一張牌的既定含義。當人們說捨棄「小白書」的時候，他們的意思是，忽略在時間長河中與塔羅牌相關聯的所有傳統意義，贊同純粹直覺的方法。然而這些傳統詮釋之所以經受時間的考驗自有其道理，而且它們可以提供結構化的框架和基礎，讓無數的解讀者藉以建立他們對塔羅牌的理解。在尊重和重視這個基礎的同時，我們不應該只局限於這些既定的含義。塔羅牌的核心是內省、成長與轉化的工具，它不僅透過固定的符號溝通，也透過這些符號在占卜師與問卜者心中喚起的情感、想法與見解交流。

本書從頭到尾有許多時候仰仗直覺、個人經驗以及靈能洞見的指引，因此從某張牌蒐集到的洞見，可能會偏離它的傳統詮釋。深入理解塔羅牌的傳統含義將會成為堅實的基礎。不妨把塔羅視為雕刻：首先，從一塊粗糙的石塊開始，了解它的結構與形狀。等熟悉了這個媒材，就可以開始雕鑿，細細打磨，將你獨一無二的視界融入其中。一旦在既定的意義與你的直覺洞見之間取得平衡，你就可以與塔羅牌達成整體性與個人化的互動。本書旨在指引你踏上這趟旅程，既擁抱塔羅牌中承載的古老智慧，也接受在你與塔羅牌的獨特互動中不斷出現的全新洞見。

我的目標不只是傳達理念與技術，還包括運用生動的示範和個人的

本書介紹

實例讓這一切真正有生氣。在教授靈能技能時，我經常遇見的問題是如何「正確」地體驗某個技術。由於每一個人的經驗都是獨一無二的，我發現，在這些實作期間分享自己的感知很有價值。藉由講述我在塔羅占卜旅程中的重要時刻，我希望以有形的實例好好落實抽象的概念。你會在本書中發現標有「這可能會是什麼樣子」的部分。根據我多年的經驗，這些部分超越理論但提供了一扇視窗，讓人得以窺見這些原則如何在實際的塔羅占卜中活靈活現。分享這些故事的同時，我希望能架橋銜接抽象理念與實作演練之間的差距，從而豐富你對塔羅牌的領會。我已盡力將章節切分得清晰明確，但你會發現，這些主題往往彼此相互關聯。那是因為冥想、直覺、靈力與通靈等領域之間，本來就有許多交集。

雖然我在《魔法顯化》一書中涵蓋了喚醒和開發靈力的主題，但是並沒有深入探索塔羅牌或其他占卜法。而那正是本書的切入點：我想要提供你基礎能量練習的另類方法，以此提升你的塔羅占卜能力。不僅如此，我還會介紹全新的技術來大幅改善你的塔羅療程。假使你已經很熟悉《魔法顯化》，那麼你一定會在本書當中找到將那些技術與塔羅實作結合起來的方法；如果你還沒讀過《魔法顯化》，也別擔心。無論如何，本書都會為你帶來堅實的基礎與有用的技巧，以此提升你的塔羅占卜能力。無論你以前讀過什麼，本書的宗旨都是使每一個人具備好用而務實的洞見。

本書從頭到尾，除非特別說明，否則萊德偉特史密斯塔羅牌都會是我們的主要工具，它的生動意象指引著我們的旅程。作為全球使用最廣泛的塔羅牌以及大多數現代塔羅牌的基礎，它為我們提供了可以交談的熟悉語言。儘管如此，塔羅牌的美在於它的可改造性。只要發揮少許創意，你就可以將這些頁面內含的所有練習應用到托特（Thoth）、馬賽（Marseilles）或你選擇的任何其他塔羅牌，乃至神諭卡上。

本書介紹

　　本書的設計比較像是按照特定順序的指南，而非參考手冊。雖然在章節之間亂跳可能很誘人，但是這些練習主要架構在循序漸進地遵照順序。我建議你先深入閱讀整本書，然後再做書中的練習。閱讀時，你一定會遇到對我和我的學生來說都很成功的技巧，但是請記住，令某人豁然開朗的技巧可能不適合另外一個人。這些技巧比較像是有幫助的建議，而不是嚴格的規則。你可以稍微調整這些方法，使之符合自己的靈性道路和需求。畢竟，就跟藝術一樣，只要發揮少許的個人天賦，直覺能力便能茁壯成長。真正重要的是，找到有效又能安全地與你共鳴共振的方法，因為每個人的旅程都是獨一無二的。

　　探索靈性、玄學與神祕學的語言可能令人困惑，尤其因為同樣的詞語可能有不同的意義，視與你交談的對象而定。兩個人可能使用了同樣的詞語，但卻意指不一樣的東西，從而造成混亂。為了避免這類誤解，我們必須在關鍵術語的理解方面建立共識，尤其如果這是你初次認識我的工作。例如**三魂**（three souls）、**靈能者**（psychic）、**直覺**（intuition）以及**神性**（divinity）等等關鍵詞將是我們討論的基礎。對這些詞語有相同的理解可以為清晰、連貫的溝通鋪平道路，使我們更深入地探究這些主題。不妨把這個共同語言視為羅盤，它會指引我們完成自己的探索，確保我們保持清明並達成共識。透過這樣的共同理解，我們可以更有效地探索本書中討論的概念。

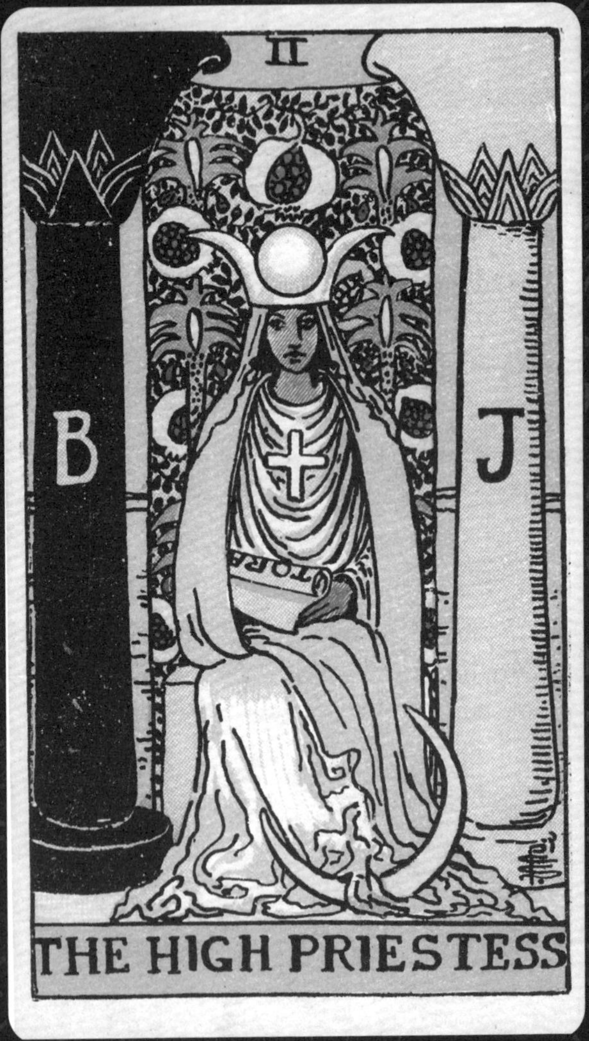
II
B
J
THE HIGH PRIESTESS

第1章
∞
占卜、神性、你

小時候在操場上，你會時常發現我全神貫注地算命。如果你正在閱讀本書，很有可能我們有類似的興趣，也許我們會因此結緣成為朋友。我記得曾經摘著雛菊花瓣，輪流說著「他愛你」、「他不愛你」，然後最後一片花瓣代表某人的感情。我也經常帶著我的「神奇八號球」(Magic 8 Ball) 到學校，渴望搖一搖球，為其他小朋友預言。我的另外一個最愛是「未來的我」(M.A.S.H.)，這款遊戲能根據畫出的螺旋和列出的選項，預測未來的人生情節。也是大約在那個時候，我嫻熟了「東南西北」(cootie catcher) 這種摺紙裝置，類似於靠手指操作的摺紙手工。它有顏色編碼的蓋子，可以揭開類似於「神奇八號球」的答案，結果包括**是**、**否**、**也許**以及**再問一次**。

因此，不足為奇的是，我自然而然地像飛蛾撲火一樣，被作為算命工具的塔羅牌所吸引。大約9歲或10歲時，我收到了第一副塔羅牌。從那時候開始，塔羅牌幾乎成了我的終生伴侶，也是我在靈能占卜時所選擇的武器。如果你對我提到的算命有所反應，那麼你並不孤單。這個詞往往能立即引發情緒回應，很大程度上是因為圍繞算命的汙名。媒體時常給算命師漆上負面的色彩，不是天真、愛妄想，就是善於操縱的騙子。雖然每一個靈性和專業領域確實都有詐騙高手，但他們是例外而不是常態。許多誹謗算命的偏見和汙名根源於對羅姆人（Romani，譯注：即吉普賽人，起源於印度北部）社群的偏見，這些人至今仍舊面臨種族歧視。

你可能會驚訝地發現，某些禁止算命的過時法律仍舊存在，就連美國境內也不例外。最近一則新聞報導重點關注了賓夕法尼亞州一家玄學商店「大蛇之鑰」(Serpent's Key)，因為警察局長與店主對峙，告知對

∞
9

方,由於禁止算命的法律[1],為大眾提供塔羅占卜服務實屬非法。這個事件突顯了「算命」的標籤一直被用來抹黑和打壓與神祕或另類靈性道路有關的作法。這些過時的法律往往能起到壓迫、針對與騷擾的作用,尤其是用來詆毀被視為「另類」或「非傳統」的企業或個人。我熱衷於重申和清理圍繞「算命」一詞的混亂,以及圍繞它的所有汙名。

這個汙名無所不在,就連在我們自己的塔羅社群中也不例外。你是否時常看見書籍或社交媒體貼文聲稱,塔羅牌與預測未來無關,而且警告大家要小心說塔羅牌可以預測未來的人?他們往往主張,塔羅牌只是內省和指引的工具。恕我不敢苟同,塔羅牌涵蓋**所有**這些層面。我多年來擔任專業靈能師、靈媒及塔羅牌占卜師,一直運用塔羅牌指引自己和許多人了解可能的未來事件,以及做出有所根據的決定。我還帶領許多工作坊,教導大家如何將他們的靈力用在塔羅占卜上。真正要謹慎反對的,應該是未來業已決定且毫無選擇可言的解讀。熟練的塔羅占卜師能巧妙地揉合各種技巧,他們的解讀可以培養內省、提升自我覺知,並且參透未來最有可能的潛在結果。

探索特定字詞的起源可以闡明字詞的本質。若你看著 *fortune*(命運)這個英文字並追溯其起源,你會發現,它奠基於拉丁字 *fortuna*,意思是「運氣」和「機會」。因此,算命本質上意味著,你在識別未來事件的可能性。它是依據當前的能量流預測潛在的結果,而不是做出無法改變的既定預言。有趣的是,「Fortuna」也是羅馬女神的名字,代表運氣和機會。塔羅牌是結合預測與占卜的藝術。*divination*(占卜)這個詞可以追溯到 *divinare*,表示從更高力量中汲取洞見的行為。因此,占卜不僅是預測未來事件,也是透過神性的啟發傳達指引和比較深入的洞見。

---

1 Hauser, "Pennsylvania".

定義神性

本書中，當諸如聖靈（Spirit）、本源（Source）、神聖（the Divine）或神性（divinity）等詞語出現時，我鼓勵你從使你感覺真實的狀態與之互動。這些詞語因其靈活性和遼闊性而具有一定的魅力，每位解讀者都有機會為其注入自己獨特的個人意義。對某些人來說，「聖靈」可能令他們想起祖先守護者的形相；對其他人而言，它可能鏡映出與大自然的深厚連結。「神性」可能會使某人想起神聖的經文或外來的存有；對另外一個人而言，它可能是凝視著星光燦爛的夜空，感受到鋪天蓋地的敬畏。「本源」的概念可以被比作河流的開端，象徵萬物的起源；然而它也可能被觀想成某個宏偉理念背後的靈感火花。對某些人來說，這些詞語可能代表直覺的低語或良心的聲音；對其他人而言，它們可能被視為指引的原則，類似於導航水手的北極星。這些字詞在此不是要規定特定的學說或教條，而是為了提供反思點。它們是橋梁，通向你個人的經驗、信念與見解。無論你是在宗教、哲學或心理的層面與它們連結，最重要的是，它們讓個人探索和發現的旅程更為順暢。不妨將這些詞語想像成敞開的門，如何跨步穿越並感知門外的事物完全取決於你。

對我自己來說，這些詞語的美在於它們的包容性。這個情境不需要嚴格的非此即彼的選擇。以我的視角來看，每一種詮釋和共鳴本身都有效且真實。無論是透過宗教經文感受到神性的連結，還是在面對大自然奇觀時體驗到敬畏，這一切全都指向更深入地理解我們在宇宙中的地位。若要說它是純粹靈性或完全心理因素，那反倒限制了人類體驗的廣袤無垠。我們的靈性信念往往與心理現實交織在一起，反之亦然。舉例來說，某人可能會在艱難時期因祈禱而找到安慰，同時契入靈性信仰與心理應對機制。為了心智清明而求助於冥想的某人，假以時日，可能會培養出深度的連結感，感覺上明顯很有靈性。我相信多重真理共存。

第 1 章

「神聖」可以是某種和諧宇宙的原力、內在的聲音、與祖先及外來存在體的連結，或是與世界合一的感覺——所有這一切同時存在。「聖靈」可能是穿過樹木的沙沙風聲，它是直覺，指引著一個人的決定，也是將所有生命捆綁在一起的原力。對我來說，每一種詮釋、每一份個人體驗，都為這些詞語增添了豐富性。它們並不否定對方，它們補充並深化我們的理解。

我相信，在一切事物中都可以找到神性，但每次我們提出這個主題時，我都是在邀請你超越你立即升起的自我感和個人身分。重點不在於否定自我（self），而是拓寬視界。在此，每次提到神性，都在示意你與更神祕且令人敬畏、更強而有力也更浩瀚的某樣東西連結。重點在於，觸碰你自己或宇宙的一部分，或是觸及在更宏偉的層面操作的宇宙。它可能是你始終未被汙染、原始且純潔的面向——你的存在最神聖的狀態，不受社會結構、恐懼、限制或身體自我概念的束縛，例如你的高我（higher self）。目的是讓你體驗到某個意識界，在那裡，你的個人小我（ego）只是存在的浩瀚海洋中的一滴水。在這個界域之中，個人邊界變得模糊，你也被迎進由普世真理、無垠的愛與智慧構成的空間。它是你與永恆能量和神聖連結共振共鳴的部分。

三魂與不同的感知模式

在許多靈性與祕傳傳統中，「自我」的概念往往被視為由三大方面構成，很像熟悉的詞語**心**（mind）、**身**（body）、**靈**（spirit）。這些面向分別被稱作中我（middle self）、低我（lower self）及高我（higher self）。在巫術中，我們往往稱之為「三魂」（three souls，譯注：或「三個魂靈」），以此承認自身各個面向與生俱來的神性。「低我」連結我們與自己的動物本性。身為物質生命，我們可以在自身體內體驗到感官覺受和情緒。我

們的這個內在維度透過感官和情緒與低我直接互動。兩相對照下,「中我」代表我們的智力面。它處理模式和資訊,以及有系統地闡述思想和言語。這個面向賦予我們認同感(sense of identity),也就是感知低我體驗到的情緒並賦予其意義的能力,我們從而能夠了解它們的起源以及對自己人生的影響。然後有「高我」,這是三者中最抽象的。我們的這個面向,凌駕於時間與空間之上,不受人世間多次轉世輪迴的束縛。高我體現了我們生生世世保持不變的純淨神性本質,這是一般人心中最接近「靈」(spirit)或「魂靈」(soul)的概念。

直覺(intuition)與靈力(psychic ability)雖然相互交織且時常互換使用,但在我個人的觀點和定義方式中,它們有著獨一無二的特徵,並展現了截然不同的特色。直覺源自於在環境中無意識地處理感官的細節,從而帶來特定的領悟。兩相對照下,靈力涉及利用靈通感官,其操作與有形的環境資訊無關。我們可能覺察不到資訊來自哪裡,所以直覺通常讓人覺得就像靈能體驗。潛意識對環境線索的處理可能會在沒有明確解釋的情況下,產生彷彿知曉或感覺到什麼的狀態,促使這樣的體驗看似神祕或超凡脫俗。儘管直覺和靈力有差異,但卻時常攜手合作。只要磨練直覺技能,任何人都可以提高自己的靈力,從而學會信任自己的內在指引並遵循本能。不妨將直覺視為「中我」正忙著詮釋來自「低我」的訊息,「低我」則處理物質的環境資訊;而靈力是「中我」透過靈通感官接收智慧與洞見,這些智慧與洞見則來自「高我」,與個體在環境中的資訊完全無關。

在我的著作《魔法顯化》當中,我廣泛地探討了在靈能力與魔法的背景內,與三魂合作的重要性。我解釋了三魂與靈力相關,以及與每一魂交流的重要性。每一魂都扮演了不同的鏡頭,使我們能夠以獨特的方式感知現實,從而擴展對靈能界域的理解。為了釐清這個理念,我採用了一個類比,將「低我」視為放大鏡,「高我」視為望遠鏡,「中我」視

第 1 章

為閱讀用眼鏡。當我們主動地與每一魂個別交流，便能取得各種有利的位置，進而詮釋來到我們身邊的能量資訊。這種多層面的方法讓我們得以觸及不同層次的現實，從而有效地感知、導航並操縱它們。將自己局限在某一副透鏡上，例如就此隱喻而言，完全仰賴閱讀用眼鏡，意味著錯失存在微觀和宏觀層次的細節。

靈能藝術中的天才

當某人在藝術之類的領域表現格外出色時，我們往往稱之為天才。genius（天才）這個詞其實起源於古代，可以追溯到羅馬和希臘關於「指引之靈」（guiding spirit）的信念，這個指引之靈又叫做一個人的「天才」，可以保護和指引個體。這個古老的概念已經演化成現代神祕學中的神聖守護天使（HGA，Holy Guardian Angel），其角色也涉及指引一個人邁向其真實意願（true will），也就是他們生命中的神性使命。在古代，這個「天才」靈被認為是所有靈感的源頭。如今，藝術家時常談論自己受到超越自身的某樣東西所指引，在某種意識的變異狀態裡，深深地沉浸在作品之中，他們把這個狀態描述成「心流狀態」（the flow state）或「處於最佳狀態」（being in the zone）。

人們時常爭論神聖守護天使到底是什麼。祂只是高我的另外一面嗎？還是一個完全不同的存有呢？這個問題的複雜度不是回答是或否可以解決的，它挑戰了我們化繁為簡的習慣，而那正是中我愛做的事。將「天才」或神聖守護天使想成在我們之外的某樣東西有許多價值，無論實際上是否如此。伊莉莎白・吉伯特（Elizabeth Gilbert）在她的著作《人生需要來場小革命》（*Big Magic*）當中探討了這個「天才」靈與創意的概念，她強調將一個人的「天才」視為外來物有其好處，就好像人們往往將神聖守護天使視為外來物。她寫道：

占卜、神性、你

人們稱之爲「你的天才」，那是你的守護神、你的靈感的導管。也就是說，羅馬人不相信天賦異稟的人是天才；他們相信，天賦異稟的人擁有某個天才。這是微妙但重要的區別（「存在」與「擁有」的區別），而且我認爲，這是睿智的心理概念。外來天才的理念有助於牽制藝術家的小我，使他們多少遠離爲自身作品的成果承擔所有功勞或全部責難的負擔。換言之，若你的作品很成功，你必須感謝外來天才的幫忙，這讓你克制收斂，免於完全的自戀。[2]

無論如何，在靈能運作中，把你的「天才」或神聖守護天使想成你的高我或它的一個面向，不只讓這個過程比較順暢，它的作用更在於不斷提醒你與生俱來的神性。這個思考方式有助於讓你的靈性和靈能活動感覺像是你的本性自然而然的一部分，而不是某樣分離或外來的東西。它幫助你信任，你所接收到的指引和智慧就是你的靈自然而然的過程，所有這一切都有助於你覺知到自己的神聖本質。因此，接近高我時，有神益的作法是將其視爲自己的一部分，但同時也是外來的事物。這是似是而非的悖論，但我極力推薦這個閾限方法，因爲沒有人能夠從我們有限的人類視角，確定地說出真相是什麼，而且面對堅信只有其中一種說法爲真的人，我會保持警惕。不管答案可能是什麼，高我與這個神性智慧都有某種連結。當我們與自己的高我合作，便可以契入自己的「天才」所傳導的精髓，無論是在藝術中或靈能力方面。

---

2 Gilbert, *Big Magic*, 67.

第 1 章

評估你進行靈能塔羅占卜的動機

解讀塔羅牌以及結合這件事與靈力的藝術是深度靈性的過程，它能連結占卜者與更高的意識和神性智慧。這是強而有力的過程，能為占卜者和問卜者提供洞見、指引與覺照。然而，由於占卜者和問卜者的潛在力量和影響力，我建議帶著立意良善的動機和尊重來接近這些實作法。在任何靈能或靈性運作中，倫理道德都至關重要，包括塔羅占卜在內。但倫理道德也是極其個人的，應該由個人決定。塔羅牌與靈力可以契入更偉大的意識，而且應該崇敬以待。魯莽或惡意使用可能會導致解讀期間出現資訊錯誤，並失去與這些靈性工具的連結。意圖的純粹度影響著解讀的準確性和靈能感知的品質。

意圖良善地接近塔羅占卜和靈力，能為每一位相關人等創造安全而滋養的空間。它鼓勵信任、敞開，並且為深入探究個人成長、自我發現及療癒做好準備。重點不只是預見未來或揭露當下隱藏的面向，還包括幫助他人以及從愛與慈悲的基礎操作。正向的意圖也影響著解讀的能量。當占卜師帶著愛、慈悲與服務操作時，解讀就會成為正向能量和療癒的導管。它為尋求答案的人們提供安慰、保證與有價值的指引。保持意圖清明純淨，可以確保占卜師的靈性健康及其實作法的完整性，促使占卜師與其高我和更大的善相映契合，避免因小我驅動的動機而誤入歧途、操縱問卜者，或將你自己的課題投射到對方身上。

對自我發誓

當你向自己的內在神性發誓時，你就敞開了自己，迎向難以置信的靈性成長和個人洞見。透過真誠的承諾，這些誓言觸及你自己最深層的部分，使你優先考慮個人的誠信以及對高我的道德承諾。你的靈力是

占卜、神性、你

高我必不可少的一部分，扮演著通向神性智慧的橋梁。當你真誠而正直地履行誓言時，你就更貼近內在的神性，於是你的靈能感知也會更加敏銳，變得強大且精確。這些誓言不同於其他經常被放棄的各類新年新希望，它們更貼合你的個人誠信和道德承諾。因此，假使你尚未履行新年新希望（例如，最近我一定會挑一天上健身房，就像我在每一個除夕夜許諾的那樣），千萬別灰心。這些誓言不一樣，它們比較側重你的心態和操作一切的內在，反倒不是著重在對你的生活形態做出改變。

帶著正向的意圖接觸塔羅占卜和靈能修習法，能為每一個人營造安全且具滋養作用的體驗。如此正向的氛圍鼓勵信任與開放，讓人為深入探究個人開發、自我探索與療癒做好準備。當你與自己的動機關係正確時，塔羅便超越了單純的讀牌，成為根植於愛與慈悲的服務行為。這個名副其實的方法也大大影響著塔羅占卜的能量。從慈悲與利他之境導引出來的占卜，將成為有益能量和療癒潛力的管道。它為尋求答案的人們提供安慰、肯定語以及有用的建言。保持意圖清晰良善，不僅是問卜者的要點，也是保障占卜者自身靈性安康和道德標準的關鍵。這樣的方法有助占卜者與其高我相映契合，促進更大的善，不會因為自私的野心而改變方向。為他人解讀塔羅牌時，我們的焦點應該始終專注在協助對方。那可能看似不用想也知道，但令人驚訝的是，許多人在為別人解讀時，卻試圖展現自己是多麼偉大的塔羅占卜師。這種作法對誰都沒好處，也幫不了任何人。

第 1 章

練習 1

三重魂靈對自我的許諾

　　我發現，以「太陽」牌代表中我、「月亮」牌代表低我、「星星」牌代表高我很有幫助，因為在我自己的實作中，這些是三重魂靈面向的象徵性對應。——對自己的這些神性面向發誓，能使我保持專注且樂於接納靈能世界。以下是這三個面向的誓言實例。你可以隨意運用或創建自己的誓言，確保它們真正與你的意念起共鳴，而且是你可以真正維護的承諾。要記住，這些誓言不是強制性的，但可以充當嚮導，使我們持續走在正軌上，且在靈能占卜期間，保持連結到自己契入的部分。

1. 將塔羅牌中的「太陽」牌放在面前。對你的中我說些諸如此類的話：「我許諾在我講話時體現太陽光芒四射的品質。我會清晰由衷地表達自己，誠實而正直地指引他人。我將運用塔羅牌幫助他人看見眼前邁向其人生至善的道路。」
2. 將「月亮」牌放在面前，注視它。以如下態度對你的低我說話：「我發誓，以愛與慈悲擁抱和理解我的情緒及潛意識。我承諾利

用我的直覺和情緒覺知，協助他人踏上自我發現與療癒的旅程。我將成為嚮導，為他人解讀，以同理和善意滋養對方成長。」

3. 將「星星」牌放在面前，好好注視它。運用諸如此類的言詞與你的高我交流：「我承諾聆聽高我的靈能指引，利用我的靈能感知以及與宇宙智慧的連結來幫助他人和自己。我將歡慶並滋養自己和他人內在的本真，為我的解讀對象照亮希望和靈感之路。」

存在的元素：能量、本質、資訊

小伊沃・多明格斯在他的著作《靈魂低語》(Spirit Speak，暫譯)與《感知的關鍵》(Keys to Perception，暫譯)當中，簡要解釋了與三個自我相關聯的不同感知模式。他把這些感知模式稱作「能量」(energy)、「本質」(essence)與「資訊」(information)，統稱為「存在的元素」(the Elements of Being)。[3] 中我主要聚焦在資訊，它處理並分類現實，將其分解成字詞、符號、故事與獨立的物體。低我的關注力指向內在和外在現象的能量面向，透過情緒和身體感受體驗。高我的焦點集中在本質，要在智力上掌握這點可能極具挑戰性。本質是指事物的固有性質或不可或缺的品質，尤其是提到決定其特性的抽象概念時。

談到靈能塔羅占卜，我們可以將其比作繪畫的行為。高我在提供解讀的本質方面扮演著某個角色，不妨將它想成繪畫中產生圖像的輪廓、筆觸、形狀與形相。它為藝術作品提供主要概念、靈感與視界，確保主要的想法（例如，畫一名孩童拿著一朵花）與其他可能性（例如，畫海洋中的一隻海豚）截然不同。就是在這裡，尚未顯化的概念式想法蛻變成已顯化的畫作，化為栩栩如生的現實。兩相對照下，低我貢獻解讀的能量面

---

3 Dominguez, Jr, *Keys to Perception*, 65-70.

第 1 章

向,就好像在繪畫中增添的色彩、明暗與色調。它表達出滲透整幅藝術作品的情感與心境。這股能量將生命氣息吹進塔羅占卜中,為它注入深度,喚起情緒回應。另一方面,中我能提供解讀的資訊。可以將它比作一幅畫的構圖,它指導著作品內各種元素的放置,解釋那些選擇背後的理性觀點。中我會提出這幅畫試圖傳達的故事和敘述,讓元素齊聚一堂,創造出有凝聚力且有意義的整體。

現在,讓我們將這些概念應用到實際的塔羅占卜。中我扮演的角色是提供資訊,讓解讀得以形成結構。它了解塔羅牌在牌陣中的位置,並從你的內部資料庫提取牌卡含義,也體認到每張牌可以聯想到什麼。它像蜘蛛一樣,將來自三個自我的所有線索編織成有凝聚力的網,針對那些牌傳達的內容提出詮釋、說明與領會。

另一方面,低我為解讀提供了來自直覺的資訊。它吸收坐在面前的問卜者以及桌上那些牌的能量印象,提供我們情緒的洞見和身體的感受,為我們接收到的資訊增添深度與色彩。這個面向能提升我們對解讀的理解,使我們更深入地洞悉其含義。它也可以提供那些內在的預感,使你跳脫牌卡的一系列傳統關鍵字,回頭聚焦在那張牌的某個特定面向,或以完全非傳統的方式詮釋。

高我則帶來洞見,讓人明白解讀中所要傳達的首要想法和訊息,無論那些洞見與牌卡是否有直接的關聯。這是我們的靈通感知發揮作用的時候,稍後會再更深入地探究這點。高我還能結合通靈,使我們得以在解讀時接收和感知到可能與面前的牌卡無關的額外見解。

三重魂靈	感知	存在的元素
高我	靈能力	本質
中我	智力	資訊
低我	直覺	能量

練習 2

透過能量、本質與資訊分析塔羅牌

1. 先從塔羅牌中挑選一張牌。聚焦在那張牌的意象、符號與色彩。
2. 花點兒時間與那張牌的能量連結。注意升起的任何情緒、身體感受或直覺洞見。好好描述你從那張牌感應到的能量，例如，它的活力、強度或令人平靜的臨在。
3. 現在，探索一下那張塔羅牌的本質。要超越表面的意象，深入探究與那張牌相關聯的原型和象徵意義。好好研究它的傳統詮釋，深入推敲它所代表的首要主題和原型。
4. 檢查一下那張塔羅牌描繪的資訊。好好分析那些元素、人物及場景。思考那些細節，以及它們如何增強那張牌的整體訊息。確認可以從那張牌的意象蒐集到的所有實用建言或指引。
5. 現在，結合來自能量、本質與資訊詮釋的那些見解。注意你從那張牌中感受到的能量，看它如何與其原型本質及其傳達的資訊相映契合或形成鮮明對比。尋找這三個面向之間的模式或連結。仔細思量每一個面向如何提升或影響其他面向，藉此對這張牌的重要性產生全面的理解。
6. 花些時間深思這張塔羅牌的綜合詮釋。透過這三面透鏡探索，那張牌如何深化你對其訊息及相關性的理解？欣然接受這個過程中

第 1 章

升起的任何全新洞見或啟示。仔細思量該如何將這些理解融入你的日常生活或塔羅實務。

結合三者，化為行動
這可能會是什麼樣子

請容許我分享一則實例，示範如何將這些概念付諸行動。幾年前，在塞勒姆市擔任塔羅牌占卜師的時候，一位問卜者向我尋求關於職業生涯的指引。在我為那次塔羅占卜做準備時，我的中我接管了，它決定採用三張牌牌陣。選到的三張牌是「錢幣三」、「寶劍女王」與「命運之輪」。根據我對塔羅牌義的了解，一則清晰的訊息開始展現。中我巧妙地將三張牌呈現的象徵線索編織在一起，強調在追求專業成功時，協作與借助智力的重要性。顯然，問卜者有潛力結合自己的技能與過去獲得的經驗，創造一條影響深遠的職涯道路，但是必須在其工作場所清楚地傳達某樣東西。這則訊息傳達了一份強而有力的洞見，可以讓事情朝著有利於問卜者的方向發展，帶領對方邁向圓滿俱足。

解讀期間，我的低我調頻進入問卜者的情緒能量，感應到一股憂喜參半。直覺的印象在我內在湧動，喚起了熟悉的身體感受，類似於靈感乍現且想法毫不費力地流動。這告訴我，問卜者有一個想在工作場所提

∞
22

出的想法,不過也暗示了一股挫敗感——在過去,問卜者的想法並沒有被聽見或受重視。這份低我的貢獻深化了那次占卜,顯示出信任自己的本能與擁抱大膽抉擇的重要性。然後是高我帶來了生動的視界,並提出具體的指引。在我的心靈之眼(mind's eye)中,我看見一位睿智又樂於助人的成熟男子,他一頭銀髮、留小鬍子、戴眼鏡。男子似乎在微笑點頭表示贊同,這暗示了問卜者可以與這人自由地討論想法。接下來,另外一個視界出現:一名紅髮的中年男子,身穿剪裁考究的西裝,手裡握著一面寫字板,一臉懷疑。這象徵小心謹慎,暗示著向這人提出問卜者的想法可能會妨礙而不是支持問卜者的抱負。這個高我的視界指引了問卜者找到對的人交流,也引導他小心謹慎地接近那些人,確保職涯道路收益豐碩且得到天時地利人和。

我將這則資訊轉達給問卜者,他確認中年男子的描述與其主管相符,儘管問卜者表現出色,但主管似乎從未傾聽且過於挑剔。描述中的另外一人對應到問卜者的老闆。因此,主要建言是繞過主管,直接向老闆提出想法。這份洞見使問卜者的情境變得清晰明朗。當我的低我回頭聚焦在「命運之輪」時,進一步的洞見浮現並提出了非正統的預言。我解釋說,如果問卜者聽從這則建言,他的職位會晉升,並體現成「寶劍女王」。此外,這個蛻變很可能在一年內發生,因為「命運之輪」象徵黃道十二宮的年度週期。

值得注意的是,一年後,問卜者回來告知我,事後證明那則占卜很準確。他成功地取代了原本的主管,而且經歷了解讀時預測的職涯晉升。這個現實生活的情節成為了令人信服的實例,說明在塔羅占卜中,三個自我的協作如何變得顯而易見且交織在一起,從而詮釋牌卡並提供預測。在體認到且欣然接受這三個自我的相互作用後,那次塔羅占卜為問卜者提供了獨一無二的理解,使其更明白自己的職涯旅程,這是單靠傳統塔羅詮釋可能無法提供的。這樣的作法能為問卜者賦能培力,從而

第 1 章

做出明智的決定,並借助其獨特的優勢,找出正確的連結和指引,自信而清明地走出自己的道路。

練習 3
三重魂靈洞見牌陣

這個練習旨在幫助你用九張三角形塔羅牌陣調頻進入低我、中我與高我。三角形的每一個點都對應到三魂(低我、中我、高我)的一個面向,而且每個點都有三張相關聯的牌卡。低我代表你的身體和情緒,中我體現你的心智頭腦,高我象徵你的靈。

1. 找到一個安靜舒適的空間,在那裡,你可以集中注意力不被干擾。深呼吸幾下,集中心神,為你的塔羅占卜設定意圖。
2. 洗牌,在頭腦中保持意圖清明,如此才能參透你的低我、中我與高我當前的狀態,並找出所有障礙和解決方案。
3. 一旦感覺準備就緒了,就抽出九張塔羅牌,將它們排列成三角形。前三張牌(1、2、3)位於三角形左下角,接下來三張牌(4、5、6)位於三角形頂端,最後三張牌(7、8、9)位於三角形右下角。
4. 根據這些牌的位置讀牌:

低我(牌1、2、3)

牌1:代表低我的當前狀態。反思一下這張牌如何訴說你目前的情緒和身體狀態。

牌2:這張牌指出了你的低我需要解決的障礙、失衡或挑戰。

牌3:這張牌建議的解決方案或行動,可以為你的低我帶來平衡和療癒。

中我（牌4、5、6）

牌4：這張牌表示中我的當前狀態，與你的智力和認知狀態有關。

牌5：這張牌強調了可能會影響心智健康或思考過程的障礙或失衡。

牌6：這張牌提供了能平衡及優化心智狀態的潛在解決方案或步驟。

高我（牌7、8、9）

牌7：這張牌代表高我的當前狀態，或是你的靈性面向。

牌8：這張牌闡明了可能需要關注的任何靈性障礙、失衡或挑戰。

牌9：這張牌提出了可以平衡和滋養靈性自我的指引或行動。

5. 花些時間好好冥想每一張牌，觀察浮現的任何想法或感受。你可能會想要記錄你的洞見，那有助於進一步深思。

第 1 章

信任自己

　　契入靈能技能的最大障礙往往來自於自我懷疑。許多人認為，這些能力只賜給「特殊」的個人，於是懷疑自己的潛力。但是根據我的經驗，能夠高度善用自身靈力的人具有某些共同的特點——他們有積極的想像力、玩樂感、創意與平衡的態度。他們認真對待自己的能力，而且知道如何從中得到樂趣。瑞秋‧波拉克把這點講得很明白，她精采地寫到：「學會認真地玩耍是靈性探索的偉大祕密之一。」[4]這些人似乎都有一個重要的特點：有能力忽略自我設限的想法，尤其是在發揮想像力的時候。他們不怕犯錯，而這點對個人和心靈成長非常重要。

　　若要增強靈能力，你首先需要戰勝自我懷疑，敞開自己並迎接想像力，在人生中創造改善和擴展的空間。發展靈能技能時，允許自己坦然接受犯錯的可能性也極其重要。讓自己沉浸在過程中，不評斷接收到的資訊，這往往能揭示令人驚訝且以前可能被低估的準確度。一旦建立了堅實的靈能基礎，就要聚焦在磨練靈能力的準確度。這涉及以不會改變人生的決定作為主題，練習為自己或朋友和家人占卜解讀。藉由聚焦在不那麼重大的事，可以讓你精煉自己的技能，建立對自身靈力的信心。

允許你的生命力流動

　　靈能力需要某種「允許」的狀態，通常能在創造和嬉戲中發現這種狀態。仔細想想你逐漸入睡或讓思緒陷入幻想的時刻。當你的腦波開始轉變時，這個過程就有某種被動的品質。然而，「靈能者」與眾不同的地方在於，他們能夠集中注意力，刻意地契入這個狀態。

---

4 Pollack, *A Walk Through the Forest of Souls*, 6.

那是一種微妙的平衡，發生在有紀律的專注與敞開的流動狀態之間。太過用力強迫這個過程或內在有阻抗，都可能阻礙這份自然的流動。而放鬆是其中的關鍵，放鬆對頭腦和身體都有正面影響，它能增加血流量，改變呼吸的模式。這種微妙的轉變將使你更深入地連結高我和低我的生命力。呼吸與高我有關，而血液連結到低我。換言之，放鬆能鞏固聯繫，使你更深入地與高我的神性本質以及低我的身體本質連結。

練習4
讓人平靜的放鬆技巧

這個技巧聚焦在受控的呼吸以及逐漸釋放肌肉緊張，目標是促進平靜和放鬆感。在這個練習中的呼吸技巧稱作「方形呼吸」（square breathing），它既可以使你放鬆，又能稍微改變你的意識。它可以成為有用的工具，使你的頭腦平靜、緩解壓力，同時把自己準備好，以利靈能探索或需要放鬆狀態的任何其他活動。

1. 閉上眼睛，用鼻子緩慢地吸氣，數到4。
2. 吸氣時，感覺上腹部擴展，屏住氣息，數到4。
3. 噘起嘴唇，慢慢吐氣，彷彿你為了許願，正對著蒲公英吹氣，數到4。保持吸氣和呼氣慎重而穩定，才能避免感到頭暈。
4. 呼氣後，保持肺部淨空，數到4。
5. 再深吸一口氣，數到4，聚焦在將一手握成拳。
6. 保持那份張力，屏住氣息，數到4，然後慢慢放開，張開手指，同時呼氣。
7. 注意蔓延手部的放鬆感。

8. 運用你的整個身體重複這個繃緊和放鬆的過程，逐個區域進行。
9. 完成身體的各個部位之後，現在立即繃緊每一條肌肉，然後有意識地釋放那份張力，好好注意放鬆的身體感受。
10. 若要提升這個過程，在釋放全身的張力時，就在心裡對自己肯定地表明：好好放鬆。

意識的變異狀態

我們的腦部活動由神經元相互溝通產生的電脈衝構成，這些脈衝以每秒週期為單位（赫茲），分別與不同的覺知狀態相互關聯，其五種主要狀態為伽馬（gamma）、貝塔（beta）、阿爾法（alpha）、西塔（theta）以及德爾塔（delta），每種狀態都有各自的赫茲週期範圍。學習在這些狀態之間轉換，能讓我們隨意調整自己的意識層級。研究人員羅伯特・貝克（Robert Beck）發現，許多表現出靈力的人，其腦波模式為7.8－8赫茲，落在阿爾法範圍內（7.5－13赫茲）。這種狀態往往與冥想、想像以及做白日夢之類的活動有關係。貝克的研究強調了阿爾法狀態與靈力之間的連結。[5]

練習5
進入阿爾法狀態

有許多不同方法可以進入阿爾法腦波狀態，且全都遵循類似的模式。這些技巧通常涉及聚焦在色彩與意象的結合，讓自己沉浸在這些心智圖像中，使它們在心靈之眼內變得栩栩如生。這類模式時常合併有上升或下降感，例如，倒數計時或類似的過

---

5 Brennan, *Light Emerging*, 17-18.

程。一旦你成功進入了阿爾法狀態，就要密切注意在這個意識變異狀態期間，出現的任何想法或身體感受，並敞開接收可能來到面前的隱微印象和洞見。此外，我極力建議在進入阿爾法狀態之後進行塔羅占卜。你很可能會注意到，那樣的塔羅占卜體驗有著顯著的差異——在你投入塔羅占卜時，過程變得比較流暢，想法和圖像毫不費力地便浮現在腦海中。就好像資訊順暢地流動著，可以與那些牌及其意義建立更深入且直覺的連結。

1. 執行讓人平靜的放鬆技巧（練習4）。
2. 閉上眼睛，想像自己獨自站在電梯內。你面前是電梯門，門旁邊是面板，顯示所有樓層以及上行和下行的按鈕。按壓上行按鈕，感覺電梯平穩地上升到下一層樓。
3. 門滑開時，你發現自己置身在光線柔和的房間內，你的目光自然而然地被一盞燈所吸引。靠近那盞燈，打開燈。房間內立即盈滿溫暖的紅光。
4. 回到電梯，再次按壓上行按鈕。電梯抵達上面的層樓之後，你踏進另一間被柔和照亮的房間。這一次，找到一盞橙色燈，用它柔和的光照亮那個空間。
5. 在你上升穿過每一層樓時，都重複這個過程，去發現每個房間內的黃光燈、綠光燈、藍光燈及紫光燈。
6. 抵達最後一層樓時，你發現一盞散發純白光的燈。打開白燈，感受它的發光能量盈滿那個房間。
7. 你現在可以睜開眼睛，明白自己已成功進入了意識的阿爾法狀態。在自己的內在肯定地表明，在這個狀態裡接收到的任何洞見或資訊，都會是精確且有裨益的。你現在已經準備好，以高階的覺知和連結感投入冥想、靈能或占卜技巧。

第 1 章

練習 6

平衡的智慧之柱

在本練習中,我們借鑒了萊德偉特史密斯塔羅牌當中「女祭司」牌的意象,女祭司坐在白柱子J與黑柱子B之間,柱子分別代表傳奇而神祕的所羅門神殿(Temple of Soloman)的雅斤(Jachin)與波阿斯(Boaz)。這些柱子象徵存在的二元性以及我們內在能量的平衡。女祭司體現著智慧、直覺與神祕,這些品質也與所羅門王著名的睿智聰慧有關聯。正如同「女祭司」牌教導我們,要調和與整合內在呈鮮明對比的能量,好好培養自我覺知、能量均衡與和諧一致,這個練習旨在幫助你擁抱表意識和潛意識面向的相互作用,承認它們平衡結合的重要性,從而在生命的各個層面找到更大的和諧與契合。

1. 想像兩根柱子在你的左右兩側:左邊是白柱子,右邊是黑柱子,就跟「女祭司」牌一樣。
2. 體認到這些柱子體現了你的內在,在鮮明對比的能量之間形成平衡。白柱子體現了表意識心智的邏輯與理性,黑柱子則體現了潛意識心智的直覺與靈能力。
3. 感受這些能量在你的內在相互交織、彼此互補。注意你的想法如何與邏輯相映契合,你的直覺洞見如何與智慧連結。
4. 承認並欣賞你自己這些面向之間的和諧。它們的共存能帶來完整與圓滿感。
5. 肯定地表明:「我欣然接受我的表意識和潛意識能量的平衡結合,包括邏輯與直覺、理性與靈能力。」

∞

6. 想像兩根柱子揉合著它們的能量,在你內在創造出統一而平衡的能量場,重新校準任何的失衡。
7. 觀察這些能量如何平衡與交織,進而促進你的生命整體融合。欣然接受柱子的象徵意義,好好體認你內在對立面的統一。透過它們的平衡表現,你可以體會到,在創造意識的平衡狀態時,邏輯／直覺與理性／靈能力的重要性。

III

THE EMPRESS.

第2章

∞

能量的基礎

　　靈力與能量運作的修練息息相關，包括能量運作的開發，以及塔羅占卜期間的實際運用。能量運作的重點在於掌握和塑造各種類型的能量力道，這個理念不只靈性或神祕——它其實是物理學。分解我們認為的「固態」物體時，會發現它們是由快速移動的能量粒子組成。這些粒子以不同的頻率振動，因此對我們的感官而言看似固態。我們所知道的物質世界其實只是能量的多種表達，感官只能偵測到這個能量頻譜的一小部分。以磁場、輻射與紫外線為例，這些是我們看不見或感覺不到的能量形態，但卻可以在科學上驗證它們的存在和影響。這說明，實際存在的能量形態更廣泛，超出了我們直接的感官知覺。

　　一切存在的基礎構成要素是能量。對於理解靈能力來說，這個概念至關重要。不同類型的能量不斷相互作用，形成了我們的世界，即使我們的基本感官知覺捕捉不到那些能量。而我們身為靈能者，就是在發掘科學理解中通常辨認不到的能量。我深信，每一個人天生都有感應這些精微能量的能力，那是科學至今尚未充分探索的部分。雖然科學在識別和研究各種能量方面表現得非常出色，但是靈能者知道，還有其他類型的獨特能量正在等待被正式承認。即使這些能量在科學文獻中缺席，也不會減少其真實性或重要性。承認這些精微能量，並不會暗中破壞科學在揭開世界的神祕面紗方面所做的寶貴工作。兩種視角可以共存，從而豐富我們對宇宙的理解。

　　能量運作是透過想像的力量進行，主要運用觀想（visualization）和觸覺型感官想像（tactile sensory imagination）。觀想涉及創建某個乙太思想念相（etheric thoughtform）。簡單地說，思想念相是心智的圖像、想法

或概念，由我們的念頭和感受所激起。它的複雜性或意識程度可能有所不同，範圍從影響我們感受或念頭的氣場形式，到能量的視覺化，再到我們創造的半清醒或完全清醒的「靈」（spirit）。在本書的能量運作中，我們最常用到的思想念相類型比較不是有意識的「能量機器人」（energy robot），反而更像是因為觀想和賦能培力所造成的能量疊加。單是觀想往往不足以達成有效的靈能運作。若要讓思想念相變得更有力、更適合靈能的目的，我們必須結合意志力（willpower），亦即代表顯化某樣東西的決心和意圖。將意志力注入思想念相後，我們便得以從星光界（astral realm，這是意志力的界域）汲取能量。如此，來自星界的能量將使乙太思想念相轉化成星界思想念相，星界思想念相的力量更大，可以用於靈能占卜和能量操縱之類的靈能活動。如此的能量注入，讓思想念相具有靈能運作所需要的力量和有效性。結合觀想與觸覺型感官想像、意志力以及能量，我們便可以提升自己的靈力，在靈能實作和占卜中取得更好的結果。

奠定基礎

我在本章中提出了幾則練習，若要在塔羅占卜之前讓自己做好能量運作的準備，這些練習不可或缺。無論你是偶爾涉獵塔羅占卜，還是經驗豐富、行程滿滿的塔羅占卜師，都無關緊要。重要的是，將這些練習視為你的塔羅占卜程序的基本面向。上一章談到進入阿爾法腦波狀態再進行這些練習很重要，這個重點再怎麼強調也不為過。它們是確保頭腦清明、心神專注並讓人心領神會的根基。對專業占卜師或經常占卜解讀的人來說，這些練習更是意義重大。繁忙的一天中，占卜療程接二連三，問卜者不斷湧入，能量枯竭和情緒疲憊的可能性真實存在。在如此背景下，持續落實能量準備工作不僅有裨益而且有必要。這些練習有助

於維持能量水平，使你在整個療程中保持靈能力敏銳、頭腦清明。只要優先安排好這些準備工作，無論你的日程安排多麼嚴苛，你都能保護自己有能力提供具洞見且有價值的塔羅占卜。因此，要讓這些練習或其改編版成為你的塔羅占卜程序中務必存在的部分。

開始當天的占卜前，特別花些時間完成這些練習，你才能為最佳的能量校正和接收能力奠定堅實的基礎。投入這些練習使你調頻對準自己的能量，確保你盡可能處在最佳的狀態，從而提出具洞見且精準的解讀。這個作法在你自己、牌卡以及你所運作的能量之間，創造出某種協同作用。帶著正念和意圖面對塔羅占卜，你就能提升自己的能力，契入直覺的洞見、詮釋符號，並且為問卜對象提供有意義的指引。讓這些練習成為日常生活中務必存在的一部分，從而培養能量的紀律感，建立一套能量準備儀式。對你的占卜品質和有效性來說，你的能量是否健康至關重要。將這些練習納入日常生活中，不僅有利於身為占卜師的你，也能提升問卜者的綜合體驗和滿意度。

預備練習

每次深入探究新的主題、技巧或實作法時，我都會假設已經完成了這些預備練習。它們如同跳板，讓我們得以深入探索比較複雜的能量運作和靈能力。無論如何，你可能會發現更能與你起共鳴的不同技巧——這類探索和個人化不只受歡迎，而且值得鼓勵。關鍵是確保無論你選擇哪些技巧，它們都可以實現這些基礎練習當中所概述的每一個能量目的。畢竟，重點不在於嚴格遵守一套實作法，而是營造能量環境，促成深具洞見、感同身受又名副其實的塔羅占卜。此外，我極力建議你，在任何能量療程結束時，都要讓自己重新扎根接地。

第 2 章

預備練習意指
按照順序完成以下練習

1. 讓人平靜的放鬆技巧（練習4，第27頁）
2. 進入阿爾法狀態（練習5，第28頁）
3. 平衡的智慧之柱（練習6，第30頁；可有可無／視需求而定）
4. 女祭司扎根接地（練習8，第41頁）
5. 節制能量流（練習9，第43頁）
6. 讓心歸於中心（練習10，第45頁）
7. 月亮盔甲（練習11，第48頁）
8. 建立你的能量空間（練習16，第57頁）
9. 能量淨化以及為你的塔羅牌加持充電（練習13，第52頁；可有可無／視需求而定）

力量之井

我們可以與各種精微能量交流，當我們更深入地探究能量運作的界域時，這些能量可以進一步被分類成更精微的形態。無論如何，在我們踏上這趟旅程之前，首先必須面對自己的元氣。這指的是自然而然地在你內在流動的能量——可以說是你個人的生命力。它包含你的能量組成、你的氣場以及你的能量中心。投入能量運作時，單純仰賴自己的元氣來推動能量運作並不明智。這類似於俗話說的：「空杯子倒不出水來」，談到能量運作與靈能實作的時候，這點尤其真實。以此方式利用自己的生命力最終會令你枯竭，並導致無數問題，疲累和倦怠不過是其中幾個潛在的後果。我們不妨借助三種其他能量來源，亦即「力量之井」（wells of power）。這些井可以作為我們汲取能量的替代來源，進而

指揮、移動並操縱其他形態的能量。這裡的意圖並不是靠自己直接運用自身元氣來激起自己的能量運作,而是契入這些替代的力量之井,進而維繫自己的能量水平,避開與單純仰賴個人生命力相關聯的陷阱。

神性能量

神性能量(divine energy)是第一座力量之井,它體現了神性本源散發出來的神聖能量,代表創造和靈性界域的終極本質。它包含更高意識、無條件的愛以及神性智慧。這股能量被認為源自於更高的力量——無論它是神明、靈、作為「表意識心智」(conscious mind)的宇宙,或至高無上的和諧宇宙原力。它是萬物之內與萬物之間的潛在原力,時常被稱作第五元素(quintessence,譯注:又稱「精質」)、聖靈(Spirit)或乙太(ether)等諸如此類的名稱。因此,它也是所有其他能量形態的基本能量。在這座力量之井內,我們也可以找到為我們的努力提供協助的靈性存在體的能量,例如,神明、指導靈(spirit guide)、原型或其他非物質盟友。

地球能量

地球能量(terrestrial energy)是第二座力量之井,包括在地球內部流動以及滲透到自然界的能量,它類似於自然界中固有的生命力。某些人可能會擔心取用這類能源將耗盡或傷害地球,然而無須擔心,因為與地球的大量能源儲備相較,我們從地球得到的精微能量極其微小。我們利用的地球能量大約等於我們體內的微生物能量,這些微生物不斷投入時常被忽視且很少(如果有的話)對健康產生不利影響的各種活動。同樣地,與地球的能源總量相較,我們利用的地球能量極其有限。因此,我們利用的地球能量幾乎可以忽略不計,那並不會大大傷害地球或害地球枯竭。

第 2 章

天體能量

　　天體能量（celestial energy）包括恆星、行星及星系等天體，它代表填滿廣袤空間的宇宙能量。這種天體能量不僅存在宇宙中，而且透過占星學和行星效應影響著我們。占星學體認到，天體的位置和運動會因其位置的改變，以及與其他天體互動造成的變化而釋放不同的能量，從而影響我們的人生並塑造我們的人格。自古以來，魔法師和神祕主義者就一直利用這些天體能量作為力量的來源。我們可以與這類天體能量連結，進而建立與宇宙原力的聯繫，探索宇宙與我們自身存在之間錯綜複雜的關係。

扎根接地與歸於中心

　　談到能量運作與靈能占卜時，扎根接地（grounding）與歸於中心（centering）至關重要。這些實作法能為我們的努力提供穩定和焦點，忽視它們可能會導致不利的結果。在投入任何靈能或能量運作之前，始終要用心覺察扎根接地與歸於中心。人們時常一起提到這兩者，但是了解它們的功能截然不同會很有幫助。扎根接地有助於釋放可能淹沒或傷害我們的過多能量，如同洩壓閥般讓我們的身體和能量系統排出多餘的能量，就像洩壓閥在壓力系統中的運作原理。在靈能或能量運作中，我們時常遇見強而有力的能量，這促使扎根接地變得必不可少——防止不健康的能量積累。扎根接地讓我們卸掉過多能量，從而恢復平衡，並安全有效地與能量合作。另外，在能量運作結束時，扎根接地也很重要，因為它如同能量系統的重置按鈕，是任何能量運作實務中不可或缺的步驟。

　　瑪莉・K・格瑞爾在她影響深遠的著作《跟著大師學塔羅》當中，捕捉到了扎根接地的本質，她寫道：

能量的基礎

　　在任何的靈能運作中，目標都是讓自己成為暢通的管道，如此才不至於將任何運作保留在自己體內，保留會造成堵塞，有可能表現為緊張乃至疾病。讓你的能量扎根接地，你會因此注意到但不會緊緊抓住你的體驗，而是允許它們經過你……[6]

　　為了闡明這點，不妨想想「高塔」牌，它描繪了一座被閃電擊中的高塔。扎根接地就像我們在高塔頂端放置避雷針，安全地重新定向和分散能量，宛如接地線，於是能量可以安全地流經高塔，流入地面而不毀壞高塔。

　　另一方面，歸於中心將我們的焦點帶回到當下，保護我們免於因為大量任務、責任或游離的思緒而分神。在深入探究能量運作之前，花點兒時間讓自己歸於中心，以便沉著地應對挑戰。歸於中心會建立穩定的能量焦點，讓我們得以清明、穩定且平衡地操作，也讓我們能夠收下接收到的隱喻式閃電能量，然後精確地將它導向目標。

練習 7
力量之井評估牌陣

　　這個反思內省兼賦能培力的練習，旨在探索和提升你與各種能量來源的連結。這個牌陣將探究四大面向：神性能量、地球能量、天體能量以及個人元氣。透過為每一座力量之井抽取特定牌卡及其各別的指引牌，這個練習可以提出寶貴的洞見，讓你參透自己的靈性校正、與大自然的連結、宇宙影響以及個人的能量層級。此外，這個牌陣也提供個人化的建言，告知你如何改善這

---

[6] Greer, *Tarot for Your Self*, 49.

第 2 章

些連結,以及如何維持與每種能量來源的關係。與這個塔羅牌陣交流,你可以更深入地了解有什麼可用的不同能量,進而豐富你的靈性修習、能量運作與整體福祉。不定期地運用這個牌陣,有助於檢視你與能量來源的連結,當你在靈能實作中感到斷連或受阻時,這個牌陣會大有幫助。

```
    1   2   3   4

    5   6   7   8
```

1. **神性能量**——抽一張牌,代表你目前與神性源頭和靈界的連結。這張牌表示你調頻對準更高意識、無條件的愛與神性智慧等能量的程度。
2. **地球能量**——抽一張牌,反映你與地球和自然界的連結。這張牌指出,你有能力契入存在你之內和周圍的自然生命力。
3. **天體能量**——抽一張牌,象徵你與天體能量的連結以及你有多敞開接收圍繞和影響你的宇宙能量。
4. **個人元氣**——抽一張牌,探索你目前個人元氣的狀態。這張牌代表在你之內自然而然流動的能量、你的生命力以及你的能量中心。
5. **提高神性能量**——抽一張牌,接收指引,進而明白該如何提升與神性力量之井的連結。這張牌能提供深化靈性連結與理解的作法或行動。

6. **提高地球能量**——抽一張牌，獲得指引，進而明白該如何改善與地球力量之井的連結。這張牌暗示與大自然相映契合、使自己扎根接地，以及與地球能量和諧相處的方法。
7. **提高天體能量**——抽一張牌，取得指引，進而明白該如何鞏固與天體力量之井的連結。這張牌暗示與宇宙原力連結、與占星影響對齊，以及擁抱宇宙能量的作法。
8. **提高個人元氣**——抽一張牌，接收指引，進而明白該如何提升和維持個人的元氣。這張牌能提供洞見，使你參透有助於補充和保護生命力的作法。

練習8
女祭司扎根接地

　　這個扎根接地的技巧結合「女祭司」牌的意象，從她安詳的臨在中汲取靈感。她優雅地釋放著多餘的能量、壓力或負面情緒，就像水從她宛如洩水閘的長袍流下。儘管所有的水流經女祭司，她卻牢牢地扎根在她的寶座上，而你就跟女祭司一樣，無論多少能量流經你，你都可以找到穩定和根基。

1. 舒服地坐著，雙腳平放在地板上。閉上眼睛，深呼吸幾次，讓自己歸於中心，錨定在當下，就好像女祭司穩穩地坐在她的寶座上。
2. 現在，敏銳地覺察到流經你的自然能量。想像這股能量是閃閃發光的水流，就好像水優雅地在女祭司的長袍上流動。

第 2 章

THE HIGH PRIESTESS

3. 觀想你內在多餘的能量、壓力或負面情緒，皆隨著這條閃閃發光的水流，優雅地流下並流出你的雙腳，找到流向下方大地的路徑。
4. 隨著每次呼吸，准許多餘的能量流經你，就好像水從柔和的瀑布傾瀉而下，釋放並沖刷掉一切緊張或負擔。
5. 當能量流淌而下，想像它毫不費力地融入大地，被大地的自然療癒能量吸收並轉化，就像女祭司的長袍優雅地觸及地面。
6. 釋放多餘的能量時，要欣然接受輕盈和放鬆的身體感受，讓自己的坐姿保持堅定且態度沉著，就跟女祭司一樣，她扎根在她的寶座上，同時傳導著她的智慧。
7. 對自己肯定地表明，任何你無法處理的多餘能量或情緒重擔——無論是你自己的還是別人的——現在都被釋放和轉化，而且在你投入能量練習期間，這些會持續進行，使你能夠帶著平靜和內在平衡感保持扎根接地。

8. 只要你需要，就持續這麼練習，感覺自己愈來愈腳踏實地，擺脫了一切不必要的負擔，穩穩地錨定在流經你的能量中。
9. 當你準備就緒時，就溫和地將覺知帶回當下，知道扎根接地不斷地發生著，即使你的心思不在其上。每當你需要釋放多餘的能量，在生活中找到平靜穩定感時，都可以回到這個練習，就好像女祭司坐在她的寶座上，安詳而堅定。

練習9

節制能量流

這個冥想借鑒了「節制」牌的意象，利用聖杯作為象徵容器，代表地球和天體能量的力量之井。藉由觀想聖杯之間的能量流動，你可以調和自己內在的地球能量與天體能量，從而創造流動的能量流迴路，激起靈力和能量的疊加（即思想念相）。當你需要恢復平衡、整合能量或與所有存在的整體連結時，也可以練習這個冥想。

1. 短暫地停頓一下，讓自己舒服地坐好，確保雙腳平放在地板上或盤腿坐著。
2. 閉上眼睛，開始平靜地呼吸，隨著每次溫和地吸氣和呼氣，讓身體進一步放鬆。
3. 現在想像一下「節制」牌的意象。在你的想像中，觀想牌面的核心人物拿著兩只杯子，一手一只。杯裡裝滿流動的液態光，代表地球能量和天體能量。想像一只杯子在你的正上方，一只在你的正下方。

第 2 章

4. 將注意力集中在象徵地球能量的下方杯子。觀想它是一只容器，裝滿地球善於滋養、生氣勃勃的本質。看見這只杯子溢滿濃鬱的金色能量，那是代表貫穿地球本身的生命力。感受到它散發出穩定與扎根接地的能量。

5. 接下來，將注意力轉移到上方象徵天體能量的杯子。想像它盈滿超凡脫俗、光芒四射的能量，那是代表包圍和滲透宇宙的宇宙原力。觀想這只杯子溢滿閃閃發光的銀色能量，體現了來自天界的智慧和靈感。

6. 想像輕柔的能量流在兩只杯子之間來回移動，彷彿液態光在你周圍跳著有節奏的舞蹈。

7. 吸氣時，觀想地球能量從下方的杯子向上流經你的身體，滋養著每一處細胞和纖維。當它在你之內循環時，感受它接地、穩定且療癒的品質。
8. 隨著每次呼氣，想像來自上方杯子的天體能量傾瀉而下，宛如光芒四射的瀑布。當它與你之內的地球能量融合時，感覺它提振人心、廣袤遼闊又光明覺照的品質。
9. 持續如此觀想，吸入地球能量，呼出天體能量，允許它們在你之內流動。當這些能量交織並揉合時，感應到它們的平衡與融合，創造出由振動構成的交響樂。
10. 下一次吸氣和呼氣時，隨著地球和天體能量在你之內相遇，好好感受它們合併且產生了第三種能量：神性能量。
11. 保持這樣的流動，當你體驗到神性能量時，你便能感覺到深度的和諧與均衡感滲透你的整個存在。好好體驗地球和宇宙在你之內團結統一，以及萬事萬物的相互連結性。
12. 當你準備就緒時，直接進到下一個練習，或逐漸將你的覺知帶回到當下，輕輕地睜開眼睛，並整天攜帶著這份平衡與連結感。

練習10

讓心歸於中心

這個技巧能幫助你與心輪連結，在當下培養臨在感和愛。只要不斷落實這個技巧，你就可以提升保持扎根的能力，同時與駐留在你之內和周圍的愛及慈悲連結。這個愛、慈悲及同理的狀態，將會提升塔羅占卜的價值，進而讓你名副其實地與另外一個人連結，同時讓來自「節制」的能量流在你之內歸於中心，你也可以更明白精確地運用它。

第 2 章

1. 雙手放在胸前。花點兒時間深度、平靜地呼吸,保持穩定的節奏。
2. 吸氣和呼氣的同時,將你的覺知帶到輕柔、穩定的心跳上。
3. 將注意力集中在心輪。觀想溫暖而燦爛的光芒盈滿你的胸腔,這代表慈悲的能量。
4. 隨著心臟每一次跳動,想像這道光開始擴展,愈變愈亮,包圍住你的整個生命。允許這道光帶著深度的愛和慈悲盈滿你。
5. 隨著呼吸的延續並感覺到心輪的能量,請對自己肯定地表明,你完全臨在當下時刻。體認到你的每一次心跳都意味著當下,讓你錨定在此刻。
6. 默默或大聲地重複某句肯定語,例如:「我在這裡,就是現在,散發著完美的愛和信任。」
7. 重複這句肯定語時,讓來自心輪的平靜與愛向外散發,使你的整個生命盈滿深度的平靜和溫暖感。
8. 再花些時間沐浴在這個歸於中心的狀態中,感覺到平靜和愛從你的心散發出來。當你準備就緒時,輕輕地釋放那句肯定語和那份觀想,知道每當你需要找到內在的平靜與平衡時,都可以返回這個歸於中心的狀態。如果你準備就緒,就進到下一個練習。

保護

你是否曾經感到枯竭,或是好像吸收了問卜者的心情?假使情況如此,那麼跟你一樣的人比比皆是。許多對能量敏感的人都經常體驗到這樣的事,而且這種情況不僅發生在塔羅占卜期間。我最愛的節目之一《吸血鬼家庭屍篇》(What We Do in the Shadows)的衍生影集誇張但完美地說明了這點。這部「偽紀錄片」追蹤了一群吸血鬼室友的日常生活和

不幸遭遇，這群吸血鬼居住在今天紐約市的史泰登島（Staten Island），努力面對著支付租金和應對社會動態等世俗課題，同時又滑稽可笑地與現代的人類世界脫節。主角之一是科林・羅賓遜（Colin Robinson），他是個有靈力的吸血鬼，跟其他靠吸乾受害者血液為生的吸血鬼不同，他透過無聊或惱怒搾乾人們的能量。另外一個例子是反覆出現的角色伊薇・羅素（Evie Russell），她刻意以情緒能量為食，不斷地讓人們同情她和她的不幸遭遇及受害故事，從而以對方為代價讓自己回春。身為塔羅占卜師，你很可能經常遇見這兩種原型的人，不過有意識地這麼做的人卻少之又少。不管對方的動機如何，這類令人枯竭的邂逅所造成的巨大影響卻很真實，值得仔細思量，尤其如果你為大眾占卜解讀，不斷地與對方的能量互動，就更有機會接觸到這樣的人。

　　幸好，有幾個解決方案：第一是扎根接地，第二是能量屏蔽。只要使用能量屏蔽技巧，我們就可以保護自己的能量，防止外來能量對我們的占卜產生負面影響或耗盡我們的能量。無論是尋求塔羅占卜的問卜者，或周圍環境發出的能量，你都需要建立邊界。當我們為自己的能量設下防護時，就如同建立一道防護屏障，過濾掉不想要或干擾性的能量。這本質上是針對可能進入我們個人空間和能量場的人事物設限。不要低估或排斥這種作法，也不要視之為偏執妄想。不妨把它想成開車前繫好安全帶，或是要在海灘待很久而事前塗抹防曬乳。這些行為不是根植於偏執，而是提升安全與福祉的預防措施，尤其是長期的安全與福祉。當我們投入直接的能量運作時，能量屏蔽的重要性就變得更加明確，這也是本書的焦點。身為占卜師，必不可少的是主動為自己建立屏蔽，以及維持自身能量的完整。唯有這麼做，我們才可以創造寧靜和受保護的空間，讓占卜解讀準確且不偏不倚，不受外在能量勢力的影響。

第 2 章

練習 11

月亮盔甲

　　這個練習運用了能量屏蔽，靈感來自於「戰車」牌中駕車者的月亮盔甲意象。月亮盔甲能促進平衡的接收能力並過濾能量，使有用的能量得以流動，同時擋掉失衡的影響力。這個屏蔽方法能確保你處在敞開接收的狀態，不被外來能量淹沒，讓你在保持敞開接收靈能印象的同時，也在能量上有所防護。

1. 閉上眼睛，想像「戰車」牌上的駕車者，他穿戴的月亮盔甲在你身體周圍成形。聚焦在盔甲內月亮能量的柔和冷光，那象徵接收能力、過濾與保護。好好與月亮盔甲的意象連結，體認到它有能力引入有幫助的能量，同時擋開失衡的影響力。
2. 隨著每次呼吸，觀想月亮盔甲得到能量的加持，將你的氣場包裹在發光的月亮能量護盾裡。當盔甲在你的身體周圍形成保護時，

看見盔甲發出柔和的銀藍色光芒。這體現了接收能力與放大擴展的品質，如同鏡子一般，毫不費力地讓有幫助的能量通過，同時彈開失衡或不和諧的振動。

3. 深吸一口氣，想像一股賦能培力的月亮能量注入盔甲，增強其接收能力和過濾能耐。
4. 感覺到這股能量強化了那層盔甲，在塔羅占卜期間毫不費力地過濾並防護你的個人能量。它維持平衡和敞開接收的狀態，支持著你的直覺和靈能連結。
5. 釋放一切擔憂或分神，信任月亮盔甲可以防護你的個人能量，從而提升塔羅占卜能力，支撐你敞開接收的狀態。

為塔羅占卜設定意圖

在開始塔羅占卜之前，定義明確的意圖能為全神貫注且深具洞見的療程奠定基礎。設定這些意圖可以讓你好好概述希望達成的目標，從而有助於導引塔羅占卜朝特定的方向發展。這個焦點將會增加你取得寶貴洞見的機會。此外，設定意圖的行為也能聖化你的占卜環境，打開神性影響力的大門，促成你、牌卡與靈性世界之間的連結。因此，塔羅占卜將會產生更深度的共鳴，成為轉化蛻變、影響深遠的體驗。

設定意圖是召喚靈性盟友或更高力量前來指引和協助你的機會。當你清楚地表達意圖，你在占卜解讀期間就能敞開自己，接收額外的智慧與支持。你與神性之間的這份協作可以深化彼此的連結，擴展從牌卡中蒐集到的洞見。設定意圖的另外一個重要面向，是你在占卜解讀期間過濾和傳導能量的能力。由於你設定了明確的意圖，因此能建立邊界，指揮能量的流動，確保只接收到相關且有意義的資訊。這樣的專注能使占卜解讀更有效率且精確，從而為問卜者提供他們所尋求的指引。

第 2 章

明確的意圖有助於維持占卜解讀空間內的操守與尊重。建立以「眾人的至善」為優先的意圖，相當於為自己和問卜者創造安全且有助力的環境。這個道德基礎培養了占卜解讀過程中的信任與操守。在占卜之前，我會特地請求只看見我和問卜者真正需要知道的內容——不多也不少。這個專注聚焦的方法有雙重好處，首先，它確保我只接收到相關的資訊，過濾掉不必要的干擾，同時也尊重個人的隱私。如此，我才不會意外地深入對方偏愛保密的個人領域。簡言之，重點在於建立信任、尊重邊界，提供深思熟慮且有意義的洞見。

我遵循雙重CHARGE原則，藉此牢記我的意圖。我的目標是，我帶領的塔羅占卜務必：

C	清晰（Clear）、簡明（Concise）
H	有幫助（Helpful）、具療效（Healing）
A	準確（Accurate）、真實（Authentic）
R	能起共鳴（Relatable）、揭露實情（Revealing）
G	溫和（Gentle）、具引導力（Guiding）
E	強調（Emphasized）、自在（Easy）

練習12

占卜前喚起法

以下是我在執行塔羅喚起法的時候，出現在我腦海裡的聲音。下述喚起法是為他人占卜量身訂製的，但是稍加修改後也可以用於自我占卜。

我召喚我的靈、盟友與指導靈。朋友們，
靠近吧，幫忙完成手邊的任務。我請求

能量的基礎

我接收到我們需要知道的內容,不多不少。
願我接收到的占卜清晰簡明,讓我們可以
充分理解正在被傳達的訊息。
願它提供幫助和療癒,賦予對方需要的
支持,找到應對人生挑戰和機會的方法。
願占卜解讀準確而真實,
具體反映問卜者的情況。
願資訊得到認可並升起共鳴,
讓問卜者能以與自身經驗和智慧
起共鳴的方式,與這些訊息連結。
願我接收到的指引溫和、具引導力,
幫助問卜者慈悲、優雅地
找到方法,應對人生的曲曲折折。
願需要的訊息被強調,且願
這次占卜帶給問卜者自在與舒坦。

為你的塔羅牌進行能量維護

　　塔羅牌是工具,就跟任何其他工具一樣,我們希望確保它以最佳狀態運作。若要讓塔羅牌保持最佳狀態,經常進行能量維護必不可少。淨化與加持套牌相結合,可以確保你的占卜解讀精確,且沒有任何破壞性或不想要的能量。經常落實這些作法,可以為你的塔羅牌創造清明且生氣蓬勃的能量狀態,使它們得以傳遞最準確又具洞見的訊息。淨化（cleansing）顧名思義,就是移除掉之前的占卜或遭遇殘留的能量,那些可能會干擾目前的占卜。淨化可以確保先前占卜的能量不影響後續占卜的結果。

第 2 章

你可以採用多種方法淨化塔羅牌,例如,使用薰香煙霧(例如乳香)或大把植物(例如迷迭香)。抑或是將你的塔羅牌暴露在溫和的月光下或燦爛的陽光下,也可以淨化它們的能量。只是要覺察到,把它們放在陽光下過久可能會害藝術作品褪色。水晶,尤其是透石膏(selenite),具有強而有力的能量純化屬性,可用於淨化過程。舉例來說,你可以放一塊透石膏在塔羅牌頂部,或拿一根透石膏杖經過每一張塔羅牌上方,同時將意圖聚焦在清理和淨化套牌的能量。為你的塔羅牌進行能量加持就像在確保它們完全「充電」,如同電池充電一樣。這麼做可以鞏固你與這副塔羅牌的聯繫,當你為塔羅牌加持充電時,基本上就是在調整頻率,讓它們與你的個人能量起共鳴,使占卜解讀更貼合你。

練習13

能量淨化以及
為你的塔羅牌加持充電

以下是我淨化塔羅牌及為其灌注能量的首選技巧。你唯一需要的是你的塔羅牌,此外不需要任何其他物品。要找到一個不會有人打擾你或使你分心的地點。

1. 舒服地坐在椅子上,或盤腿坐在地板上。先深呼吸幾下,釋放任何壓力或緊張。聚焦在呼吸時,讓思緒平靜下來。
2. 想像月亮的銀光灑下,照耀著你。觀想月亮的能量向下流入你的身體,滌淨並純化你的能量。讓月亮的銀光填滿你,向下流入你的雙手中。
3. 接下來,雙手握住塔羅牌,感受它們的重量和質地。想像銀色的月光向下流,流經你的雙手,流入塔羅牌,滌淨它們從其他人或

能量的基礎

之前的占卜解讀拾起的任何心靈能量。感覺塔羅牌變得更輕盈、更清明,注入了洞見與直覺。

4. 這麼做的時候,宣稱:

>借月亮之力,重新淨化每一張牌,
>移除掉阻擋視野的受損碎片殘骸,
>所有模糊和遮蔽洞見的剩餘殘屑,
>全都被注入靈能視覺的銀色光芒。

5. 現在,觀想太陽,它的金光向下照耀著你。觀想太陽的能量向下流入你的身體,淨化並補充你的能量。讓太陽的金光填滿你且向下流入你的雙手中。

6. 再一次,將塔羅牌握在雙手中,感受它們的重量和質地。想像金色的陽光向下流經你的雙手,流入塔羅牌,滌淨任何失衡或停滯的能量。感覺塔羅牌變得能量滿滿,不僅充滿力量而且得到準確性和精密度的加持。

7. 這麼做的時候,宣稱:

>借太陽之力,重新淨化每一張牌,
>移除掉因此產生的停滯力道,
>所有失衡的能量得到了校正,
>全都被注入精確的金色光芒。

8. 洗牌4次,每次都想像四元素之一平衡著它在牌卡中的元素能量。舉例來說,第一次洗牌時,想像土能量扎根接地,使牌卡穩定下來。第二次洗牌時,想像風能量為牌卡帶來清明與洞見。

第 2 章

第三次洗牌時,想像火能量為牌卡帶來熱情與創意。第四次洗牌時,想像水能量為牌卡帶來情緒深度與直覺。
9. 完成洗牌後,感謝月亮和太陽淨化及加持的能量。感謝四大元素平衡牌卡中的能量。

雙手的能量

喚醒你的掌心輪在任何能量運作中都很重要,何況你的雙手可是塔羅占卜的強大工具。我們運用雙手與周圍的世界連結和互動,因此,雙手也是與能量實相互動的最佳方法之一——讓我們得以指揮能量,並透過靈觸力(clairtangency)及接觸感應(psychometry)提高和感知敏銳度。身體的覺知度提高了,也可能使你對塔羅牌的能量更加敏感,從而與之培養更深入的連結,觸及更直覺的洞見和指引。當你的雙手變得與能量更加和諧同調,那麼拿著一張塔羅牌的時候,你可能會有一系列的身體感受。這種感覺可能會是溫暖、涼爽、振動、麻刺或脈動。這些身體感受可以充當來自直覺的信號,表示這張牌有話要說。關注這些身體感受,接受直覺的指引,你就可以在占卜解讀時開啟更深入的洞察力,從而知道要特別留意讓你有這種感覺的牌卡。

練習 14
喚醒你的掌心輪

這個練習是要幫助你喚醒並感應雙手內的能量。這股能量可用於療癒、靈能占卜、指揮能量以及許多其他的玄學實作法。

1. 深深地吸氣,讓頭腦和身體找到平和、放鬆的狀態。

∞
54

2. 雙手互搓10秒鐘，此舉能促進血液流動，活化雙手的神經。血液會攜帶並移動體內的能量，像這樣刺激雙手的神經，有助於你聚焦在雙手內的感受。
3. 將注意力集中在雙手上。注意雙手有何感受，以及當你把覺知帶到雙手時，是否升起任何身體感受。
4. 想像面前有一顆純淨、明亮的白光球。把這個光球視為療癒和能量的來源，伸出慣用手觸碰它。觸碰光球時，想像你忙著將光球的能量吸入手中。好好感覺手掌和手指裡逐漸增加的溫暖和麻刺感。
5. 輕輕地將手移開發亮的光球，同時注意能量如何繼續駐留在手中。
6. 用非慣用手重複這個過程，感覺能量也流入那隻手。這是要喚醒你雙手內的能量。
7. 觀想某個簡單的物體，例如一支筆或一把鑰匙，想像自己用慣用手握著它。密切注意那件物體，看看你能否感應到它的能量。你可能會感覺到麻刺、溫暖或沉重感。用你的觸覺探索它的形狀、質地或你想到的任何其他特徵。
8. 拿不同的物體重複這個過程，直到你滿意自己感應其能量的能力為止。
9. 當你準備就緒後，請雙手合十，想像一股能量流在雙手之間移動。好好感覺那份連結，它流動在你的雙手與你在雙手內喚醒的能量之間。

第 2 章

練習 15

感覺能量，知道何時該停止洗牌

剛接觸塔羅牌的人最常問我的一個問題是：應該在什麼時候停止洗牌並開始抽牌呢？這個問題的答案可以很直接，也可以不簡單。幾個因素可以幫助你決定結束洗牌並開始抽牌，關鍵在於聆聽你的直覺和本能。洗牌時，要注意升起的任何身體或心理感受。你可能會感應到能量突然增加，或雙手內的感受轉變。信任你的直覺和身體的回應，那可以指引你決定何時停止洗牌並抽牌。有時候，你就是知道何時該要停止洗牌。以下練習有助於解決這事。

1. 深吸一口氣，接著慢慢吐氣。讓頭腦和身體放鬆。
2. 現在，用非慣用手握住一副塔羅牌。這隻手是你的「月亮手」，它的能量接收能力比較強，使用這隻手的時候，你也在敞開自己，接受那些牌的精微振動和訊息。
3. 將注意力集中在這副塔羅牌上，感應整副牌散發的能量。你是否感應到一股麻刺感？或許是一股溫暖的能量湧動？它甚至可能是溫和、不著痕跡的壓力。無論你感覺到什麼，都要知道這是那些牌的能量正在呼喚你。
4. 開始以自己的步調洗牌，動作從容不迫且感覺舒服自在。它可以是簡單的過手洗牌（overhand shuffle），也可以是包含交疊洗牌（riffle shuffle）的複雜洗牌。目標是與那些牌建立連結，感知它們之間流動的能量。
5. 洗牌時，覺察雙手中的感受。注意任何能量轉變，以及任何壓力或溫度的變化。這些是你正在與那些牌建立連結的徵兆。

能量的基礎

6. 持續洗牌，直至感覺手中有明確信號，暗示該要停止。你可能會感覺到那些牌或手部能量突然改變，或者感覺那些牌自然而然地安頓在雙手中。信任你的直覺，讓你的身體指引你。
7. 感覺到信號時，就將那副牌面朝下放在桌上，調頻進入這副牌的能量。注意出現的任何身體感受或訊息。這不僅能讓你準備好抽第一張牌，也能讓你敞開自己，接受塔羅的指引和智慧。

練習16
建立你的能量空間

我們現在可以聚焦在建立自己的能量臨在感，以及創造與個人能量共鳴共振的空間。就像靈能、塔羅或手相占卜師工作室外頭的霓虹燈，標示著他們的占卜解讀空間，我們也可以把自己的名字觀想成生氣盎然的能量標誌圈住我們。我們將要創造的這些標誌會散發強健的能量，吸引正向的氛圍，同時擋開破壞的氛圍。我們為自己灌注力量和自信，在整個空間中留下了自己的能量簽名，這不僅能強化臨在感，也確保為占卜解讀或能量的運作提供平靜的環境。這種能量技巧可以確保我們的能量更加強而有力，勝過可能試圖干擾占卜解讀和占卜空間的任何靈、失衡力道或可能出現的騷亂。

第 2 章

1. 閉上眼睛,花些時間釐清你做這個練習的意圖,創造專屬於你的能量空間。
2. 聚焦在呼吸。觀察吸氣和呼氣的自然節奏。注意呼吸進入和離開身體的感受。
3. 隨著每次吸氣,想像自己從流經全身的地球和天體能量中,汲取恢復元氣的清新能量。觀想這股能量是明亮的輝光。
4. 呼氣時,想像自己釋放身體中的任何緊張、壓力或停滯的能量,讓它散布並融入周圍的空間。
5. 將注意力指向你的慣用手,觀想它閃爍著生氣勃勃的能量。
6. 隨著每次吸氣,想像能量從你的呼吸流入雙手,使你的手充滿力量與活力。
7. 慢慢轉動身體,面對房間的某個方向。用手指寫出你的名字。觀想你的名字以發著輝光的能量被寫在牆上,宛如霓虹燈。
8. 隨著每次呼吸,強化流經雙手的能量,觀想你的名字在牆上變得愈來愈明亮且生氣盎然。
9. 花些時間好好欣賞你創造的能量簽名。
10. 逐漸轉向房間的每個方向,花時間在每個方向重複以能量書寫你的名字。
11. 面向每個方向時,聚焦在保持穩定的能量流動,觀想你的名字變得更加明確而鮮活。
12. 一旦你面對所有方向且完成了能量書寫練習,將注意力帶回到呼吸。
13. 花些時間好好觀察,在你的能量場內是否有任何身體感受或轉變。
14. 輕輕睜開眼睛。懷著感恩,承認你內在和周圍的能量。

能量的基礎

當心靈能量過多時

許多年來，我一直在麻州塞勒姆市擔任專業的靈能塔羅占卜師，全年無休，包括十月在內。把塞勒姆市描述成輕快活潑、動力十足、在此期間活動與熱忱不斷的城鎮，並不能充分捕捉到它的精神。無論從歷史的角度，還是就當今的神祕學實作而言，對全世界的人們來說，塞勒姆市與巫術的關聯可說是牽一髮而動全軍，尤其是在萬聖節期間——多數人希望入境隨俗地在造訪塞勒姆市期間，獲得一次塔羅占卜。火上澆油的是，我服務的塔羅占卜商店「魔法屋」（Enchanted），是知名靈能女巫蘿莉・卡伯特（Laurie Cabot）的大本營，她不僅帶領靈能占卜，也透過這家商店出售她手工製作的魔法工藝品。蘿莉的名聲之一，是她利用靈能力和魔法幫助塞勒姆市警方找到失蹤的屍體，並逮到兇手的故事，《未解之謎》（Unsolved Mysteries）更為此專門製作了一集影片。所以，「魔法屋」是塞勒姆市的熱門地標，在這段時間早已忙得不可開交。

我毫不誇張地說，十月的每一天，我們每一位占卜師都是整天不間斷地預約滿檔，某些日子更長達十一個小時。問題是，在休息期間或輪班結束後，我無法關閉我的靈能解讀能力，那是我最不想要的事。感覺就像下班後還被迫解讀，侵犯人們的隱私。這是因為，當天大部分時間，我都處在靈能力完全敞開的狀態。不過我確實設法找到了解決方案，我採用了在克里斯多佛・潘薩克與蘿莉・卡伯特指導下學到的技巧，並加上了逆向工程。他們運用的是靈能觸發點（psychic trigger），那是一種特殊的手勢，透過巴夫洛夫制約反應（Pavlovian response）提示自我，使潛意識被觸發時立即條件反射並達到阿爾法狀態。在這方面，我的版本被我稱作「設定心靈提示」（Setting a Psychic Prompt），詳見《魔法顯化》一書中的練習18。這個練習的作用在於快速開啟靈能力，因此我認為，有類似的東西可以用來向潛意識發出訊號，示意潛意識我已回到我的世俗感知了。

第 2 章

練習 17

關閉戒指

這方法的靈感得自於C・S・路易斯(C. S. Lewis)的兒童小說《魔法師的外甥》(*The Magician's Nephew*)。小說中，只要孩子戴上或摘下戒指，就可以在地球與「世界之間的森林」(the Wood Between the Worlds)之間旅行。我決定用赤鐵礦(hematite)製成的戒指實驗，你可以很輕鬆地在幾乎任何玄學商店或網路上找到赤鐵礦。我選擇赤鐵礦是因為這種石頭固有的接地性和保護性。在下述步驟中，我會使用赤鐵礦戒指示範。不過，請隨意改寫這些指令，並配合你可以舒服地戴上和摘下的任何戒指或珠寶。這個技巧可以作為專業占卜師或很難抑制其靈能感知者的附加選項。關於導航靈能資訊流動的「音量控制」或事後關閉的更多相關技巧，我建議查閱我的著作《魔法顯化》當中解決這些課題的練習。

1. 從扎根接地開始。扎根接地之後，感覺到地球能量與自己的能量混合，使赤鐵礦戒指注滿接地的能量。
2. 保持呼吸平穩，持續聚焦在你的意圖，確保從大地汲取的能量依舊純淨且目的明確。
3. 默默地說出與你配戴戒指的目的起共鳴的肯定語，例如：

> 赤鐵礦戒指，心智的守衛，
> 關上門，綁好祕密。
> 戴上你，柔和視線，
> 平息靈能，調暗光線。

能量的基礎

4. 讓這段話共鳴共振，成為微調的能量振動，滲透你雙手捧著的赤鐵礦戒指。
5. 將戒指套在手指上。佩戴赤鐵礦戒指時，要體認到你注入這件物體的獨特能量標誌，將它設定成身體的提示，幫助你每次戴上它便轉換覺知。
6. 你已經成功地運用來自地球的能量結合你的專注意圖，為赤鐵礦戒加持充電。這枚戒指現在具有特定的共鳴，可以幫助你過渡到腳踏實地的日常覺知狀態。每次戴上戒指時，都要朗誦那段咒語。
7. 在占卜解讀前即將進行預備練習時，取下戒指，輕聲說：

摘下你，濃霧現在散開，
靈能感官準備好要仔細端詳。
開啓通道，讓視野流動，
指引我的心智去到我需要知道的事。

8. 每次取下戒指，都重複這個動作。在你的塔羅療程結束後（完成所有結束練習且讓自己重新扎根接地之後），重新戴上戒指，重複第一首韻文。只要持續地運用戒指完成這事，你就能快速為自己的頭腦編程，亦即何時願意接受靈能感知，何時刻意關閉自己。

THE EMPEROR.

第 3 章
∞
默觀與冥想

　　大約15歲的時候，冥想（meditation）真正引起了我的興趣。我並不是為冥想本身神魂顛倒，而是為冥想的概念神魂顛倒。我在書中讀到簡短提及冥想的相關資訊，冥想似乎也一直在電影和電視節目中冒出來。修練冥想的人似乎比較通達靈性，而那個面向大大吸引了我。我在童年花費了許多時間尋求祕傳或玄學的東西，因此冥想感覺就是自然而然地一拍即合。我一心想學習冥想，但是對於如何開始或採取什麼方法卻有點兒茫然。我不認識會冥想的人，我接觸的書籍也只是約略提及冥想。因此我決定去鎮上最近的瑜伽工作室看看，那是家全新的瑜伽工作室，我在報紙上看到一則廣告，說他們有一場特惠活動，可以免費上一次課。我攢夠公車錢，搭了一小時公車抵達工作室後，花了大約一個半小時，笨拙地將自己的身體調整到彷彿椒鹽捲餅一樣的位置，而且還必須使勁才能保持那個姿勢。無論我表現得多麼糟糕，我還是盡力了。我愛上了那間工作室、那裡的人以及整體的氛圍。

　　他們以非引導式冥想結束那堂瑜伽課，那最終成為我最愛的部分。我的免費課程結束時，講師兼老闆走近我，開始和我聊天，問我問題，因為我是現場最年輕的學員。我解釋說，我其實沒錢上更多的課。就這樣，對方提出了以工作交換上課的機會，讓我在每次上完課之後打掃工作室，於是我熱情地同意了。所以持續大約一年，我幾乎每週六都去上瑜伽課，為的是最後的非引導式冥想。雖然我真的很享受冥想期間安靜平和的時刻，但我時常納悶自己是否做對了，因為冥想期間並沒有太多的教導。說實話，大部分冥想時段，我都忙著苦惱自己是否正確地冥

想,因此無法真正放鬆。儘管有點兒不確定自己是否按照「應該」的方式冥想,但我還是盡了最大的努力。有一次,我放下了需要以「對的方式」冥想,卻注意到了轉變。我的觀想變得比較犀利,也更容易達到平靜、專注的狀態,我的夢境也變得比較鮮活而有意義。這些是深化我熱愛冥想的真正原因。重點不只是成為冥想者的概念或想法,令我心動的是冥想本身的好處。

15歲的我一文不名但雄心勃勃,自那以來,我廣泛探索玄學和祕傳修習法,自信地斷定,冥想不只是非常有效的靈能塔羅占卜技巧,而且是基礎;它也不只是引導自我放鬆的方法——儘管它確實做得到這點。冥想之於靈力,就像聲音壓縮之於音樂。錄製的音樂聽起來比較流暢的原因之一,在於音響工程師運用了壓縮。同樣地,冥想使靈力的感知變得更流暢、更容易發揮作用,讓心煩意亂安靜下來,放大了重要的事。令人驚歎的是,你可以隨時隨地冥想,不需要是瑜伽工作室會員才可以開始。

雖然冥想可以是暫時逃離日常生活,並重新充電的絕佳避風港,但它不應該使我們脫離現實,反而應該協助我們以感同身受的方式與世界互動,從而逐漸積累我們對他人和人生的理解。冥想能提升我們觀想的能力,充當我們的潛意識心智與表意識心智之間直接的橋梁。在靈能學科中,人們時常討論存在閾限狀態中的能力——既不完全在靈性世界裡,又不完全在物質世界中,而是介於兩者之間。冥想使我們有能力達到這種閾限狀態所需要的平衡,這反過來又讓我們得以同時從內在世界,以及發生在桌子上的塔羅占卜當中汲取洞見。

重點不在於完美，
而在於出席

　　提到冥想，通常分成兩派：要麼很喜歡，要麼無法忍受。而且相信我，這些年來，關於我自己的修行，也並非始終聖潔。並不是每一個療程都是喜悅的，而且我與僧侶等級的冥想時數相距甚遠。事實是，生活往往太過忙碌，或當自己的心智或情緒障礙似乎高得難以跨越時，修行便被拋到九霄雲外。某些時期，感覺好像我只是轉動著輪子，沒有得到洞見或平靜或我期待的不管什麼其他結果。有時候，冥想變成在已經超負荷的待辦事項清單上又多加一件事，讓人很想完全跳過。因此，當人們因為感覺必須冥想而不耐煩，從而對冥想升起抗拒之心時，我完全可以理解。

　　精通嫻熟冥想不會發生在一夕之間，而是需要時間和專心投入，就跟其他技能一樣。明智的作法是慢慢開始，逐漸增加每次冥想的持續時間。假使你在最初的嘗試中沒有體驗到立即的結果，或是你正在經歷好像突然間撞牆的時期，務必寬容對待自己。在冥想之路上，重要的是進步，而不是完美。尤其是在開始階段，沒有必要聚焦在完美無瑕地執行每一件事或鮮活生動地觀想。反而要帶著好奇心和初學者的心態對待每一次冥想，創造自在和享受的方式。當你開始把冥想視為好玩的活動，看成真正有動力去做的事，而不是苦差事的時候，你就會發現阻抗消失。最重要的是，你一直在追求的好處可能會飛快地出現。誠意與熱情不應該被低估。假使你發現自己正在抗拒冥想，那就反問自己，如何才能再次對冥想生起興奮感。有時候，後退是最佳舉措，藉以獲得新視角並重新啟動你與冥想的關係。讓自己喘口氣可能會幫助你重新充電，進而在復出後更為強健。

第 3 章

排除專注的障礙

當你的思緒在冥想期間游離時,不需要擔心做錯了。分神是冥想的一部分。重新調整專注力則是冥想不可或缺的一部分。每次在分神後重新調整專注力,都可以鍛鍊你的心智,進而提升全神貫注的能力。這與在健身房鍛鍊肌肉沒什麼兩樣,每次對抗阻力的抬舉都可以增強相關的肌肉。那類阻力對於鍛鍊肌肉至關重要。同樣地,冥想期間的每次重新聚焦都能增強你的心智功能。目標不是達到不假思索的狀態,而是培養放鬆以及當下的覺知。分神時,就冷靜地重新調整專注力。持續如此落實不僅可以改善你的冥想狀態,也可以對日常生活中的整體專注力和平靜做出正向的貢獻。

練習 18
增強你的專注力

以下冥想有助於加強專注力,提升你全神貫注的技能。經常投入這類冥想可以訓練頭腦保持關注和處在當下。要記住,就跟體能訓練一樣,磨練你的專注力需要時間和經常演練。溫柔對待自己,慶祝小小的勝利,例如注意到思緒游離了,就讓注意力重新歸於中心。假以時日,你將會體驗到保持專注的能耐顯著提升,這對你的冥想和靈能技巧以及日常生活都有好處。

1. 找到一個安靜、不被打擾的地點。讓自己保持舒舒服服的姿勢——盤腿坐在地板上,或坐在椅子裡,雙腳平放地上。身體坐直。雙手輕輕放在膝蓋上或一起放在大腿上。

2. 閉上眼睛,用鼻子深深吸氣,確保嘴巴閉著,同時感應到空氣在肺部擴展。以緩慢慎重的步調呼氣,感覺空氣離開身體。
3. 將注意力集中在呼吸上。注意空氣進入和離開鼻孔時的感覺。隨著每次呼吸,感覺胸部和腹部的起伏。
4. 你的思緒可能會游離,想法可能會浮現。沒關係。目標不是停止思考,真正的目標是注意到頭腦何時偏離了方向。一旦逮到那個時刻,只要輕鬆地讓專注力再回到呼吸上即可。
5. 每次思緒游離時,承認那個念頭或承認分心了,然後輕輕地讓注意力重新回到呼吸上。體認到你的心智游離並將它帶回來的行為正是這個修習法的核心。
6. 如此專注於呼吸,一開始保持5到10分鐘。等你更擅長錨定注意力後,就可以隨意延長時間。
7. 若要結束冥想,就慢慢地將覺知帶回到周遭事物。擺動一下手指和腳趾,輕輕地伸展,當你感覺準備就緒時,輕輕睜開眼睛。

排除觀想的障礙

當我討論觀想或想像力的時候,我談論的不只是用心靈之眼「看見」。觀想的重點不只是形成心智圖像,它是投入你所有感官的沉浸式體驗。觀想讓你不只想像視覺畫面,也想像氣息、滋味、聲音乃至觸覺。這個多重感官的方法能將你觀想的場景,轉變成比較具體且更有影響力的東西。像這類沉浸式觀想有好處,尤其是在直覺和靈能體驗的領域,可助你磨練整體的感官覺知和洞察力,藉此微調你的直覺能力,豐富你的靈能體驗。

對某些人來說,在引導式療程或能量實作期間觀想可能有點棘手。若難以觀想,也可以探索不同方法。一個有效方法是將專注力轉向,轉

到與你設法觀想的事物有關的身體感受和情緒。與其設法生動地「看見」某個圖像，不如關注其喚起的情緒和其他身體感受。假設你想觀想寧靜的海灘場景，不用奮力創造心智圖像，可以讓自己完全沉浸在這樣的體驗中：雙腳底下有溫暖的沙子，涼爽的海風清新宜人地拂過肌膚，聽著海浪拍打海岸、撫慰人心的聲音。這樣的感官專注聚焦跟觀想一樣有效，對某些人而言可能甚至感覺更自然。最重要的是，發現與你的個人偏好最契合的方法，這將使你與你的內在感官和直覺建立牢固連結。關鍵在於，讓觀想體驗傾向感官感受，減少依賴清晰的心智意象。

另一個相當有效的技巧，涉及使用描述性字眼或詞組作為思想的心智嚮導。你可以反覆背誦與觀想內容相對應的描述性字眼或詞組。倘若覺得主要透過視覺觀想挑戰性十足，那麼投入其他感官或採用描述性語言則提供了另類途徑，能夠達成同樣的結果。就跟任何技能一樣，只要持續演練，觀想能力就會愈來愈好。要對自己有耐心，記住，沒有「錯」的方法。終極目標是提升你與直覺和靈能天賦的聯繫，讓你的頭腦參與進來，而且達成這個目標的途徑相當多。

練習 19

運用塔羅牌強化你的觀想

對於期待提升觀想能力的人來說，這個修習法很有幫助。這個練習涉及從你的塔羅牌中挑選一張牌，徹底研究它的細節，然後閉上眼睛，在頭腦裡盡可能準確地重現那張牌。

1. 找到一個平靜、舒適且不被打擾的地點，確保你的塔羅牌就在附近。坐下來，放輕鬆。隨著每一次呼吸，都更加自在地融入當下。讓你的身體和頭腦平靜下來。

2. 帶著強化觀想技能的意念輕輕洗牌,然後抽一張牌。
3. 花些時間了解你抽到的牌。注意色彩、人物、符號及圖案。吸收那張牌的整體氛圍和能量。觀察細節,無論大小,而且好好牢記。
4. 一旦仔細看過那張牌後,就來看看你記住了多少。閉上眼睛,在頭腦的螢幕上重現那張牌。從較大的元素開始,逐漸轉到較小的細節。盡可能生動地觀想色彩、人物、符號與圖案。投入你的感官——牌面的人物聞起來或聽起來像什麼呢?是否有與圖像相關聯的特定質地或溫度?
5. 盡可能詳細地觀想過那張牌,然後睜開眼睛。注意你在觀想期間錯過的任何元素。在下一回觀想期間特別關注這些地方。
6. 重複幾次步驟4和步驟5。每一回的目標都是更準確、詳細地觀想那張牌。
7. 完成觀想練習後,花幾分鐘反思。在整個練習中,你對那張牌的感知改變了嗎?有哪些元素比較容易或比較難以觀想呢?

默觀式冥想

針對某個主題、想法或符號「默觀」(contemplation)本質上就是冥想。這類冥想涉及將你的注意力集中在某個特定的概念上,讓你得以深入探索它的意義、重要性與相關聯的洞見。不同於某些努力摒除雜念或在當下保持正念的冥想,默觀式冥想(contemplative meditation)促使你主動與某個特定的焦點交流。事實證明,這個修習法對塔羅占卜師特別有用。默觀單張牌的符號和主題時,塔羅占卜師可以更深層地領會那張牌的本質。舉例來說,塔羅占卜師可能會聚焦在「愚人」牌。他們可能會推敲懸崖、小狗、愚人手中的白玫瑰,或愚人無憂無慮的舉止有何象

第 3 章

徵意義。每個符號都能體現多種詮釋，為占卜師揭露新層次的理解與直覺。這樣的默觀式冥想可以顯著提升塔羅占卜師的技能，使人更深入地了解每一張牌，從而與那副塔羅牌建立個人與直覺的關係。它也可以讓占卜師在占卜解讀時，更善於建立牌卡之間的連結。這使占卜師能夠將塔羅牌的象徵語言，交織成對問卜者來說有意義且具洞見的故事。

針對象徵符號默觀

以下實作法和冥想有助於經由默觀採納靈能塔羅的心態。默觀可以培養與塔羅牌的緊密連結，並藉著塔羅透鏡觀看世界。這份連結會形成某種「語言」，架橋銜接你、塔羅牌及世界。談到靈力時，頭腦仰賴著它現有的知識傳達資訊。簡而言之，它只能運用你頭腦中的內容來傳達它的意義。荻恩・佛瓊（Dion Fortune）在她的傳訊經典《宇宙教義》(*The Cosmic Doctrine*，暫譯) 當中描述接收到的靈能資訊有局限，她指出：「感知終止於顯化的障礙。」[7]

「顯化的障礙」（barrier of manifestation）是指，靈能資訊在我們的頭腦內變得難以捉摸且無法領會的那一點，因為我們沒有直接的參照框架。換言之，我們完美地感知和理解靈能資訊的能力，受限於自己頭腦認可和了解的內容。只有當靈能資訊與我們內部心智資料庫中的知識相符時，才能準確地接收和轉達靈能資訊；否則，我們只能得到粗略的近似值，提供大致的訊息。換言之，不熟悉的概念或資訊，只會得到部分理解或被模糊地詮釋。因此，無論我們研習和解讀塔羅牌多久，擴展我們對塔羅牌象徵意義的理解都至關重要。它能提供更為精確的框架，讓我們得以詮釋接收到的靈能印象。我們對塔羅牌的象徵語言理解得愈清

---

7 Fortune, *The Cosmic Doctrine*, 19.

楚，愈可以精確地詮釋接收到的靈能資訊。

符號扮演橋梁，有助於我們理解和溝通複雜的理念。它們蘊含豐富的意義，可以透過不同維度的內在層面，連結不同的經驗或思想。一切事物，從水晶到聲音，都由能量構成。雖然這股能量可以靠符號呈現各種形式，但其本質保持不變。符號使我們能夠扼要表述並傳遞這股能量，闡明一切事物皆以其獨特的方式相互連結，而且能以各種各樣的顯化傳達。塔羅牌的象徵意義豐富，藉由更深入地探究這個象徵語言，理解它如何連結內在和外在世界，我們得以讓自己具備更廣泛的詞彙，並領會塔羅占卜中傳達的資訊。萊德偉特史密斯塔羅牌的共同創作者亞瑟・偉特（Arthur Waite）明確地指出：

> 真實的塔羅牌就是象徵意義，它說的不是其他語言，也沒有提出其他標記。鑑於塔羅象徵符號的內在含義，它們確實成為某種字母系統，不僅有無限的組合，且全都具有真實的意涵。[8]

卡爾・榮格在《人及其象徵》中寫道：「如同植物開出花朵，心靈也創造出它的象徵符號。每一個夢都是這個過程的證據。」[9] 在榮格看來，心靈（the psyche）包含一個人表意識和無意識的面向、念頭、情緒與經驗。榮格認為，心靈天生具有透過象徵符號表達自己的傾向。象徵符號被視為無意識心智的母語，代表可能無法透過直接或字面方式輕易傳達的分層意義。這句話暗示，當比較深層的心靈面向溝通交流時——尤其是在夢中——象徵符號便成為主要的媒材，而這些溝通交流則透過象徵符號顯化。

心靈的無意識部分可以運用象徵符號，契入個人和集體無意識的巨

---

8 Waite, *The Pictorial Key to the Tarot*, 5.
9 Jung, *Man and His Symbols*, 52.

第 3 章

大寶庫，揭露單是透過表意識覺知可能依舊難以捉摸的洞見、真理與連結。同樣的原理適用於靈能資訊。在我們的宇宙觀之內，高我會無意識地運用儲存在我們心靈資料庫內的象徵意義傳達資訊，而中我的任務則是盡其所能地詮釋和領會這些象徵符號。

塔羅牌與許多其他占卜方法的區別，在於它全面而簡明的性質，其符號和原型涵蓋了範圍廣泛的人類經驗、事件、情感與互動。此外，塔羅牌容許個人的詮釋和意義，同時也得益於幾個世紀的集體應用，這強化了它在集體無意識中的存在感。若要像塔羅占卜師一樣思考，必不可少的是開始在日常生活中觀察共時性（synchronicity），並尋找塔羅牌的象徵意義。不過，這需要基礎扎實，要麼深知塔羅牌的傳統意義，要麼已培養出個人的詮釋方法。當我討論到「像塔羅靈能師一樣思考」時，我的意思是，關注我們的經驗、情感與思想（以及其他人的經驗、情感與思想），並且好好默觀當某個特定情境出現在塔羅占卜中時，哪一張或哪幾張牌最能代表它。

練習 20
像塔羅靈能師一樣思考

本練習旨在運用特定的塔羅牌，聯想來自書本和電影中的人物和場景，藉此深化你對塔羅象徵意義的理解。投入這個實作法可以讓你擴展塔羅知識，參透各種故事中代表的原型主題和象徵意義。這是有創意的探索，鼓勵你深化對塔羅象徵意義的理解，以及明白如何將它應用到不同的故事。

1. 選擇與你深度連結的一本書或一部電影。它可以是你的最愛、最近讀過的書或看過的電影，或你希望進一步探索的東西。

2. 想想所選擇的書籍或電影人物，推敲他們的特質、動機以及在故事中的角色。深思他們的旅程、挑戰與蛻變。
3. 開始聯想特定的塔羅牌與你所認同的角色。推敲他們與每一張牌的本質相映契合的象徵屬性、人格特質或關鍵時刻。信任你的直覺以及個人對那些牌的詮釋。
4. 繼續分析書本或電影中的場景或事件。找出與你深度共鳴、喚起強烈情感或蘊含象徵意義的時刻。將這些場景連結到映照出同樣主題或教訓的塔羅牌。
5. 如有必要，延伸這個練習，探索塔羅牌的象徵意義如何應用到其他元素，例如，書本或電影中的背景、物件或首要主題。這將會進一步加深你對塔羅牌普世象徵意義的理解。
6. 花些時間默觀你已在人物、場景與塔羅牌之間建立好的連結。細想因這些關聯升起的洞見和訊息。它們提出了哪些新的視角或理解呢？塔羅象徵意義如何提升你對那本書或那部電影的詮釋呢？
7. 重複這個過程，運用日常生活中的事件、互動以及人物。

像塔羅牌靈能師一樣思考
這可能會是什麼樣子

在吉勒摩・戴托羅（Guillermo del Toro）的電影《羊男的迷宮》（*Pan's Labyrinth*）當中，奧菲莉亞（Ofelia）的經歷有許多塔羅牌的象徵意義。她發現自己置身在一個新的環境裡，於是找到方法應對日常和神祕的挑戰。她最初的追求旨在證實她是冥界莫安娜公主（Princess Moanna of the Underworld）的轉世，這呼應了「命運之輪」牌命運跌宕起伏的主題。當她進入迷宮時，她面臨的情境映照出「月亮」牌的象徵意義，涉及幻相、直覺與潛意識元素。半人半羊農牧神（Faun）或潘

（Pan）幫助她找到方法應對這個神祕的環境。潘的角色與「教皇」牌緊密契合，是靈性智慧與日常生活、異世界與世俗現實之間的橋梁。

奧菲莉亞在追求中面臨了嚴峻的障礙。繼父維達爾上尉（Captain Vidal）是故事中的反派，也反映出「皇帝」牌的黑暗面，突顯了他的獨裁和頑固。維達爾與反叛軍之間不斷升級的緊張，相當於代表衝突與競爭的「權杖五」。奧菲莉亞的母親卡門（Carmen）嚮往穩定且體現母愛，這與「女皇」牌和「倒吊人」的能量契合，代表滋養和自我犧牲。另一方面，暗中支助叛軍的梅西蒂（Mercedes）可以連結到「女祭司」與「戰車」牌，代表祕密與決心。

奧菲莉亞第一次邂逅農牧神的時候，可細想「聖杯侍從」和「權杖二」。這些牌捕捉到她孩子般的好奇與想像力，以及在她著手魔法追求時，開始培養的宏偉抱負。談到令人不安的無眼怪物瞳魔（Pale Man）時，有「聖杯七」和「高塔」牌相應。這些牌象徵誘惑的危險吸引力，以及可能導致的嚴峻危險後果。如你所見，你可以運用不同的塔羅牌以多種方式詮釋這些場景和人物。這裡的概念並不是要為每一個時刻或人物，精確定位「正確」的牌卡。焦點反而是塔羅牌如何闡明不同的元素，包括正在發生的事或相關人等。這個過程的重點是深思塔羅牌，以及塔羅牌如何闡明情境或人物的不同面向，從而跳脫解讀的情境，創造出你自己與塔羅牌之間的語言。

撰寫塔羅日誌

撰寫塔羅日誌對新手和經驗豐富的占卜師都有好處。回顧你的記錄可以幫助你發現重複出現的符號、重複出現的主題，或你在理解塔羅牌方面的重大轉變。這個活動能讓你看見，塔羅牌的象徵意義如何隨著時間的推移，塑造你的思想和行為，使你敏銳地洞悉自己心智和情緒的成

長。撰寫塔羅日誌意味著主動與塔羅牌的象徵意義打交道，而不是被動地接收資訊。這類互動磨練著你對每一張牌的含義和符號的理解。持續撰寫塔羅日誌，你必會開始體認到特定的動機或原型出現在類似的情節中，這有助於你根據個人的經驗調整對塔羅牌的理解。

此外，記下塔羅洞見還可以促進你內在深思熟慮、自省反思的狀態，身為塔羅占卜師，這是理想的實作法。明確地表達你的想法，能夠揭露埋藏的情緒和心智模式，幫助你更深入地挖掘自己的心靈。塔羅日誌可以幫助你將解讀中獲得的智慧應用到日常生活中。當你省思接收到的訊息以及它們如何連結到你的個人經驗時，你就是在連結塔羅牌的象徵意義與你的思考過程及行動。這不僅能深化你的塔羅修習，也能提升你對自我的認識，從而更加了解自己的頭腦運作——在任何靈能或靈性運作中，這都是無價的資產。

練習21
你的塔羅日誌

1. 為實際撰寫塔羅日誌創造一個神聖的空間。找到安靜而舒服的地方，讓你可以專注聚焦，不分心。點燃一根蠟燭，播放輕柔的音樂，或結合其他個人儀式，只要這儀式可以幫助你進入敞開接收的平靜心態。
2. 挑選一本與你共鳴的日誌本，可以是空白筆記本、設計精美的塔羅日誌本，乃至數位日誌撰寫平臺。找到啟發你靈感且使你感覺願意表達自我的東西。
3. 每次撰寫日誌之前，都讓自己歸於中心並設定意圖。這可以包括洗牌、聚焦在某個問題或主題，以及抽一張牌，為你的日誌療程提供指引和靈感。

第 3 章

4. 寫下你最近完成或過去做過的塔羅占卜。包括日期、解讀的問題或主題、抽到的牌,以及你如何詮釋與問題或主題相關的每一張牌等細節。好好省思占卜期間升起的洞見、情緒與連結。

5. 花些時間專門探索牌面的象徵意義。為你的塔羅占卜選一張牌或隨機抽一張,寫下那張牌的意象、符號、色彩與整體印象。推敲這些符號的個人意義,以及它們與你當前的人生境遇和經驗有何關聯。

6. 將你在塔羅占卜期間或之後接收到的任何直覺閃現、訊息、第六感及靈能印象記錄下來。信任你的內在指引,讓直覺流淌到扉頁上。這些直覺洞見往往蘊含著智慧和個人啟示。

7. 把你的塔羅日誌本當作表達情緒、恐懼、喜悅及個人省思的空間。寫下那些牌如何呼應你當前的心智狀態、人生中發生的事件,或你可能遇見的任何挑戰。讓你的日誌本成為自我表達和情緒釋放的安全容器。

8. 定期回顧日誌本,找出你的塔羅旅程中有何模式、重複出現的主題或里程碑。你一定會注意到你對那些牌的理解如何蛻變轉化,還有你參透的洞見以及你經歷的個人成長。留意在你回顧日誌時出現的任何共時性或清明時刻。

練習 22

每日抽牌

將每天抽一張塔羅牌納入你的日常例行公事,這會成為寶貴的工具,讓你在有指引的情況下找到方法過日子。每日抽牌的作用,就像是個人的心靈同伴,它不僅提出了洞見和預警,更協助你培養直覺能力,從而提升詮釋塔羅牌的熟練程度。雖然這個實作法看似簡單,比較適合

初學者，但它卻是最強而有力的方法之一，可以讓你熟悉塔羅語言，提升直覺能力。絕不要低估基礎實作法所能產生的強大力量。

首先，在一天開始時，洗勻你的塔羅牌，然後提出一個直截了當的問題，例如：「我今天應該優先考慮什麼呢？」「我需要關注哪些面向呢？」接下來，從那副牌中抽出一張。花點兒時間默觀那張牌，並記下因此升起的任何洞見或想法。如果這些印象一開始看似隨機或令人困惑，不要擔心，因為它們可能會揭露日後你會看得更清楚的象徵訊息。這就是為什麼建議你撰寫日誌，並記錄每天的抽牌解讀。

隨著時間的推移，好好關注反覆出現在每日抽牌和省思當中的模式。留意經常出現的牌。特定的問題似乎再次出現了嗎？是否有持續顯化的重複主題或訊息？某些數字、花色或宮廷牌再次出現了嗎？這些模式可以提供洞見，讓你了解你的個人成長和發展。藉由長期孜孜不倦地記錄每日抽牌結果，你可能會識別出那些牌的模式，從而闡明生命的週期循環本質，以及正在運作並產生影響力的能量。

你也可以邊洗牌邊念咒語，讓洗牌變得有點兒儀式感。我喜歡說的一段咒語是：

> 我洗著這些牌，揭露它們的祕密，
> 尋求它們的智慧所帶出來的答案，
> 在選定的這天，什麼命運在等待呢？
> 什麼指引和力道會來到我面前呢？

第 3 章

練習 23

以比較法探索塔羅牌

雖然每張牌可詮釋的範圍都很廣，但這些意義的表達可能會因為套牌不同而大相逕庭。這類細微差別可以大大提升我們對塔羅牌的理解與詮釋。在本練習中，你要比較兩副不同塔羅牌的同一張牌，藉此探索這些細微差別。這類比較可以突顯意象、象徵意義、牌卡喚起的情感等微妙的差異點和相似處，使你更了解牌義。觀察這些微妙的差異點和相似處，可以加深你對每一張牌的理解，豐富你與不同塔羅牌的關係以及每副塔羅牌提供的獨特見解。

1. 選擇兩副不同的塔羅牌，洗勻其中一副，同時聚焦在你要深入探索的意圖。
2. 從那副牌中抽出一張，仔細觀察那張牌。花點兒時間注意牌面的意象、色彩、符號，以及它使人想起的任何直接感受或想法。
3. 將這副牌放在旁邊你看得見的地方，現在選擇不同藝術家創作的另外一副塔羅牌。
4. 搜尋那副牌，找到花色、符號與之前抽到那一張相同的牌。
5. 將牌放在你抽到的第一張牌旁邊。
6. 花些時間默觀並排的兩張牌。你在這兩張牌之間看見了哪些共同點？是否有共同的符號或顏色？兩張牌是否引出了類似的感受或想法？
7. 注意到相似處之後，把焦點轉移到兩者的差異。兩張作品有何不同呢？有哪些元素存在一張牌中卻不存在另外一張牌內？它們喚起了不同的情緒或想法嗎？

8. 拿起你的日誌本,記下觀察到的內容,確保記錄了你注意到兩張牌之間的共通性與差別處。省思一下你的筆記。細想同樣的牌何以有不同的描述,這可能會提供不同的見解或視角。

以比較法探索塔羅牌
這可能會是什麼樣子

為了闡明這點,且讓我們探索兩副不同塔羅牌的「女皇」牌,看看同一張牌的象徵意義如何以不同的方式表達。為此,我要比較萊德偉特史密斯塔羅牌與馬賽塔羅牌的「女皇」牌。

在萊德偉特史密斯塔羅牌中,女皇懶洋洋地躺靠在神性的豐盛中。她斜倚在鋪有軟墊的王座上,王座布滿金星的符號與豐收的圖像。她頭上的皇冠有12顆星星,將她連結到宇宙原力。石榴裝飾了她的長袍,表示認可她與生俱來的生育繁殖力以及大自然的循環;以此為背景,思考一下希臘神話波瑟芬妮(Persephone)的旅程及其與季節的關聯。在她周圍,田野裡滿是成熟的小麥,那強調了她與地球的豐盛有所連結。一條安靜的河川在她身後流淌,暗示了她的情感和直覺層次。心形盾牌上面刻有金星的象徵符號,再三強調她與愛、美、生育繁殖力的關聯。

現在輪到馬賽塔羅牌,女皇在此展現出另外一種身分地位。她筆直地坐在王座上,揮舞著有老鷹的盾牌,那代表了她的權威。她的皇冠雖然比較簡單,但卻不可小覷。牌面可能欠缺華麗的星星或詳細的設計,但它的簡單傳達出直接的塵世權威感。四周環境的描述少之又少,使我們將注意力集中在她的角色——有眼光的統治者。談到領導力,簡單可以是美德;它切穿噪音,無須大喊大叫便令人肅然起敬。馬賽塔羅版的女皇邀請我們仔細思量統治、領導力、目的明確的品質。

兩個版本的女皇牌都以創造力、豐盛、有影響力的主題令我們著

第 3 章

迷,然而卻對如何體現這些主題提出了截然不同的視角。萊德偉特史密斯女皇牌感覺幾乎就像地球蓋亞(Gaia),或希臘神話中司掌農業、穀物及母性之愛的大地女神狄蜜特(Demeter),完全融入了大自然及其循環之中。另一方面,馬賽女皇牌以指揮官的身分出現,優先將統治與秩序置於與自然世界的連結之上。此外,馬賽女皇牌以不同的方式體現了母親原型:她是她所統治的人民的女家長。雖然兩張牌都表達了相同的整體原型,但卻以不同的方式表達同一個角色。萊德偉特史密斯女皇牌以感官的細節征服我們:青蔥的田野、流淌的河川、有星星的皇冠。她體現了與大地及其生命週期密切相關的完美豐盛與情感富足,比馬賽女皇牌更像母親女神。馬賽女皇牌則散發出深思熟慮的權威,四周環境的描述稀少,恰好讓我們的注意力只集中在她身上。老鷹圖案的盾牌以及無啥裝飾的皇冠,呼應了有策略的領導力和直言不諱的權威等主題。這個版本邀請我們將權力、智慧與統治視為女皇原型中同等重要的屬性。我們可以將兩張女皇牌視為同一原型,但以不同的八度音表現,其中萊德偉特史密斯女皇牌更著重大地、愛與滋養的力量;而馬賽女皇牌,則側重在社會與非直接的互動之內體現女皇的能量,因為她與萊德偉特史密斯女皇牌相反,並沒有看向觀眾。

練習 24
兩張牌連袂默觀

　　就跟前一個練習一樣，本練習旨在邀請你探索兩張牌之間的動態交互作用，闡明它們如何複雜地影響和塑造彼此的故事。這樣的比較可以幫助你看見主題何時在解讀中出現，以及看似相似的牌卡之間有何細微差別。請記住，這個解讀的焦點是探索牌卡之間的關係。要信任你的直覺，讓自己敞開接受這個過程帶出的洞見。

1. 挑選你偏愛的塔羅牌並開始洗牌，設定意圖從而揭開新的見解，深入探索塔羅故事的交互作用。
2. 直覺感到準備就緒時，就從那副牌中抽出兩張牌，並排放置，允許自己吸收兩張牌的個別與集體意象。
3. 從第一張牌開始探索。觀察它的意象、符號與色彩，注意它在你身上喚起的任何想法或感受。
4. 來到第二張牌，重複同樣深思熟慮的觀察過程。
5. 清楚地覺知到這兩張牌，默觀它們如何互動。它們有共同的主題嗎？是否存在看似衝突的元素？把它們放在一起推敲時，是否浮現了某則故事？
6. 打開日誌本，記錄你的觀察、省思或任何感知到的敘述，並個別細想每張牌以及一起推敲兩張牌。回顧你的筆記，深思你取得的洞見，該如何應用到你自己的旅程或人生中的特定情境。

第 3 章

兩張牌連袂默觀
這可能會是什麼樣子

為了闡明這是什麼樣子,我現在就要與萊德偉特史密斯塔羅牌互動。我抽到的是「惡魔」牌與「戀人」牌。

首先,我翻開「惡魔」牌——令人想起經典惡魔形相的不祥人物主宰了這個場景。這個人物坐在半個立方體上,而立方體是土元素的形狀,這或許象徵著,因為奠基於唯物主義而了解得不夠完整或視角有限。一男一女站在下方,被人用鏈條鬆鬆地拴在立方體上。男人和女人與「戀人」牌中的戀人有著驚人的相似度。他們的尾巴(男人的尾巴是一把火焰,女人的尾巴是一串葡萄)顯示兩人原始的激情與渴望。這張牌的整體描繪出束縛、唯物主義、人類本性的陰暗面,我們受制於這些,但只要我們選擇脫離,就可以讓自己擺脫這一切。

接下來,我翻開「戀人」牌。這張牌與「惡魔」牌形成了鮮明的對比。一位雙翼大大展開的天使盤旋在天空,同時下方的伊甸園內站著一男一女。這張牌體現了和諧、團結、道德的十字路口。它暗示,有必要做出具有潛在長期影響的抉擇——往往是在美德與邪惡之間抉擇。

「戀人」牌呼應了連結的概念，不過是在不同的背景下——包含愛、相互尊重以及運用個人的自由意志，與「惡魔」牌中被鎖鏈拴住的伴侶不同。比較兩者，有趣的是，兩張牌上都有一男一女，上方也都有一位異世界的人物。這立即示意了兩張牌之間有關係或連結，不過，這些連結的性質卻截然不同。「惡魔」牌代表不健康的依戀和束縛，「戀人」牌則示意奠基於愛與尊重的純淨連結。此外，兩張牌都出現了道德的十字路口。「惡魔」牌往往要求我們檢視自己生命中不健康的習慣、相依性或關係，意味著需要解放自己。「戀人」牌則可以代表需要根據自己的最高自我（highest self）做出抉擇，這往往涉及個人的價值觀或關係。

練習25

詮釋時，將塔羅牌視為一格格漫畫

　　以下這個方法可以讓你在牌陣中感知塔羅牌之間的相互作用：將一張張牌想像成連環漫畫中的單格漫畫。每一張牌就好像一格漫畫，單獨敘述某個情況，然而也無縫地交織成更恢宏且相互連結的故事情節。這個觀點可以使你更加理解發生在塔羅牌陣內的對話。在連環漫畫中，每一格漫畫都有自己的情節重點，也都為整體故事貢獻了獨一無二的部分。同樣地，每一張塔羅牌都帶出了明顯不同的訊息。然而，若在周圍牌卡的襯托下詮釋那張牌，它的完整意義就變得昭然若揭。正如同一格漫畫的意義會因為周圍的其他漫畫而增強，一張塔羅牌的敘述也會受到相鄰牌卡的影響。

第 3 章

　　以線性方式解讀塔羅牌，就跟閱讀連環漫畫一樣，可以幫助你理解解讀的進度，以及正在籌劃安排的旅程。牌卡之間的動態相互作用可以揭示能量的轉換，突出緊張或和諧的時刻，提供事件或內在蛻變的明確時間表。每一張牌的位置都會影響並形成那張牌的詮釋方式，按照順序看牌，可以揭露有價值的洞見；若個別讀牌，彷彿那些牌並不連貫，則那些洞見可能會隱而不現。這個方法能提升你解碼塔羅牌複雜符號語言的能力，也有助於從解讀中編織出連貫、見解深入的故事。

1. 依照你選擇的牌陣排列塔羅牌，確保它們排成一排，使你在凝視它們時，就像閱讀連環漫畫中的一格格漫畫，有著連貫的故事線。
2. 快速掃描一下整個牌陣，就跟你第一次瀏覽連環漫畫一樣。記住立即引起你注意的任何主導能量或主題。
3. 回到牌陣的起頭，開始個別檢查每一張牌。將每張牌想成連環漫畫中的單一格漫畫，每張牌都有自己的故事或訊息。
4. 注視著每一張牌的同時，也要考慮其相鄰的牌。細想一張牌的能量或訊息如何受到相鄰牌卡的影響。
5. 沿著牌陣移動時，要注意那些牌的順序。尋找心情、節奏或行動的轉變，那可能會指出某個進度或旅程。
6. 當你一一仔細檢查過每一張牌後，就花點兒時間後退一步，將整個牌陣視為有連貫性的整體。
7. 想像一下，牌陣中兩張相鄰牌之間若有一張過渡牌，那張塔羅牌會是什麼樣子？假使你必須填入一格「缺失的漫畫」，讓這些牌之間的過渡變得更流暢或更容易理解，那張牌會蘊含哪些符號或主題呢？

默觀與冥想

8. 現在比較一下，你快速瀏覽得到的初步印象，與更詳細了解後得到的洞見。看看你最初的想法是否仍舊成立，還是你發現了新的主題，改變了你對占卜內容的理解。
9. 花些時間寫下觀察結果、你感知到的更大的故事脈絡，或你獲得的任何其他見解。
10. 現在花點兒時間反省。冥想一下你領悟到的更大的故事脈絡，想想任何已顯現且可執行的見解或啟示。

將塔羅牌視為一格格漫畫
這可能會是什麼樣子

某次遇到挑戰，我求助於三張牌塔羅占卜尋求個人指引，結果一個實例生動地浮現。展開在我面前的塔羅牌是「聖杯五」、「太陽」與「權杖王牌」。在第一張牌「聖杯五」之中，我發現自己就是牌面那個人，哀悼著三只打翻的聖杯。這張牌類似於電影的開場，奠定了即將揭開的

第 3 章

故事敘述基調。它描繪了我的過去，那是一幅染上失落和失望感色彩的圖畫。但是，人生就是這樣，故事展開，場景變換。第二張是「太陽」牌，代表在故事敘述中，場景發生了戲劇性的改變，鏡映出我個人旅程中的某次變遷。如果說「聖杯五」是某個下雨的午後，那麼「太陽」牌就是新的一天那清朗、光亮的黎明。「太陽」牌帶出了在燦爛陽光下騎馬的歡樂孩子——與前一張牌的哀悼人物形成鮮明的對比。這個變遷暗示內在的蛻變發生了：這個人已經走過了打翻的聖杯所代表的失望，欣然接受了那些經驗獻上的功課，而且體驗到新發現的喜悅與樂觀。

故事的敘述隨後進展到「權杖王牌」，示意故事景色中的另一次轉換。不再是前一個場景的向日葵花田，我們現在可以看見一隻手從雲中出現，握著一根發芽的權杖。這個變遷標示了這趟旅程的未來階段，代表前途光明，注入了有創意的激情與能量。這張牌描繪的場景是溫暖的太陽滋養著「權杖王牌」的生長與成熟，那象徵生氣盎然的開端。「太陽」牌的喜悅和生命力點燃了具創意的重生，帶來「權杖王牌」象徵的熱情追求。

把這些牌視為一則恢宏故事中截然不同的場景，讓我更了解我的道路是如何進展的。看見每一個場景如何流暢地通向下一個場景很有幫助，闡明從失落期（「聖杯五」）清楚地變遷到喜悅期（「太陽」牌），最終更迎來具創意可能性的光明未來（「權杖王牌」）。就好像悲傷曾經是必要的降雨，澆灌了土地，向日葵才能出現在「太陽」牌之中，然後或許其中一株向日葵被收割製成權杖，才能揮舞著權杖邁向成熟。這趟旅程的每一步都是必然。

練習 26

運用塔羅牌進行凝視占卜

假使你不熟悉這個詞，那麼讓我來告訴你，凝視占卜（scrying）是古老的占卜技術，通常需要凝視某個反光面或物體，才能得到靈性洞見或預測未來事件。凝視占卜可以運用雲、野外植物的葉子，或你可以逐漸看見圖像的幾乎任何東西完成。這個作法被全球各種文化所採用，其基礎是這個概念：物體中的圖像可以透露出由觀看者詮釋的隱藏資訊。在塔羅占卜中，凝視占卜技術可以用來放大直覺和進入潛意識心智，讓牌面圖像得以在觀察者的心靈之眼中移動或蛻變。藉由解放自己的想像力和進入冥想狀態，解讀者可以觀想正在展開的故事，或仔細觀看靜態的圖像蛻變成完全不同的形相。雖然凝視占卜被公認是一種靈能藝術，但它同樣涉及默觀正在被觀察的事物，尤其談到塔羅牌時，情況更是如此。這個動態過程將直覺與內省交織在一起。凝視占卜能幫助你更深入地了解潛意識帶出的內容，而在塔羅牌的預期象徵意義或傳統意義中，這些內容可能不會立即顯現出來。

1. 腦中想著問題或帶著某個意念洗牌，然後抽一張牌。
2. 注意色彩、符號與圖像。先不要急著詮釋這些，反而是持續凝視這張牌，讓眼睛放鬆且稍微失焦。
3. 凝視這張牌，讓你的想像力飛馳。允許圖像在你的心靈之眼中移動、改變或演化。不要限制你看到的內容——圖像可能會變形成完全不同的場景，人物可能會出現並互動，或新的符號可能會浮現。

第 3 章

4. 注意在這個過程期間出現的任何感受、想法或見解。與其分析這些印象,倒不如在它們出現時好好觀察。
5. 當你感覺準備好了,就溫和地從冥想狀態中慢慢出來。拿起你信賴的塔羅日誌本,寫下所見、所感、所想,以及接收到的任何直覺洞見。反思一下你的凝視占卜經驗,這些圖像和感受與你的問題或意念有何關聯?它們是否讓你對那張牌的傳統意義產生了新的視角?慢慢來,好好處理並整合你的洞見。

運用塔羅牌進行凝視占卜
這可能會是什麼樣子

有一天,在帶領塔羅療程時,我為一位問卜者抽到「聖杯王牌」。通常這張牌對我來說是情感傾訴、直覺、屬靈恩賜的開端。但是那天,當我凝視那張牌且讓我的想像力隨著牌面的視覺資訊漫遊時,那張牌的意象開始跳躍和蛻變。通常裝飾在那張牌頂端、盤旋在圖中聖杯上方的鴿子開始變形,牠的白色羽毛轉變成明亮的黃色。我出神地注視著,那隻變形的黃色小鳥優雅地飛下來,落在一只華美的老式鳥籠旁邊,而鳥籠是由聖杯的水流形成的。小鳥看起來心滿意足,開心地啾啾叫,不過卻還是在鳥籠外。我覺得有必要與我的問卜者分享我看到的畫面,於是問對方:「一隻黃色小鳥,或許在一個美麗的老式鳥籠旁邊,這對你來說有什麼意義嗎?」

我收到的反應出乎意料。我的問卜者驚訝地睜大眼睛。對方承認,他們心愛的金絲雀幾天前逃走了,儘管他們四處搜尋,卻還是找不到牠。他們憂心忡忡,擔心寵物迷路了或發生更糟的事。但真正令人驚訝的是,他們提到,存放在壁櫥內架子上的華麗老式鳥籠,並不是金絲雀失蹤之前居住的鳥籠。由於那個畫面的指引,我溫和地建議他們,或許

應該檢查一下那個壁櫥或壁櫥周圍的環境。幾天後，我接到了問卜者興高采烈打來的電話。他們記住了我的忠告，發現他們的金絲雀在老式鳥籠所在的同一個壁櫥內快樂地啾啾叫。雖然金絲雀並不是就在老式鳥籠旁邊，與我運用那張牌進行凝視占卜時看到的景象不太一樣，但牠卻跟鳥籠在同一個壁櫥內，只是壁櫥的門關著，而問卜者完全想不通金絲雀是如何飛進壁櫥內的。

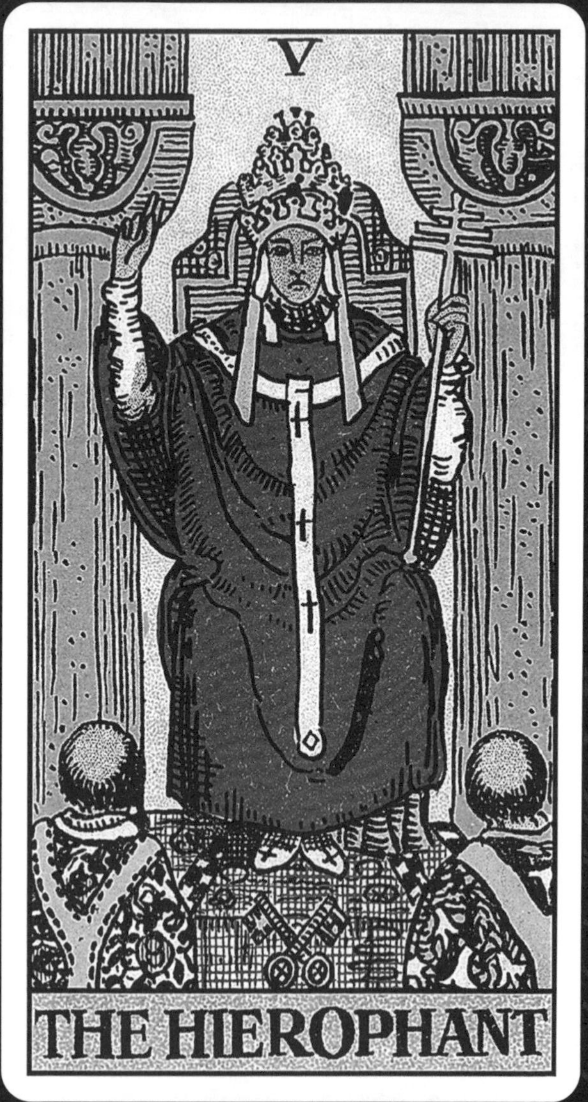
V
THE HIEROPHANT

第4章

∞

直覺塔羅

　　直覺（intuition）這個詞時常被隨意濫用，且沒有好好思考這個詞背後的意義。就跟許多其他人一樣，我第一次聽到這個詞是在「女人的直覺」和「母親的直覺」之類的習慣用語中。這些習慣用語讓人覺得，似乎直覺能力是只有女人或母親才有的東西。這類刻板印象時常出現在我擔任占卜師的塔羅商店裡。因為性別而偏愛你，覺得你是可以理解其人生經驗的占卜師是一回事，但是以「男性沒有直覺或靈能」為由，排斥男性占卜師卻是另外一回事，而且人們有時候居然魯莽到拿這句話來懟我。從好的方面來說，我認為那是躲過一劫。面對一開始就不樂於接受你說話的問卜者，你很難提出有意義的解讀。

　　每一個人都有直覺，因為骨子裡我們是動物——是啊，高度進化的人類動物，但還是動物。我們時常忽略自己本性裡的這個基本面向，也就是原始的低我，那導致我們與自己的直覺感官斷連。本能（instinct）與直覺連結得相當緊密，有時候，它們密不可分。人類本能經過數千年的進化不斷微調，直接餵養著我們的直覺能力。當我們談論某人實質上具有直覺力的時候，我們其實是在強調對方自然、本能的威力。某人「把這當作鴨子游水」之類的說法突顯了這個理念——它們暗示，就像小鴨子一接觸到水就本能地知道該如何游泳，某些人天生具備特定的技能或洞察力。

　　小朋友天生就有直覺力，相較於許多成年人，小朋友往往更善於調頻對準自己的想像和本能面向。若要測試這點，下次你需要某些指引時，就抽一張塔羅牌，然後把那張牌給親近的孩子看。詢問他們對那張牌的觀感、他們如何想像圖像展開的情節，以及他們預測接下來可能會

發生什麼事。好好密切注意,因為孩子對那張牌的清新看法可以提供驚人的洞見。不要低估寶寶嘴裡說出來的話。這種孩子般坦率的方式,可以捕捉到直覺塔羅占卜的本質,那必須仰賴直覺感和創造力,而不是任何塔羅象徵意義的專業知識。

然而,直覺解讀不僅只是忽略塔羅牌附帶的手冊。如前所述,低我能自然而然地從周圍環境中吸收能量,並將這股能量處理成身體內感受到的情緒,亦即腸道直覺感、起雞皮疙瘩,或模糊地感覺到某人正在注視你之類的身體感受,接著再將這些作為資訊轉達給中我。基於這些原因,T・索恩・科伊爾在著作《進化女巫魔法》(*Evolutionary Witchcraft*, 暫譯)[10]當中,貼切地將低我稱作「黏性人」(the Sticky One)。我們的低我基本上是自我的能量滾筒,在本能、情緒、直覺層面吸收著它接觸到的所有能量碎屑。

不要將直覺與創傷回應和偏見混為一談

直覺雖然是獲得洞察力的珍貴方式,但也應該與其他可能會遮蔽我們判斷的因素區隔開。蘊藏在潛意識中的偏見、成見與創傷回應,可能會不經意地塑造我們的想法和決定。創傷回應尤其善於欺騙,因為它們可能會觸發可以模仿直覺的強烈情緒回應。假使一個人有著與特定情節或人物相關聯的創傷,那麼這人的直覺清明度,可能會被恐懼或焦慮的感覺淹沒,變得很難取用自己真實的內在智慧。舉例來說,如果你曾經在關係中被欺騙,那麼倘若你的解讀對象正在討論目前經歷的戀愛事件,這將會大大影響你在解讀時,是否有能力保持清明而無偏見的直覺

---

10 Coyle, *Evolutionary Witchcraft*, 46.

導管——這是為大眾解讀時經常出現的情節。在這些情況下，先解決和治癒根本創傷然後再仰賴直覺，可能會頗有裨益。

偏見和成見可能會影響我們契入和信任直覺的能力。由於我們的文化、社會或個人背景和經驗之故，這些偏見根深柢固，足以扭曲我們對世界的觀感和理解。舉例來說，對於億萬富翁和無家可歸的流浪漢，多數人有著本質上不同然而卻很強烈的反應，影響因素包括：先入為主的觀念、個人的背景、自己與財富概念的關係。

當人們根據外貌給出建言或說出諺語時，就很好地捕捉了這個先入之見，例如「不要信任牙齒比眼白還白的人」——依我看，拿這來評斷一個人的性格，實在是破綻百出。某人的牙齒或眼睛是什麼顏色可能有許多醫學原因，這根本沒有談到你身而為人的本性。如此妄下評斷等同於認為，打扮得不夠整潔的人就是不道德，因為「潔淨幾乎就是對神虔敬」，或是刺青和穿孔意味著你很叛逆或不專業。人們至今仍舊根據女人選擇的彩妝或穿著的服飾來評斷她們，或是單靠體重就認為自己可以分辨某人的心智或情緒狀態，我很震驚人們還做著這樣的事。我還看見人們單憑殘疾便評斷他人，彷彿那是某種性格總結，這是另一種層次的混淆。但這些卻是大家時常抱持的偏見和成見，有時候有意識，有時候無意識。

這些類型的偏見使我質疑塔羅牌占卜師，而不是質疑被以貌取人的那個人。假使占卜師根據牙齒的顏色評斷某人是否值得信賴，我就無法太認真地看待這位占卜師的塔羅占卜或見解。根據外貌評估某人的性格極其膚淺，做出這類聲明暴露出說話者的視角有限，這讓我很想知道，他們可能還有哪些其他偏見會影響其判斷或塔羅解讀。當占卜師根據外貌做出籠統評斷的時候，我怎能信任他們依據牌義做出的指引或詮釋呢？在我看來，這暗中損害了他們身為占卜師的可信度。他們的評斷態度祭起紅旗，使人懷疑他們的塔羅占卜和指引方法是否合乎道德，也

第 4 章

令我質疑,他們是否能夠提出不偏不倚且心懷慈悲的建言。

我們可以藉由承認並面對自己的偏見,進而培養比較清明而準確的世界觀,也能因此更善於利用自己的直覺和塔羅牌提出的洞見。我們需要將真正的直覺,以及可能會模糊判斷和感知的影響區隔開。我們可以培養辨別能力與反思內省,藉此戰勝這些障礙,在塔羅占卜和日常生活中充分發揮直覺的潛力。

在創傷回應、偏見與成見當中認出直覺可能複雜又困難,不過有不同的方法可以協助這個過程。其一是後退一步,帶著批判性評估由特定情境或決定觸發的心理和身體感受。真實的直覺往往顯化成寧靜、清晰的內在理解,與高度的情緒反應不同。雖然兩者都涉及情緒,但是與直覺相關聯的感覺本質上通常不一樣。直覺往往帶著平靜的確定感和安靜的知曉感,堅實而穩定,不像情緒回應的特徵是波動大、起伏大。這個細微差別,可以幫忙區分真正的直覺洞見與強烈的情緒反應。經由磨練區分這些反應類型的能力,我們可以更好地體認到,真正的直覺有別於創傷回應或其他的情緒反應。

另外一個方法是落實自我覺知和反思內省,這涉及分配時間審視我們的偏見和成見,以及質疑自己對它們的假設和信念。如此我們得以確保自己的直覺解讀免於個人的扭曲,並真實地反映塔羅牌必須提供給問卜者的智慧。認出並處理我們的偏見,可以使自己更加覺知到它們可能會如何扭曲我們的評斷和感知。尋求不同的視角和經驗可能也有所裨益。這也許包括,讓自己沉浸在不同的文化、信念體系、社會身分以及思考過程中。由於擴展了自己的世界觀,我們可以更好地理解不同情境的錯綜複雜,也就更容易觸及真實的內在指引。

在塔羅占卜中,有裨益的作法是抱持開放的心態、不評斷解讀對象、準備好挑戰自己的假設和偏見。這可能包括花時間好好省思每張牌的含義和符號,以及評估自己對它們的反應。我們會希望避免將自己的

品質、特性與假設投射到解讀對象身上，因為那可能影響到我們的評斷和感知。藉此我們可以更細緻地理解塔羅牌所傳達的訊息，並且更有效地將名副其實的直覺與其他干擾因素區隔開。這種自我反省和覺知過程是個人和靈性成長的關鍵，能使我們成為更有意識、慈悲的個體兼具洞察力的塔羅占卜師。

你的本源頻率

若要更好地理解你的情緒和直覺能量，有個參照點可能很管用，尤其是談到區分創傷回應與直覺命中的時候。我經常使用一套叫做「本源頻率」（the home frequency）的技術，那是我丈夫迪凡開發的，詳細記載在他的著作《巫者力量之書》（The Witch's Book of Power，暫譯）[11]當中。本源頻率意指我們可以在那個狀態下，取用自己的內在才能，以及體現生活宛如魔法的自然之道。它能促進穩定和寧靜，是追尋幸福安康必不可少的元素。這個狀態可以充當靈能者和靈媒確認異常或偏差的晴雨表。此外，它還扮演著不同意識層級的基礎。本源頻率也能提供保護，使我們得以識別自己的能量，排除外來的東西。儘管如此，塔羅占卜師還是應該用心覺察，不宜忽略其他保護措施。

調頻進入你的本源頻率，就像在進行諸如塔羅占卜之類的事情之前和之後，好好檢查一下你的情緒和靈性「基地」。如果你在占卜前先檢查基地，就好比設定了某個穩定的起點。這有助於你更能注意到透過塔羅牌傳來的任何能量或訊息，因為你知道要從哪裡開始。解讀完畢後，再次檢查可以幫你重置。不妨將本源頻率視為純化和重置能量狀態的一種方法，就好像準備餐點之前先洗手一樣。它能移除掉占卜解讀帶來的

---

11 Hunter, The Witch's Book of Power, 31-33.

第 4 章

任何殘餘能量，讓你繼續好好過日子。就保護而言，了解你的本源頻率，可以幫助你發現何時有問題或某能量是否不屬於你。這類似於熟悉你的住家看起來該有的樣子，進而能夠注意到是否有任何東西放錯位置或遺失。這份覺知將使你在感應到異常時，懂得採取預防措施。

練習 27

找到你的本源頻率

了解你的本源頻率可以提升你作為靈能師、直覺者、共感人的能力，幫助你區分什麼是你的能量或情緒，而什麼不是。假以時日，好好落實，目標是一想到它就能夠隨意調頻進入這個頻率。要覺知到，精通這個練習可能需要時間和實作，但它可以讓你幾乎立即體認到自己何時偏離了個人的本源頻率。

1. 先找到一個舒服的位置。
2. 閉上眼睛，做幾下緩慢慎重的深呼吸。
3. 吸氣時，觀想周圍的神性能量進入並填滿你的身體。
4. 呼氣時，想像所有緊張和負面情緒從身體排出去。
5. 當你的思緒開始游離、念頭浮現時，只要承認它們並允許它們逐漸離開即可，就像風吹過的雲朵。
6. 回想你曾經感覺到自信、快樂、被愛、有創意、強而有力、胸有成竹的記憶。
7. 允許與這些記憶相關聯的情緒在你內在湧動。
8. 感覺到這股正能量流經你，沖走所有負面性或障礙。
9. 了解這股能量正在重置你的振動，讓你感覺回復青春且被賦能培力了。

10. 觀想這樣的能量重置等於是回到你個人的原廠設定。
11. 把這股能量視為你的本源頻率。觀想它是一道光，在你內在和周圍散發輻射。
12. 運用你的意志和想像力，將這道光從你的身體和氣場擴展到周圍環境。

直覺讓人有何感受

在塔羅占卜期間，你可能會注意到某些身體或心理感受，這些都為解讀提供了有價值的洞見。這些身體感受可能包括胸部壓力、胃部顫動或麻刺感。每一種身體感受都有其象徵意義，皆有助於你更深入地詮釋塔羅牌。舉例來說，胸悶往往與暗示焦慮、恐懼或不確定的情緒有關聯，而胃部顫動可能意味著期待或興奮。身體感受是我們身體的一部分情緒語言，讓我們在占卜期間更清楚地看見自己的情緒資訊。認出這些身體感受以及它們的象徵，是培養情緒覺知的一部分。這涉及用心覺察我們的身體回應，以及這些回應代表的情緒。培養這份覺知的有效方法是正念冥想（mindfulness meditation），亦即聚焦在這些身體感受但不評斷。當我們投入正念修習後，可以與自己的情緒以及伴隨情緒而來的身體感受，建立更深入的連結。久而久之，這份提高的覺知可以加深我們對自己的理解，並且更明白在塔羅占卜期間傳遞過來的訊息。當我們愈來愈泰然地信任自己身體的直覺及其提供的見解，我們也就成為了更有自信的塔羅占卜師。

若要提升對情緒的覺知，不妨在日常經驗中聚焦在身體的感受。下次面對不舒服的情緒時，好好關注你的身體。你是否感應到胸悶、心跳加速或胃部打結？雖然你應該對所有情緒都抱持這樣的態度，但是不舒服的情緒往往最明顯。只要你愈來愈用心覺察這些身體感受，就可以

第 4 章

開始破解情緒傳達的信號,以及你的身體對這些信號的反應。這在塔羅占卜中特別有幫助,屆時,身體的感受和情緒可以提供見解,讓你更深入探究那些牌的訊息和指引。透過這份覺知,我們將更能調頻對準自己身體的情緒語言,而且隨著時間的推移,我們會愈來愈了解自己身體的情緒語言。

練習 28
清空自己才能感受到直覺

若要強化你與直覺自我的連結,有個絕佳的實作法:創造情緒開放的心智狀態,實質清空你的頭腦並拋開先入為主的觀念。這個方法為直覺暢通無阻地浮現鋪平道路。這個實作法首先捨棄了奠基於外觀表象,或邏輯評估帶來的任何先入之見或投射。藉由讓表意識心智的喋喋不休安靜下來,你就建立了直覺理解可以綻放的空間。在這個開放的狀態中,你不受外在感知或認知偏見的束縛,因此能夠契入更深層的覺知。從這個狀態開始,好好關注自然浮現的情緒和身體感受。這些感覺可能不符合表意識的期待,但在提供直覺洞見方面,它們卻是無價的。它們將作為通向低我的導管,而低我屬於你的本能,在深層的直覺理解層面操作。

不管它們當時是否符合邏輯的敘述,尊重這些心理和身體感受是關鍵。這個實作法不僅能增強你與直覺的連結,也能為其他的直覺追求(例如塔羅占卜)奠定堅實的基礎。它允許你的視界超越顯而易見的表面,從而調頻進入可能隱藏起來的能量和情緒實相。事實證明,這個實作法在與靈能感官合作時尤其有價值,讓人在詮釋靈能資訊時可以清晰、精確許多。談到通靈,這個方法絕對必要。通靈需要深層的直覺連結與開放性,因此創造這個

敞開接收的心智狀態，對於接收和準確地詮釋來自靈界的訊息至關重要。以下循序漸進的指南聚焦在清空自己，使你能夠與低我建立連結，並提升直覺能力。這個過程強調成為「虛空」或「中空」的概念，從而為直覺的訊息提供導管，使之暢通無阻地流動。它鼓勵開放感和敞開接收感，在此，直覺可以自由地溝通交流。持續落實可以使這個過程愈來愈容易，也可以與低我的直覺建立更牢固的聯繫。

1. 閉上眼睛，注意自己的呼吸。
2. 用鼻子深深吸氣，然後用嘴巴緩緩吐氣。如此深度的正念呼吸能使頭腦平靜下來，將焦點轉向內在。
3. 呼氣時，想像隨著每次呼吸，任何先入為主的觀念、評斷或假設都從你的身體排出。想像這些念頭被釋放到空氣中。
4. 當你的頭腦安靜下來，把它想像成一個逐漸擴展的開放空間。隨著每次呼吸，這個空間愈變愈大、愈來愈敞開接收。
5. 在這個開放的狀態中，將焦點轉移到自然浮現的任何情緒或身體感受。不要評斷或分析這些感覺，只需在它們出現時好好注意即可。
6. 體認到這些身體感受和情緒是來自低我的直覺訊息。它們傳達了什麼給你呢？
7. 如果你想延長這個修習法，就抽一張塔羅牌，然後觀察因此升起的任何情緒或身體感受。你的低我對這張牌有什麼見解呢？
8. 一旦你準備就緒了，就再次讓自己扎根接地，然後輕輕地把焦點帶回到周圍環境，接著睜開眼睛。

第 4 章

練習 29

建立你的情緒資料庫

　　這個練習的目的是,隨機抽出一張塔羅牌,探索其情緒能量,並召喚你內在的那個情緒,建立一個情緒資料庫,將每張塔羅牌與特定的情緒狀態聯想在一起。這麼做可以深化你與塔羅牌的連結,提升你的情緒覺知。情緒很複雜,會受到個人經驗的影響,因此答案沒有對錯,只有你獨一無二的情緒洞見。

1. 帶著想了解所抽之牌的情緒能量的意圖,洗勻手中的塔羅牌。抽出一張。
2. 觀察這張牌的意象、象徵意義、色彩,以及它帶給你的任何印象。
3. 省思一下,這張牌喚起你內在的哪些情緒,以及你將什麼感覺或心情與那些情緒聯想在一起。
4. 運用直覺以及對這張牌的傳統意義的了解,加深你對其情緒能量的理解。
5. 將你的注意力轉向內在,閉上眼睛。
6. 想像這張塔羅牌的情緒能量流入你的存在,像溫暖且撫慰人心的氣場包圍著你。
7. 好好體驗並具現與這張牌相關的情緒,不評斷,讓自己深刻地感受到那些情緒。
8. 睜開眼睛。省思一下你剛剛體會到的情緒印象。
9. 寫下你的觀察結果、感受、見解、個人連結,以及因這個練習而被觸發的任何記憶。
10. 經常重複這個練習,每次都抽一張新的塔羅牌。

11. 記錄你因為每一張牌而召喚出和體驗到的情緒，以此建立你的情緒資料庫。好好注意某些塔羅牌與特定情緒狀態之間的模式和關聯。運用這個修習法作為提升情緒覺知的工具。

憑藉直覺了解
解讀對象的相關資訊

聆聽直覺可以讓你立即而直接地感應到你正在解讀的對象發生了什麼事。這種直覺的本能反應，往往來自第一印象或直接的了解，超越邏輯或理性。它可以突顯需要關注的重要面向，例如，潛在的衝突、隱藏的渴望或即將出現的模式。這些身體感受可以扮演一個人生命中情緒和心理氛圍的指標。在塔羅占卜期間運用直覺時，情緒也是不可或缺的。同理心有助於我們調頻聆聽問卜者的情緒狀態，直接體驗、了解對方的經歷。解讀期間浮現的任何喜悅、悲傷、恐懼或興奮的感覺，都可以鏡映出解讀對象的情緒景觀。這些情緒可以為對方的情緒健康提供線索，也可以指引塔羅牌陣的詮釋。藉由調頻對準你的直覺、身體感受與情緒，你可以更深入地與解讀對象連結，使靈能資訊更順暢地流動。

憑藉直覺了解某人的相關資訊
這可能會是什麼樣子

幾年前，我正準備為一名女子做塔羅占卜，乍看之下，女子似乎散發幸福而穩定的氣息。她極具感染力的笑聲充滿整個房間，而她生氣有活力的舉止，描繪出一幅她明白人生是怎麼一回事的畫面。她似乎有說不完的成功和堅韌故事，可以激勵聆聽故事的任何人。開始占卜療程時，突然一陣精疲力竭襲來。我置之不理，繼續占卜解讀，然而因她在

第 4 章

場而籠罩著我的悲傷感卻愈來愈強烈,我無法繼續忽視。這樣的直覺感受與她呈現的愉悅外表相互矛盾。我感覺到,投射出來的樣子與情緒層面的共鳴明顯不和。洗牌時,我信任自己的本能,傳達了我直覺感知到的內容。我溫柔關懷地轉達了我感應到她根深柢固的疲憊和隱藏的悲傷,那與她活潑的外在相矛盾。她的反應很立即,笑容瞬間褪去。眼裡含著淚,她承認自己一直巧妙地將排山倒海的悲傷和疲憊感,隱藏在喜悅和力量的背後。

接下來的塔羅占卜驚人地呼應我的直覺洞見。「權杖十」和「聖杯四」之類的牌卡指出負擔過重、不滿、情緒疲憊,鏡映出她內在的掙扎。由於她的感受非常準確地反映在那些牌上,她感覺到真正被看見和承認,讓她連面具也戴不住了。這些牌提出的指引包括:照顧自己、尋求支援、承認自己的真實感受很重要。療程結束後,她帶著一份確認感以及解決情緒健康問題的路線圖離開。這次的解讀,加上她體認到實際的情緒狀態,都變成了催化劑,讓她懂得尋求專業幫助並優先考慮照顧自己。這段經驗顯示,信任這些直覺洞見,可以一層一層地剝離並揭示超越表面現象的深層理解。

在無數的可能中
直覺感受一張牌的含義

　　塔羅牌包羅萬象的意義之內,「直覺」擔任著指路明燈的角色。每張牌都有無數種詮釋,理解牌的訊息可能感覺酷似穿越複雜的迷宮,然而正是在這些詮釋路徑之內,我們的直覺可以照亮最適合的那條路。直覺類似於內在的羅盤,指引我們邁向與情境最相容的詮釋。當我們關注自己的情緒和身體感受帶出的直覺時,便可以篩選掉無數潛在的意義,準確定位真正與占卜能量契合的訊息。這個過程仰賴我們天生超越物質世界表象的感知能力,感應著實相中相互交織的能量和情緒層。當我們滋養自己與直覺的關係時,就培養出了獨一無二的直覺語言。塔羅牌透過這種個人語言,以深度個人且有意義的方式傳達其智慧。換言之,你會開始連結某些心理和身體感受與不同的概念,從而洞悉占卜的重點。這個過程可以釐清抽出的牌表示什麼,以及那張牌的其他潛在含義。讓我們來推敲一下我過去的一段解讀,以此闡明這可能會是什麼樣子。

直覺感受一張牌的含義
這可能會是什麼樣子

　　我在洛杉磯為一位問卜者所做的塔羅占卜堪稱絕佳範例,顯示出直覺在塔羅詮釋中的關鍵角色。這次占卜展現了直覺不僅可以豐富塔羅占卜的過程,而且可以揭示極其精確且與個人相關的洞見。開始占卜時,我刻意地與我的本源頻率相連。正念覺察的深呼吸幫助我使自己的能量扎根接地,而且我設定意圖,要成為清明的管道,迎接即將展開的塔羅占卜。洗牌時,明顯的身體感受出現了——一股幾近興高采烈的麻爽感從我的心輪散發出來——這是不可否認的信號,顯示我的直覺蓄勢待

第 4 章

發,準備好要指引我。把牌攤開的那一刻,大量的情緒蔓延過我。學過的人都知道,出現「寶劍二」意味著什麼。「寶劍二」通常預示一個決定的時刻或十字路口,在這個背景下,這張牌卻帶出了意想不到的寧靜感。這暗示我,雖然我的問卜者處在十字路口,但面對自己的道路,他的內在卻深度平靜。通常意指幻相和抉擇的「聖杯七」出現了,然而在我觸碰到這張牌的時候,腹部卻流竄過一股清明而犀利的身體感受。有別於這張牌困惑或幻相的典型詮釋,我的直覺指引我邁向不同的理解。這份清明的身體感受暗示,與其說我的問卜者迷失在優柔寡斷的幻相中,倒不如說他領悟到不局限自己的抱負或夢想很重要。

「錢幣國王」是我抽到的下一張牌。聚焦在這張牌時,一股扎根接地的身體感受沖刷過我,那是一種根深柢固感。這暗示我,問卜者的人生已經打下堅實的根基,而且準備好要在此基礎上擴展。我運用這些情緒和身體線索作為指引,允許自己的直覺和想像力描繪出生動的畫面,這為問卜者的情境提供了背景,亦即暗示有一個決定性的時刻,屆時,問卜者可以選擇將不滿意的過去拋諸腦後,冒險邁向心中真實的熱情。「寶劍二」結合我感受到的寧靜,指出問卜者正平靜地對待即將面臨的決定。「聖杯七」伴隨那份清明的直覺,暗示問卜者有能力看見過去的幻相,以及體認到不局限夢想很重要。「錢幣國王」搭配扎根接地的身體感受,象徵問卜者已準備就緒,要在已經堅實的基礎上好好成長。

∞

104

運用塔羅牌
連結直覺的拼圖

　　直覺與塔羅牌象徵意義的交會堪稱非凡卓越，塔羅牌在這時真正變得強而有力。在此，你的直覺將發揮雙重作用：幫助你理解問卜者的境遇，導航你突破牌面的潛在含義。這是一場對話，涉及你的直覺、問卜者的能量與塔羅牌的象徵語言。小時候剛開始嘗試解讀時，我相當笨拙。我努力理解塔羅的技術部分，使勁創造條理清楚的解讀。無論如何，這個過程不可或缺，因為與塔羅牌合作可以點燃並提升一個人的直覺。與塔羅牌打交道有一個蛻變的元素——這個效果或許牽扯到與塔羅牌相關的集體能量或集體靈識（egregore），這是我之後會更深入探討的思想念相（thoughtform）。儘管早期有許多掙扎，但是與塔羅牌合作的旅程卻能轉變成直覺力覺醒和理解的催化劑。以下是我第一次準確解讀的故事，那是在我沒有意識到自己已契入直覺的情況下做到的。

運用塔羅牌連結直覺的拼圖
這可能會是什麼樣子

　　時間拉回到我高中一年級，一位朋友找我要求做塔羅占卜。由於渴望練習正在萌芽的技能，我欣然同意。午餐時間，我們找了個安靜的戶外地點，我從洗牌開啟那次療程。開始擺出牌陣時，我感覺到她的能量有些不一樣。由於沒有明確的原因，我開玩笑地問她，是不是剪了頭髮或改變了身體上的某樣東西。她簡單地回答「沒有」，這令我丈二金剛摸不著頭，因為她能量中的微妙改變很明顯。出於信任自己的直覺，我硬著頭皮繼續。牌面展開時，我一如既往，埋首查看塔羅指南，像鸚鵡一樣近乎機械地重複著每一張牌的含義。然後不尋常的事發生了。「女

第 4 章

皇」牌在她的御座上懷孕了,「太陽」牌描繪出騎著白色小馬的歡樂孩子,「聖杯六」有著懷舊的純真以及兩個孩子之間簡單時光的回憶,似乎低聲訴說著一則相互交織的故事。起初,這看似荒謬,但是因為信任那突然出現的直覺火花,我躊躇地說出了我的解釋:「我不確定為什麼,可是這些牌似乎暗示著懷孕。或許我在哪個地方搞錯了。」

我以為她會對我的大膽預言一笑置之,但她嚴肅的表情卻告訴我:另有隱情。我的朋友坦承,事實上她懷孕了,但是基於顯而易見的原因而一直保密。真相的揭露令我無言以對,因為對我來說,這是全新的事,需要小心應對。但她信任我會替她保密,並透露過去一年來,她一直私下與某人約會,然後月事遲到加上驗孕證實了她的恐懼。對我們倆來說,那是極其不知所措且令人謙卑的時刻。然後我領悟到,在那次占卜期間發生了神奇的事。毫不誇張地說,那些牌對我說話了。我可以從它們辨別出模式、關係與訊息。那就好像我心中的一層帷幕被揭開了。我終於可以在更深入的層面與塔羅牌打交道。那一刻鞏固了我與我用來占卜的那副塔羅牌的聯繫。這副牌中描繪的人類情感和情境與我起共鳴了,而且頭一遭,我感覺到自己能夠領會塔羅語言的深度。

但是當天的真相揭露還沒結束。由於那些牌的智慧與湧現的直覺指

引的驅動,我發現自己在向我的朋友建議如何面對她的處境,尤其是向她保守的父母親披露這則消息——而且,令我們驚訝的是,那則建議奏效了!對她來說,一切最終水到渠成,我們大大鬆了口氣。這次經驗在我的塔羅旅程中是個重大的轉捩點。當天我以新手身分開始,翻閱著搭羅指南書解讀,但是當天結束時,我了解到塔羅可以抵達的直覺深度。我感覺自己蛻變了,從初出茅廬、像鸚鵡學舌訴說牌義的塔羅占卜者,變成可以提供有意義、直覺建言的導管。這則實例是我第一次利用塔羅牌的力量,提供切題且影響深遠的指引,而且肯定不是最後一次。

練習30
運用塔羅牌培養同理心

這個練習是你可以用來評估和提升直覺技能的方法,涉及運用塔羅牌感應和理解他人的情緒。這能讓你增強同理技能,也能測試看看你把這個技能開發到什麼程度。這樣的合作不僅可以增添樂趣,也讓你的同理直覺技能變得更加敏銳。

1. 先徹底洗勻塔羅牌。從牌堆中抽一張,但先不要看是什麼牌。
2. 嘗試憑藉直覺得知那張牌承載的情緒和氛圍。
3. 開始反問自己諸如此類的問題:「我現在從這張牌中得到什麼感受?」「這張牌散發著哪一種能量?」
4. 先反省深思過這些問題,然後將牌翻開,看看你的直覺猜測是否符合那張牌的意象。
5. 若要進一步測試你的同理心準確度,不妨多抽幾張牌重複這個過程。
6. 若要讓這個同理心測試變得更精采,不妨與夥伴合作。合作時,

第 4 章

夥伴宜注視著一張牌,同時在心裡傳輸那張牌傳達的情緒和能量。身為參與者,你的目標是契入夥伴所感受到的情緒能量,並根據那些身體感受猜測那張牌是什麼。

意念運動效應與擺錘

擺錘(尤其用在占卜或探測)是懸掛在繩子或鏈條上的小型重物,能夠自由地朝各個方向擺動。懸垂的重物可以用水晶、金屬或木材等各種材料精心製成。繩子或鏈條的長度不一,但許多使用者偏愛的長度,是手臂鬆鬆地握住擺錘時,擺錘可以在平面上方不費力地擺動。擺錘常用於靈性指引、決策制定或感應能量場,人們認為擺錘的運動受到精微能量、無意識的物質運動或靈性存有影響。這些運動回應了人們詢問的問題或提出的任務。人們通常是根據之前已確立的擺動方向(例如,前後、左右或圓圈運動)詮釋這些回應。

擺錘提供了有形的方法,讓人與自己的直覺連結。這份連結很大程度上是由於叫做「意念運動效應」(ideomotor effect)的奇妙現象。意念運動效應是指不自覺且無意識的運動行為——換言之,我們的身體在沒有表意識控制乃至覺知的情況下,做出了不易察覺的運動。使用擺錘時,當擺錘看似自行移動或擺動,就是意念運動效應在起作用,不過握住擺錘的人,其手部極小的潛意識肌肉運動確實影響著擺錘。

我們的潛意識與肉身之間的這種相互作用暗示,擺錘並不是獨立操作,而是反映出身體智慧更深層的直覺知曉,也就是表意識心智可能無法立即讀取的資訊。擺錘契入了這份內在智慧並成為導管,於是使用者的低我可以溝通和回答表意識心智可能難以啟齒的問題。使用擺錘是透過潛意識心智聆聽心中直覺的方法。它讓你的低我透過意念運動現象說話,繞過表意識心智的喋喋不休,觸及更深層的真相。

擺錘及其在塔羅牌中的應用

擺錘可以是塔羅占卜期間有助益的工具，它能提供額外的深度，增強取得的洞見。擺錘可以起到的關鍵作用之一是幫忙釐清。有時候，塔羅牌的訊息看似模稜兩可、不直截了當。此時，擺錘可以介入。根據那張牌的可能詮釋，運用擺錘提出是或否的問題，便可以更清楚地了解那張牌在解讀背景內的具體含義。擺錘也可以用來為塔羅占卜選牌，有些塔羅占卜師會讓擺錘盤懸在一套展開的牌卡上方，等候擺錘出現那個他們選為信號的特定動作。這個方法讓潛意識心智得以在選擇過程中扮演某個角色，有可能因此為塔羅占卜注入更多直覺。擺錘可以充當確認解讀的工具，不妨將它們想成在提供不同的意見。如果你一直以特定的方法詮釋塔羅牌，也可以運用擺錘驗證，這樣的詮釋法是否與你的直覺契合。此外，人們認為擺錘對能量很敏感，儘管這只是藉由低我的直覺契入身體知識的方法。有些塔羅占卜師會運用擺錘量測特定某張牌周圍的能量，這有助於他們辨別那張牌在那次解讀中的影響力是強還是弱。

練習 31
運用擺錘與塔羅牌連結

在此，我們將運用擺錘建立你獨一無二的溝通風格，利用這項直覺工具時，這是必不可少的第一步。

1. 練習一開始，先決定擺錘的哪些特定動作表示「是」與「否」。你可以將順時針旋轉詮釋成「是」，逆時針旋轉詮釋成「否」；抑或是認定左右擺動表示「是」，前後動表示「否」。
2. 定義好這些運動後，就開始驗證你與擺錘的溝通風格。若要掌握

第 4 章

竅門,可以先詢問擺錘幾個你已經知道答案的簡單是非題。舉例來說,你可以詢問諸如此類的問題:「天空是藍色的嗎?」「今天是星期三嗎?」

3. 觀察擺錘對這些問題的回應。如果擺錘的運動符合你先前定義的「是」或「否」運動,那就成功確定了你的溝通風格。假使不符合,請重複步驟1和2,直到擺錘的回應與你的定義一致為止。

4. 跟平時一樣洗牌。洗牌時,將你的能量和意念集中在那副牌上,請求那副牌與擺錘同步工作。

5. 跟平時一樣抽出塔羅牌陣。每張牌都是一個焦點,代表你的直覺能量。暫時不要詮釋牌陣。

6. 握住擺錘,置於那副牌上方。請求擺錘校正其能量,與這副塔羅牌對齊,簡單地說些諸如此類的話:「擺錘啊,請校正你的能量,與這副塔羅牌對齊,揭露更深層的洞見。」如果擺錘顯示出你預先定義的「是」的運動,那就表示能量校正成功。

7. 將擺錘移至牌陣中每張牌的上方,一次一張。你可以針對每張牌提出「是」或「否」的問題,藉此更深入地探究。舉例來說,以「戀人」牌而言,你可以詢問:「這張牌是否表示我必須很快做出決定?」

8. 有時候,擺錘的答案可能意味著需要更深層地理解特定某一張牌。假使情況如此,不妨抽一張說明牌,握住擺錘,置於牌的上方,重複詢問過程。舉例來說,當你詢問「死神」牌是否意味著實質的結束,而擺錘發出「是」的信號時,你可以握住擺錘置於說明牌上方並詢問:「這個結束與工作有關嗎?」

9. 一旦詢問完每一張牌且對獲得的洞見感到深度滿意後,就感謝你的塔羅牌和擺錘的指引。

練習32

在塔羅占卜期間
感受時間線

在塔羅占卜期間,我最愛的技巧之一是透過靈觸力結合直覺與靈力。這是直覺與靈能力協同合作的完美實例。我把靈觸力視為架橋銜接靈能神通與直覺的感官。在這個技巧使用期間,你要運用自己的直覺能力取得靈能資訊。換言之,你要契入低我,感知靈能資訊。再次強調,講到靈能力,我的意思是指環境中不存在的資訊,而且情況顯示,你絕對無法經由任何外在方法取得那則明確的資訊。這個技巧需要大量實作,不過一旦掌握竅門,遊戲規則就會改變。有了這個技巧,你一定能夠聚焦在細節,從而做出精確的預測。

稍早,在練習16「建立你的能量空間」中,我們將能量投射成輝光畫出霓虹燈,從而主張了我們的能量空間。在此,我們將投射同樣的能量,以此「畫出」我們前方的空間,然後真正放大細節資訊。如前所述,當問卜者想要特定的時間框架時,這個技巧特別管用。我從不曾在塔羅占卜一開始或開始沒多久便使用這個技巧。我通常在占卜進行一段時間後(假使不是最後階段)才採用這個技巧。原因之一是,若沒有先取得比較廣泛的資訊,這些類型的細節不會出現。就好比繪畫,你需要先聚焦在主要輪廓,然後再畫細節。另一個原因是塔羅占卜進行到一半時,你應該已處在相當不錯的靈能流動之中。在這個練習裡,我會運用時間的安排舉例說明,不過在塔羅占卜期間,還有許多其他有創意的方法可以利用這個技巧。

第 4 章

1. 伸出慣用手的手指,觀想在你面前的空中畫一條發光的水平線。這條線代表你的一生。
2. 在這條水平線的兩端畫垂直線。這些標記著你的人生事件的起點和終點。
3. 在你默觀這次塔羅占卜以及感興趣的特定事件時(例如一段新戀情的發生),要向你的高我提出一則請求。然後請求深入探究這個事件的時間安排。
4. 沿著你的發光水平線,每隔一段就多畫一條垂直線,每個間隔代表增加5年。這些標記現在已將你的時間線細分成許多區段。

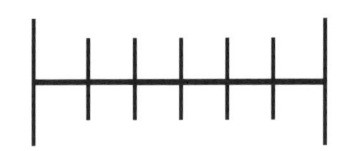

5. 用你的非慣用手輕輕觸碰你創造的這條時間線,用手掌和手指頭感覺它。
6. 密切注意你的手滑過不同時間點的觸覺感。留意感覺不一樣(例如,溫暖、麻刺感或能量脈動)的區域。
7. 當你找到感覺不一樣的區域時,用拇指和食指彷彿捏住時間線的那個區段,接著鬆開手指頭,將那個區段放大,就像在觸控螢幕上放大畫面。
8. 畫面放大了,代表5年的標記區段也擴大了,顯示出更精細的時間分割。
9. 在這個被放大的區段上,再多畫五條垂直線,把這個區段劃分成每一年。

10. 再一次，用你的非慣用手沿著這些新的標記移動。注意觸感有何轉變，同時聚焦在感覺截然不同的線段。
11. 最後一次放大。在那一年中，建立4條垂直標記，代表四季：春、夏、秋、冬。
12. 再次用非慣用手沿著這些季節標記的上方移動，偵測哪一個季節引出了截然不同的感覺。
13. 轉達你的預測，心中明白這是你接收到的內容，不是板上釘釘的預言。
14. 花點兒時間感謝高我的指引。揮一揮手，輕輕驅散那條發光的時間線。

THE LOVERS.

第 5 章

∞

走出自己的路

　　解讀塔羅牌的最大障礙是我們自己。質疑自己和自己的能力在某種程度上很健康，因為那使我們的小我（ego）有所節制。每一位塔羅占卜師都有感受冒名頂替症候群的時候——覺得自己是個騙子，不是真正的塔羅占卜師；我沒遇過哪一位塔羅占卜師可以誠實地表示自己從來沒有過那種感覺。我丈夫把這叫做「討厭的小小委員會」（itty bitty shitty committee），喜歡占據我們腦袋裡的空間，讓我們充斥著對自己和自我能力的懷疑。多數時候，那些聲音是騙子。它們是一種自我破壞，源自於不足感。所以，讓我把話說清楚：成為真正的塔羅占卜師並沒有特定的道路。人們誤以為，獲得認證、參加塔羅牌課程、得到認可，或單是讓自己沉浸在塔羅社群中，就可以成為合乎正統的塔羅占卜師。提升你的塔羅占卜技能可能涉及多種技巧，但是否成為正統的塔羅占卜師這件事，最終還是由你自己來斷定。要成為精通熟練的塔羅占卜師，那取決於你與塔羅牌的連結、運用塔羅牌解讀的能力，以及你能否提出有效改善人們生活的指引，絕不是仰仗任何其他方法。

　　有些人會感到有點兒沒把握，可能是因為不熟悉傳統牌義，加上過度依賴直覺詮釋牌陣。反過來說，有些人感到沒把握，則可能是因為只知道傳統牌義，加上在占卜期間，感覺與直覺或靈能洞見及詮釋斷連。如果這是你，我鼓勵你花時間針對你感到沒有把握的領域下工夫。

　　塔羅牌是終身的學習和探索，我們的知識始終有所欠缺。如果不太熟悉某個主題，我不會因為不了解這些關聯而感覺自己有所不足，反而會花時間更深入地閱讀、深思、研究那個主題，直至感到熟悉且泰然面對那個主題為止。一旦有辦法自在地面對正在探索的概念，我就可以決

第 5 章

定是否要將這份新的理解融入我的塔羅占卜中。

當我們對某副牌過於熟悉但不熟悉其他牌的時候，冒名頂替症候群也可能會冒出它醜陋的腦袋。有些人可能對托特塔羅牌瞭若指掌，但是覺得他們無法解讀奠基於萊德偉特史密斯的塔羅牌，因為兩副牌的關聯和標題往往不一樣。同樣地，許多萊德偉特史密斯塔羅牌占卜師，可能會看著萊德偉特史密斯塔羅牌中的某一張，告訴你那張牌到底意味著什麼，但是如果你給他們看馬賽塔羅牌的同一張牌（尤其是數字牌），他們會很迷茫那張牌究竟在表達什麼。在我的生活中，有些時候是我與另一位塔羅占卜師聊天，對方提到某一張牌的名稱，譬如說「聖杯七」，而我卻不知道對方那一刻在談論哪一張牌，可是如果看見那張牌本尊，我一眼就知道那張牌到底是什麼意思。如果我說的這些，有哪一點與你起共鳴，那麼你有幾個選擇。你可以要麼妥協，學會泰然面對這個事實：你有自己的塔羅舒適圈，那些是你可以完美地與之周旋的套牌和領域。或者，我的建議是，你可以慢慢開始學習其他套牌及其牌卡，運用諸如我之前提供過的每日練習，例如每日抽牌、以比較法探索塔羅牌、兩張牌連袂默觀（練習22至24）。最後，你的知識之所以有局限，只是因為你給自己設限。

談到靈力和直覺能力的冒名頂替症候群時，我希望再次強調，時不時質疑你接收到的資訊很健康，也很正常。這創造出了某種制衡以及辨別能力感。只有當內在懷疑不斷出現的時候，才是有問題。研究再多塔羅牌的含義也不會增強你的靈能力。若要變得有靈能技能，你只需要深入挖掘，好好琢磨練習。確實沒有其他捷徑。經驗得靠時間和重複積累得來。對多數人而言，這是一趟緩慢的旅程，不是瞬間的蛻變。也因此，它必須反覆練習，就跟你會練習其他類型的藝術一樣。如果有人只嘗試幾次，就可以拿起小提琴完美地演奏，那也是非常罕見。小提琴家反而會不斷練習，因為他們知道，只要反覆練習，假以時日，小提琴發出的可怕噪音最終一定會變成優美的樂音。

做一次深呼吸

假使你花時間反省一下，身為占卜師的你有何不足的感受，可能會發現那些不足感全都根植於恐懼。通常是害怕別人怎麼想，比如想滿足解讀對象的期待、害怕解讀不準確會害問卜者誤入歧途、擔心不像其他塔羅占卜師或靈能師那樣正統等。最後還會拿自己與其他塔羅占卜師或靈能師比較，這是我看見許多人深受其害的一點。塔羅牌如同人生，你的主要競爭對手應該是自己過去的表現。要把目標定在讓今天的自己成為比昨天更好的占卜師。那些你覺得更優秀的塔羅占卜師，可以視他們為激勵自己進步的靈感。拿自己的進步和能力與他人比較，是阻礙自己成長和進階的最快方法之一。每個人都不一樣，我們有不同的背景，與自己的直覺、靈力、靈性、神性的關係也不同，並沒有一套標準或目標能滿足所有人的要求。因此，拿自己與他人比較只會損害自己的進步。你自己與牌卡的連結其實就是你的超能力，這份超能力將使你成為獨一無二的塔羅占卜師。視角獨特、與塔羅牌的關係獨特，加上你自己的靈能力，這些將會為你帶來其他人無法提供的洞見與指引；其他塔羅占卜師也是如此，能夠提供你無法提供的洞見與指引。

「沉浸通靈的角色」（psychic immersion）是我的著作《魔法顯化》當中的第二個練習，也是唯一改編自我在靈能開發課程中教授的練習。本質上，我會讓學員與不認識的人搭檔，而且告訴學員，假裝自己是無所不知的靈能者。我會鼓勵學員享受這個練習的樂趣，變得傻傻笨笨的，不要專注於準確無誤。然後我會要求學員在這個角色扮演的模式下，為另外一個人做靈能解讀。始終難以置信的是，學員給予對方的靈能洞見大部分是準確的。這有幾個原因。首先，學員基本上得到了犯錯的許可。當準確與否的恐懼不存在時，人會跳脫自己原本的思路，順隨天生的靈能力與直覺——由此可見，恐懼的力量強大到足以阻礙我們自己。

第 5 章

帶著恐懼和自我懷疑接近塔羅牌會局限我們的能耐，使我們難以接收準確且具洞見的指引，無論是對牌卡本身的恐懼還是對犯錯的恐懼。許多有宗教或文化背景的人把塔羅牌或靈力視為邪惡，對這些人來說，這份對塔羅牌和靈能力的障礙，深深地埋藏在他們的潛意識中，而且是需要主動解決和突破的問題。班妮貝兒・溫在她的著作《整體塔羅牌》（暫譯）當中針對這點完美地寫道：

> 恐懼很危險，不是塔羅牌很危險。塔羅牌代表各種人類的狀態——善、惡、光明、黑暗。不要害怕人類狀態比較陰暗的面向，要好好理解它們。塔羅是一本故事書，談論生命，談論人類成就的偉大，也談論我們每一個人有可能顯現的醜陋。[12]

這段精采的敘述邀請我們帶著開放的心態和意願探索塔羅牌，從而探索人類狀態的所有面向。參與這個過程將照亮我們獨一無二的特質、技能與缺點，讓我們更全面地了解自己。它敦促我們不要迴避塔羅牌中較陰暗或不確定的面向，而是從中尋求理解與成長。

出於開放和好奇，我們放大了自己的接收能力，懂得接收塔羅牌及自己內在的洞見。研究塔羅牌的含義和象徵意義，可建立堅實的知識基礎，從而改善詮釋能力。然而，除了純粹的知識，與塔羅牌互動時信任你的直覺和靈能連結也極有幫助。若一則訊息最初令你困惑，要給自己時間好好深思並仰仗直覺指引。靈能力往往以象徵意義的形式出現，但其畢竟只是象徵。我們可以接收到準確的靈能資訊，但如果不知道如何詮釋那則資訊，或不清楚我們正在接收什麼象徵意義及該如何詮釋，解讀時，我們所在的位置就會誤解那則資訊並給出不準確的資訊。

---

12 Wen, *Holistic Tarot*, 12.

當不可能的事完全正確時

某次為一名女子解讀塔羅牌時,她突然在談話期間問我是否可以嘗試通靈,聯繫她已經去世的姑姑。我讓她知道,我並沒有注意到她身邊有什麼特定的靈,不過願意嘗試一下,但也強調不保證成功。我閉上眼睛,嘗試調頻融入,但只得到虛空——沒有人類的靈出現。然後她提出她姑姑的名字作為焦點,我再次聚焦,但卻一直看見一隻貓。

「很抱歉,我連不上妳姑姑,」我告訴她,「我只是一直看見一隻貓。」她眼睛瞪得老大,倒抽了一口氣,然後說:「**就是她!她是我姑姑啊!**」

我確信自己當時盯著她看,彷彿她是外星人。她突然大笑,解釋說她姑姑是頑固的貓咪狂熱分子,說過會變成貓回來照看她。她姑姑甚至告訴她,要留意貓咪,那是信號。這對我來說是絕佳的一課,在解讀塔羅牌時,就連看似偏離目標的靈能資訊也不要隱瞞,而是要分享。你認為隨機或感覺不確定的事,可能就是為別人解鎖指引或確認的關鍵。對問卜者來說,那可能是整場解讀中最重要的資訊。如果我們遲疑不分享,就永遠不會知道那則資訊的重要性。最糟的情節是問卜者不理解那則訊息;最好的情節是,你可能就為某人連結到了他們的貓咪姑姑。

從詮釋中清楚地辨別符號

做靈能解讀時,有時候會突然覺得像在玩「比手畫腳」(charades)和「畫圖猜字」(Pictionary)遊戲。在比手畫腳遊戲中,你只用身體動作和聲響演譯某個單字或詞語,不准說話。在畫圖猜字中,你畫出你選擇的單字或詞語,直到有人猜中你在畫什麼為止。同樣地,接收靈能資訊時,訊息和洞見能以許多不同的方式傳遞過來,因此往往需要某些

第 5 章

詮釋和翻譯。在詮釋解讀期間出現的訊息和洞見時，要信任你自己以及你的靈能連結。這些資訊可能會透過符號、感覺，乃至突然間的洞見出現，讓自己對各種可能的方式持開放態度。信任你感受到的直覺，將有助於你更精確地掌握傳遞過來的意義和洞見。

若要建立可以準確理解、傳達靈能或直覺資訊的肌肉，你首先需要了解自己和頭腦是如何運作的。這意味著聯繫你自己的直覺、心靈意象的內在資料庫以及陰影自我，並了解你的頭腦何時游離或胡思亂想。密切注意在冥想和日常體驗期間浮現的洞見，聚焦在鞏固你與自己內在智慧的關係。當你更自在地運用自己的直覺技能時，就可以開始與其他人分享靈能資訊。從願意接收解讀的朋友和家人開始，練習以清晰易懂的方式傳達出現的訊息和洞見。記得設法將你接收到的內容與你如何詮釋的內容分隔開，並且將這個區別清楚地傳達給你的解讀對象。假以時日，你會更清楚自己是如何接收靈能資訊的。這將為你鋪平道路，使你更懂得如何解碼和傳達這些洞見給其他人。

談到做靈能或直覺解讀，就必須了解在準確地傳達資訊時，小我所扮演的角色。雖然調頻聆聽某個更高的源頭往往意味著把小我擱在一旁，但是談到將那些神性訊息轉變成具體且可理解的東西時，小我至關重要。小我是中我的一部分，是高我與低我之間的橋梁，也是我們與他人互動的方式。你的小我能幫你將接收到的靈性洞見，轉譯成對解讀對象來說清晰且可理解的詞語。因此，我們應該努力平衡自己的高我和低我，才能清楚地接收到資訊，然後運用小我作為準確傳達資訊的工具。只是不要讓你的小我失去平衡——那正是陷阱所在。

中我就跟蜘蛛一樣，將高我與低我的脈絡編織在一起，編織成可以被表意識心智和其他人理解的東西。沒有小我，你就無法解譯你得到的靈性訊息，更甭提以提問者可以領會的方式解釋它們了。若要成為技能嫻熟的占卜師，我相信重點在於，與你魂靈的所有三個面向（高我、低

我、中我）保有健康的關係。當我們這麼做的時候，就是將自己的所有部分投入到塔羅占卜中。

從詮釋中清楚地辨別符號
這可能會是什麼樣子

我曾經為某人已往生的摯愛做過一次靈能解讀，當時，我看見鑽石埋在地底下，雖然這很容易讓人妄下結論，但我知道，重要的是花點兒時間真正調頻聆聽訊息，然後仔細剖析意象，以清晰而有用的方式傳達。我轉述了我看到的內容：

> 我眼前是鑽石，它們顯然在地底下。從情感層面，我感覺這對你已往生的摯愛非常重要。不過，當我更仔細地盯著這幅圖像時，它們看起來幾乎就像種子一樣被種在土壤下方。稍早我感應到，他來自農場或牧場，所以我把這詮釋成是「肥沃土壤」的雙關語，而且重點強調土地的品質是他人生的重中之重，不然就是他可能擔憂著某一塊特定的土地，或許跟他的農場有關。

事實證明，這個詮釋很正確，為當時的解讀對象提供了寶貴的見解與指引。要記住，解讀的準確性在很大程度上，取決於我們如何好好地理解和表達得到的訊息。只要仔細調頻聆聽訊息，並清楚表達那些符號和我們的詮釋，我們就可以提供精確又影響深遠的解讀。

在靈能占卜期間接收到複雜且令人困惑的圖像時，要信任我們接收到的資訊，謹慎且清晰地好好詮釋。記得有一次，一位問卜者向我尋求職涯上的指引。我調頻聆聽，看看可以接收到哪些與其工作相關的資訊，而我看見的影像難以詮釋且令我感到困惑。我看見了一個巨型特斯

第 5 章

拉線圈（Tesla Coil，譯注：一種使用共振原理運作的變壓器），周圍充斥著能量，隨後還有一顆微晶片，這讓我更不確定那些影像的含義。但是我明白我需要更多細節，所以我轉向內在，更深入地挖掘。調頻聆聽之際，我看見畫面中是歌劇院的一支管弦樂團，大家都靜止不動，只有指揮除外。我領悟到，那位指揮是先前那幅影像的詮釋關鍵。

我謹慎而清晰地把這則訊息傳達給問卜者，說道：

> 我看見一個巨型特斯拉線圈，周圍充斥著能量，我還看見一顆微晶片。讓我試著進一步說明……好吧，這更奇怪了。我在好像是歌劇院的地方看見一支管弦樂團，可是大家都靜止不動，只有指揮除外，而我覺得這是一個重點。

療程結束後，問卜者說他們確實在研究半導體雷射微晶片，這證實了我在解讀時看見的影像很準確。從這次經驗，我了解到，在分享得到的洞見時，謹慎小心地清楚明確非常重要，而且必要時，要尋找進一步的細節。此外，這也突顯出我之前分享過的荻恩·佛瓊引言，如果找不到參照框架對應接收到的靈能資訊，心靈一定會盡最大努力讓那則資訊對我們有意義──或是，以此例而言，讓我的解讀對象明白那則資訊。

「死神」牌是個完美實例，可以說明謹慎而慈悲地詮釋塔羅牌有多重要。雖然有些人可能害怕「死神」牌，認為它表示肉體的死亡，但情況通常不是這樣。「死神」牌象徵轉化和改變，標示某個人生篇章的結束和新篇章的開始。詮釋「死神」牌的時候，必須清楚而慈悲地傳達它的意義，仔細考慮解讀對象的獨特處境和視角。舉例來說，占卜師可能會說些諸如此類的話：「死神牌雖然表面上聽起來很嚇人，但它代表你人生中不可避免的改變或轉化。它指出你處在過渡變遷的階段，正在甩脫對你不再有裨益的東西。這可能很困難或充滿挑戰，但要信任這個改

變最終是基於你的至善。」只要區隔塔羅牌的傳統意義，以及在解讀那張牌時，人們升起的潛在恐懼回應，占卜師就可以提供指引，幫助當事人帶著勇氣和智慧渡過這段改變期。

心靈失憶症

身為塔羅占卜師，在為他人解讀期間，我曾經遇過所謂的「心靈失憶症」（psychic amnesia）。這時候，你的解讀對象可能無法完全與解讀期間呈現的資訊連結，但資訊通常會在事後變得對他們來說昭然若揭。這很類似於你在淋浴時，某個惱人課題的解決方案突然莫名其妙地出現在腦海中。塔羅占卜也會發生同樣的事！現在，別擔心，只是因為你現在說的話沒有立即引起對方的共鳴，並不意味著身為塔羅占卜師的你做錯什麼事。各種因素都可能觸發這個現象。有時候，問卜者會念念不忘解讀中的某個特定點，於是錯過了其餘的訊息。有時候，解讀帶來的情緒衝擊可能極其強烈，因此很難全神貫注於你正在分享的細節。

有個方法可以對抗心靈失憶症，幫助問卜者完全與呈現的資訊連結。首先，開始塔羅占卜之前，務必確保解讀對象處在舒適放鬆的狀態。一起深呼吸幾下，也許點幾根蠟燭，然後為達成清晰而具洞見的解讀設定意圖。此外，我會要求問卜者不要雙臂交叉或兩腿交疊，因為在能量上和心理上，這都代表著防護自己的能量。解讀時，說話要清晰而簡潔，避免使用過於複雜的語言或概念。務必在整個解讀期間好好留意問卜者，確保對方跟得上且理解所呈現的資訊。解讀完之後，花點兒時間回顧關鍵要點，回答問卜者可能提出的任何問題。提供對方療程的書面重點回顧或錄音，可以方便日後參照。聰明的作法是，在解讀後幾天與問卜者聯繫，了解在這次療程後，對方是否有更多的洞見或揮之不去的問題。成功的塔羅占卜取決於清楚的溝通和連結。

第 5 章

　　有時候，擁有靈能力可能會令你感到挫敗，尤其是當你在解讀期間提供準確的資訊，而解讀對象無法立即掌握或與之建立連結的時候。無論如何，即使問卜者沒有在解讀期間，立即了解或與給出的資訊起共鳴，也不意味著解讀不正確。要信任你接收到的訊息，並將它們盡可能清晰地呈現給問卜者。鼓勵對方記住那些資訊，並仔細斟酌考量。懷疑就像煩人的蒼蠅在身邊嗡嗡叫，可能會害你分神，使你的焦點偏離眼前的解讀。要把懷疑擱在一旁，對你的靈力有信心，相信問卜者會依其時間進程理解那些訊息，即使對方無法在當下全然領會。從個人經驗來看，我可以說，就連最懷疑我提供的靈能資訊的問卜者，在一段時間過後也會回來找我，承認過去預測的準確度。誰知道呢，他們可能會回來做另外一次占卜，帶著新發現的尊重面對你的靈能精確度。

　　當解讀對象與你的洞見不起共鳴時，事後批評你的能力很正常。就連最好的靈能師也會經歷這種事。要保持氛圍活絡，分享你接收到的內容，即使你有點兒不確定。你不確定的那個細節可能會是問卜者大大了悟的關鍵。當然，有時候你也可能沒有命中目標。我們都是凡人，沒有人是完美的。要溫和對待自己，對自己的技能保持信心，信任你的靈能力會導引你走上對的路。即使你提供的洞見沒有立即引起共鳴，也可能會在稍後證明它對你的解讀對象有裨益。要信任你們之間連結的效力，以及你正在傳導的能量。即使面對懷疑，也務必分享這些資訊。你不確定是否要分享的細節可能最終對問卜者造成最大的影響。我通常會提前告知問卜者，我可能會不切題，或訊息詮釋得不完美，但我強調，那就是我目前接收到的內容。

　　有一次，我的靈能導師之一幫人解讀的時候，我在一旁觀摩。問卜者在回應我的導師轉達給她的靈能資訊時說道：「我看不出有那樣的可能性。」我的導師毫不遲疑地俏皮回道：「妳當然看不見，所以妳才來找我做療程啊！我的工作就是讓妳知道妳看不見的東西。」雖然我無法

想像自己以這樣的方式與我的解讀對象交談，但是導師的說法絕對有道理，而且非常值得推敲細想。

當問卜者在解讀時拒絕溝通

當解讀者拒絕或否認療程期間呈現的某些資訊且完全拒絕參與解讀時，可能令人頗為沮喪。身為有同理心的占卜師，你投入能量和直覺，並提供有可能的最佳指引。你由衷希望為對方的人生或處境提供幫助和有意義的洞見。因此，當對方封閉或抗拒特定的訊息時，可能會感覺好像你的努力被忽視或不被欣賞。要記住，每一個人做出那樣的反應都有其理由。他們可能還沒有準備好面對某些真相，不然就是對自己人生的某些面向感到不自在。這未必反映出你當時解讀牌陣的能力，而是更多地反映出問卜者個人的情緒狀態，以及他們是否準備好要處理那則資訊。

當這種情況發生時，要保持扎根接地，持續對你接收到的能量和印象有信心。你在占卜期間接收到的資訊來自於直覺、同理，以及連結到更高意識的地方。再次強調，要信任這個過程以及你正在接收的指引。即使對方沒有立即承認解讀的準確性，也不代表你所傳達的訊息不真實。在某些情況下，問卜者可能會稍後反思解讀內容，並領悟到你分享的洞見有根據。對方可能會逐漸明白，他們最初的抗拒是由於恐懼、否認或不確定。前來做塔羅占卜的人們，有些需要一點兒時間吸收資訊，才能斷定那些資訊何以與自己的人生處境契合。身為占卜師，你的角色是提供指引和支持，轉達你接收到的內容，但最終是由問卜者決定如何運用你所提供的資訊。你無法強迫某人接受那些訊息或根據訊息採取行動。明智之舉是保持和善和虛心開放，使解讀成為舒服自在的空間，讓對方慢慢梳理自己的情緒和想法。

第 5 章

當問卜者在解讀時拒絕溝通
這可能會是什麼樣子

容我分享多年前的一次解讀經驗,當時我的解讀對象拒絕相信她兒子正在吸食海洛因。通常,我不會為不在場且未經本人同意的人解讀,但是當這位問卜者詢問我,是否可以做一次與她兒子有關的占卜解讀時,我內心的一切告訴我,要為她做這事,所以我信任自己的直覺,接下這次占卜。整個過程中,我的心靈之眼中不斷出現注射針,古怪的疼痛騷擾著我的手臂。塔羅牌陣內主要是寶劍牌,例如「寶劍三」、「寶劍八」及「寶劍四」,描繪出一個人閉著眼睛,躺在寶劍下方。在我凝視那些牌的時候,寶劍全都轉變成注射器。儘管從來沒有見過她兒子,但我的直覺堅決認為,他染上了海洛因。然而,這位女士堅信,她兒子只是在使用某些物質,不是海洛因,還堅稱她兒子十分厭惡注射針頭。

這次意見不合導致了一陣騷亂，她要求我當時駐店解讀的商店退款[13]。不過一年後，她回來了，透露她在家裡找到一批用過的針頭，發現她兒子確實在吸食海洛因。因為那次解讀，她記住了有此可能性，才能夠介入並為兒子求助。這次經驗強調，信任自己的直覺接收能力很重要，不管當時的解讀對象是立即懷疑或堅決否認。有時候，他們需要時間才能完全消化吸收你所提供的資訊。

傳遞令人不適的消息，尤其是涉及毒癮這樣的困境，其實是無人期待且令人怯步的任務。在某些情況下，占卜解讀期間接收到的訊息非常清晰，迫使我們不得不傳遞這些訊息，無論那項任務多麼令人不適。得體而敏感地傳遞挑戰性十足的資訊，可能不是塔羅占卜師最吸引人的面向，但身為負責任且有道德的占卜師，這卻是不可否認的一部分。謹慎地駕馭棘手的資訊至關重要，才能避免不必要地驚嚇到解讀對象，尤其是在我們極可能犯錯的情況下。

身為占卜師，我們的責任在於以既有用又能灌注力量的方式轉達資訊。雖然你可能會想分享占卜解讀期間獲得的每一個細節，但還是必須敏感而有辨別能力地處理資訊。畢竟，我們的目標是協助和指引解讀對象，不是因為小我想要以「準確地說出事實」自豪，從而灌輸恐懼或讓對方感到無助。嚴酷的真相絕少嘉惠任何人，最好的情況往往是問卜者封閉自己，不接受你說的話，而最壞的情況則是對問卜者造成傷害。真相可以是不嚴酷刺耳的真相，這並不意味著你需要粉飾你說的每一件事，但是得體與慈悲大有幫助。我們的目標應該始終是以我們接收到的內容幫助他人，且不傷害對方。此外，我也不時發現，當人們要你直說無妨，不要隱瞞或有所粉飾，因為他們處理得來的時候，其實，對方很少真正了解有話直說導致的一切後果。

---

13 時不時會有人要求退款，不要讓這事害你情緒低落。每次情況都不一樣，你必須仰賴自己對問卜者的了解和當時情況來決定是否退款。以這次解讀為例，我決定就讓她退款。

第 5 章

當你的占卜出錯時

承認偶爾的失誤或不準確可能挑戰性十足，畢竟身為靈能占卜師，自然渴望一直準確無誤，誰不想要完美無瑕地預測未來呢？然而，這正是小我開始妨礙我們的地方，因此，謙虛與自信的平衡交融是塔羅占卜的關鍵。解讀期間，要好好區分塔羅牌的原有含義，以及你個人對牌義的詮釋，這個方法可以避免誤解和不準確。務必向問卜者指出你的詮釋並非板上釘釘的事。你可能會接收到象徵性的洞見並以某種方式詮釋它，但它之於問卜者以及如何融入對方的人生，可能意味著另外一件事。設定這樣的期待之後，較有可能讓問卜者接受你在解讀時提供的見解，即使對方並沒有立即掌握資訊的重大意涵。沒有人知道所有的答案，我們有時不會命中目標，但這完全不成問題。

要了解，並不是所有洞見都會讓問卜者立即清楚明白。因此，要建議對方「暫且保存」，留出充足的時間好好反思解讀的內容，同時向對方保證，如有任何問題或需要進一步釐清，可以回頭來找我。成為嫻熟的靈能塔羅占卜師需要的不只是洗牌和仰賴好運氣，還包括磨練你的靈力、深度熟悉你所用的牌卡，以及有效而誠實的溝通。就連最好的占卜師也可能犯錯。不要讓擔心搞砸扯你後腿。

練習33
運用塔羅牌自動書寫

對塔羅占卜師來說，自動書寫（automatic writing）是威力強大的實修法，尤其是為自己解讀時。自我解讀塔羅牌的挑戰，往往在於將自己表意識的偏見、希望、恐懼與對牌卡的客觀詮釋分隔開。在此，自動書寫能幫助我們繞過表意識的思維層，有效地

契入潛意識，接收無偏見的指引。在解讀背景下，面對難以詮釋的某張牌時，自動書寫可以充當深入探索的門戶。當你僅僅聚焦在那張牌的意象、符號、你的感受，並允許直覺在書寫過程中自由流動時，你可能會發現，自己明確有力地表達出傳統詮釋思維可能會錯失的想法和視角。它可以作為提升靈力和直覺技能以及擺脫原本思路的練習。當你交出表意識的操控，讓直覺引導你的手躍然於頁面時，你與潛意識心智和高我的連結就會變得更牢固。我建議先從筆和紙開始練習自動書寫，不過在過程中的某個階段，你或許應該嘗試打字，看看哪一種方法對你來說更有效。

1. 選擇一副感覺與你連結緊密的塔羅牌，這副牌會是你表達潛意識想法和感受的媒介。
2. 為你的自動書寫療程設定明確的意圖，這可能是尋求來自宇宙或潛意識心智的指引、釐清或訊息。
3. 把牌洗勻。洗牌時，記住你的意圖。這會在能量上校正那副塔羅牌，使它與你的目的相映契合。
4. 抽出一張或多張牌。
5. 花些時間觀察抽出的牌，讓你的目光流連於那些意象和象徵意義。與其只仰賴傳統的塔羅牌義，倒不如讓一切念頭、感受或印象自然地升起。
6. 運用抽到的牌作為靈感，開始書寫。這應該是自由流動的過程，無須表意識的指揮，讓那些牌的象徵意義指引你的筆。在這個階段，不要擔心文法、句子結構或連貫性。
7. 在你不斷書寫時，可能會注意到你寫的字開始形成它們自己的自然節奏或獨特風格。它們可能頗具詩意、晦澀難懂或非常有個性。這是你的潛意識心智正在表達它自己。

第 5 章

8. 一旦感覺寫夠了，就停下來回顧你的自動書寫內容。它提供的洞見可能關聯到你當前的情境、揭示潛意識的渴望，或揭露了你人格中的隱藏面向。

運用塔羅牌自動書寫
這可能會是什麼樣子

　　記得有一次，自動書寫在自我解讀期間幫了我很大的忙。當時我正在努力做出某個重大的個人決定，發現自己在兩個衝突間左右為難。為了尋求指引，我求助於塔羅牌。我洗好牌後抽出兩張建議牌，結果面對的是「寶劍九」和「聖杯九」。這樣的並列配置很不和諧。「寶劍九」象徵焦慮、恐懼、不眠之夜，指出有根深柢固的憂慮和精神混亂。反之，「聖杯九」被稱作心願牌，體現知足、滿意、情緒的充實圓滿。鮮明的對比令我納悶：我應該屈服於焦慮呢？還是追求知足並

信任那個過程呢？由於不確定該如何詮釋如此迥然不同的配對，我決定用自動書寫更深入地探究。我拿著日誌本，讓自己扎根接地，進入冥想的狀態。兩張牌的意象生動地浮現在腦海中，我開始書寫，讓那兩張牌的符號和能量指引我的手。流動的文字開始架構故事，突顯出恐懼與抱負之間的平衡，以及情緒均衡的挑戰。我的書寫內容暗示，「寶劍九」的能量雖然令人畏懼，但是可以作為促動因子，進而努力爭取「聖杯九」代表的知足感。我可以不被恐懼吞噬，反倒運用它作為追求情緒滿足的催化劑。我愈寫就愈清楚這兩張牌不是對立的力道，而是通向情緒平衡旅程上的路標。它們提出了一份路線圖，為我在焦慮與圓滿俱足之間導航前行。

練習 34
反思塔羅牌的聲音

這個練習是個絕佳的方法，能讓你在根據情況詮釋牌卡時，對自己的塔羅占卜能力更有自信，並培養直覺的連結，克服可能體驗到的任何心智障礙。你可以假裝為別人解讀並記錄詮釋的內容，藉此擺脫任何偏見或先入為主的觀念。這種自由流動、坦誠的方法往往能帶來極其準確的洞見。這個練習使你跳脫原本的思路，只讓直覺說話；它可以瓦解懷疑或不確定的障礙，幫助你建立信任，相信自己有能力解讀和詮釋塔羅牌。一段時間後重溫這個練習還有額外的好處，事後聆聽錄音內容可以揭露最初可能沒有注意到的深層訊息。另外，等逐漸不太記得自己確切說了些什麼字詞時，你會開始感覺像在接收解讀，而不是在提供解讀。這個面向能提升你從錄音內容中獲得全新洞見的能力。

第 5 章

1. 一開始先讓自己扎根接地，調頻聆聽你的直覺。拿起塔羅牌，帶著尋求指引的意圖洗牌。
2. 抽一張牌。在這個練習中，想像這張牌是為另外一個人抽的，儘管原本就是為你自己解讀。
3. 設定好錄音機，不然就用手機上的錄音應用程式。
4. 按下錄音，開始談論這張牌。別想太多，只是讓你的話流淌。如果卡住了，就先描述牌面的意象以及那張牌可能代表什麼。
5. 持續講整整1分鐘。想到什麼，就說什麼，允許你的直覺引導你的詮釋。重點不是擔心講得對或錯，而是透過那張牌真正與你的直覺連結。
6. 順利結束後，聽一下錄音內容。把錄音內容當作別人在解讀中為你提出建言。你可能會發現，出現在錄音內容中的見解居然既準確又有深度。
7. 經常實作這個練習。隨著自信提升，慢慢延長講話的時間，從1分鐘延長到5分鐘，最終延長到10分鐘。
8. 一旦你對單張抽牌有自信了，就開始練習多張抽牌，最終是完整的牌陣。

反思塔羅牌的聲音
這可能會是什麼樣子

為了提供上一個練習的真實案例，一位友人慷慨地同意讓我為她做塔羅占卜並與大家分享解讀內容。這個作法闡明，使用錄音機時，5分鐘的單張牌詮釋可能聽起來會是什麼樣子。我逐字記錄了我的分析，以此幫助你了解這個練習實際上的進行方式。友人抽到的是「力量」牌。以下是我對這張牌長達5分鐘的討論，完全按照我說的話記錄。

走出自己的路

嗯,好哦,所以我為妳抽到的是「力量」牌。「力量」牌是勇氣、耐心、操控、慈悲的有力代表,也是大阿爾克那(major arcana)的第八張牌。在塔羅數字命理學中,數字8往往與力量、權力、平衡有關聯。這個數字意味著驅動、野心、成就大事的能力,這似乎很貼合這次解讀。那隻獅子立即引起了我的注意。傳統上,獅子與原始的情感、激情、本能有關聯,而此刻,獅子被一位安詳的女子溫柔地馴服了。這個強而有力的形相訴說了權力與溫柔、力量與善良之間的微妙平衡。它暗示,不要壓抑這些強烈的情緒,而是要巧妙地駕馭它們。

專注地描述這點時,我感受到了一份敬意,這份尊敬來自於有勇氣面對內在的野獸。這張牌可能暗示,在人生的某個時刻,妳正忙著處理強烈的情緒或面對激起強大回應的挑戰。「力量」牌呈現了一則教訓:處理這類情境時,需要勇氣和理解而不是蠻力。仔細看牌面女子的表情:平靜、安詳,在潛在的動盪之中反映出內在的寧靜。它與安靜的力量起共鳴,提醒我們,無論外在境遇如何,我們都有能力保持內在的平靜,那是「力量」的真實標記。當我與這個圖像連結時,我感應到放心的感覺,這暗示,無論是什麼挑戰,妳都可以在自己內在找到這樣的安詳。

頭頂上方的無限符號代表靈性成長的無限潛力,那來自於嫻熟掌握自己的本能和情緒。此外,我想要補充的是,讓無限符號以側邊為底立起,就是一個8,也是這張牌的編號。此時此刻,這個無限符號似乎暗示我:持續不斷的運動和進步。

現在,來鑽研牌面的色彩。這張牌以暖黃色和金色為主,屬於有活力、樂觀、清明的色彩。當我讓自己沉浸在這些色彩中的時候,我感覺到突然襲來的能量和正向性,這是情緒上的提示,暗示著在妳身處的情境中,妳需要樂觀的看法。這張牌的獨

第 5 章

特色彩,承諾了清明必會到來,而且妳所處的情境可以促進靈性的成長和活力的重建。

當我們了解了「力量」牌的意象,這張牌的訊息也隨之加深。妳的旅程可能會涉及培養耐心與理解——不僅是對他人的耐心與理解,也是對自己的耐心與理解。重點在於,體認到真實的力量來自內在,來自戰勝個人的考驗。就實際而言,這張牌在輕輕督促妳,面對逆境時,要保持耐心和冷靜;而面對挑戰時,則要展現慈悲。真實的力量不在於蠻力,而在於意志的韌性與特性。妳的內在力量可以征服任何障礙。來自「力量」牌的這份深層洞見呼籲妳承認自己的內在力量,同時耐心而慈悲地應對挑戰。在我為妳針對這張牌冥想時,那份排山倒海的感覺也是一種賦能培力。我希望這些洞見能與妳起共鳴,也能為妳目前面對的挑戰提供清明和力量。

神經可塑性與肯定語

神經可塑性（neuroplasticity）是指腦子與生俱來的能力，可以根據其一貫抱持的思想而改造和進化。在考慮肯定語的深遠影響時，這個概念意義非凡。肯定語（affirmation）是簡明、正向、個人不斷對自己重複的陳述，目標在於促進個人成長、緩解壓力並提高自信。通常，這些陳述旨在逆轉負面思想以及滋養正向心態。神經可塑性引人注目的面向，是它在習慣形成中扮演關鍵的角色，這點基本上是肯定語的核心目標：塑造正向的心智習慣。這裡的基本原則是，每次使用肯定語，腦子的可塑性便會鞏固神經路徑。結果，每次重複肯定語便能強化與被肯定的正向信念相關聯的神經連結。這個實際應用符合公認的神經科學格言：「一起放電的神經元會連接在一起。」[14]

神經可塑性的非凡能力可以延伸到為「認知重評」（cognitive reappraisal）灌注力量，這是表意識的心智策略，也就是為了駕馭情緒，刻意轉換自己對情境的視角。當我們深入探究肯定語的實踐時，這個概念就變得特別切題。只要經常落實肯定語，我們就能主動地重新配置神經通路，努力將悲觀想法和信念轉換成樂觀的想法和信念。當我們的腦子為了回應這個實踐而改造和進化時，就可以愈來愈輕鬆地與那些孜孜不倦重複的肯定語相映契合。反過來說，一貫的負面想法也會將大腦中的信念連結在一起，而肯定語就是與之對抗的力量。言語的效力遠比單純的思想更具影響，因為它的效力是外在化的。經由肯定語建立並培養正向的信念和態度，可以減輕壓力的不利影響。肯定語提供的不只是短暫的幸福感，它們對減輕壓力和培養自我肯定也有積極的貢獻，並大大提升心智健康。特別迷人的是，還能為腦子的安康帶來長期好處。

---

14 Hanson, *Hardwiring Happiness*, 10.

第 5 章

　　肯定語的好處是能夠幫忙塑造我們的自我概念和身分,兩者都是心智安康必不可少的面向。腦子不是靜態的,它處在持續調整的狀態,會不斷地修改其結構和功能,使之與我們的自我信念相映契合。因此,持續落實正向肯定語可以刺激腦子產生調適性的改變,使之呼應並強化正向的自我形相和身分。神經可塑性讓我們的腦子在重複執行的任務中不斷改進,而這個原則也適用於情緒調節。如果我們練習旨在駕馭情緒的肯定語,假以時日,我們的腦子一定會提升它有效調節情緒的能力。

　　身為塔羅占卜師,使用肯定語有助於增強你的靈力。始終如一地肯定自己的直覺本領和靈能技能,可以刺激和強化相關聯的神經通路,使它們變得更有效力且容易取用。這個過程再加上壓力管理,以及透過肯定語培養的正向自我感知,可以放大你的靈能潛力。神經可塑性提供的情緒調節,讓塔羅牌占卜師得以平息對自身靈力的懷疑。

練習 35
靈能肯定語抽牌

　　下述練習是個有效的策略,可以將塔羅牌和靈能肯定語融入你的日常生活中,並利用這兩者的集體力量提升你的靈力。這個過程涉及每天抽一張塔羅牌作為指引,以及抽另外一張塔羅牌取得本書附錄A中的對應肯定語。這能創造出直覺洞見和正向強化的協同作用。重複這些肯定語(尤其是在鏡子前)有助於鞏固與你致力要提升之靈力相關聯的神經通路,這得益於神經可塑性。這個技巧不是一次性的練習,而是你會想要持續落實的事。

　　經常投入這個練習必會帶來改變,那些改變一開始不著痕跡,但隨著時間的推移,它們會變得更明顯且更具蛻變性。最終的目的不僅止於提升靈力,重點更在於培養自我信任,揭露你

內在的智慧,建立有彈性、正向的心態。此外,這個練習有助於征服你在靈力方面可能產生的任何自信課題。持續落實塔羅占卜和肯定語,可以溫和地輕推你契入普世智慧的固有能力。這些神經通路的強化可以顯著增強你的自信,使你信任自己的直覺和靈能洞見。隨著時間的推移,你不僅可以提升靈力,還可以培養某種不可動搖的信念,亦即相信自己有能力讀取和利用這些直覺技巧。

1. 默觀你的每日抽牌之後,帶著認同某句肯定語的明確意圖重新洗牌(那句肯定語可以提升你的每日抽牌能量,且與該能量和諧共振)。然後再抽第二張牌。
2. 參照附錄A,找到與你抽到的第二張牌相對應的肯定語。這個肯定語的設計目的,是與每日塔羅抽牌的訊息合作,增強你的靈力。
3. 閉上眼睛,對自己重複幾次那句肯定語,讓它的訊息滲透到你的意識中。嘗試觀想這個肯定語的能量與每日抽牌的能量融為一體。
4. 然後,站在鏡子前,凝視自己的眼睛,以聽得見的聲量清楚地說出那句肯定語。
5. 接下來,將抽到的每日牌、肯定語牌以及對應的肯定語記錄在日誌本中。花點兒時間寫下,在與那兩張牌和肯定語交流時,你心中出現的任何印象、感受或洞見。
6. 最後,養成習慣,從早到晚不斷重複你的肯定語,尤其是在獨處或冥想期間。可以的話,不妨嘗試大聲地重複。如此大聲說出肯定語,搭配照鏡子,將有助於強化與這句肯定語相關聯的神經通路,透過神經可塑性的力量提升你的靈力。

第 5 章

練習 36

神諭卡淨化器

假使某張牌在解讀上說不通，與其抽牌聲清，我反倒喜歡使用第二副牌，這副牌不是塔羅牌，而是符號單一的神諭卡（oracle）。經由融合兩副牌的符號語言，你可以開啟某種精確度，為占卜實務帶來深度和焦點。

1. 選擇與塔羅牌互補的單一符號或單一字詞神諭卡。尋找清晰的象徵意義，避免凌亂或含糊不清的意象，這有助於在解讀中流暢地整合洞見。
2. 好好熟悉你選擇的神諭卡。解讀神諭卡提供的詮釋，或確立你與那些符號的關聯，從而深入地連結神諭卡與其符號語言。
3. 跟平時一樣開始你的塔羅占卜，將塔羅牌洗勻，為選定的牌陣抽牌。這些牌將會提供初步的見解，使你了解問卜者的情境或你所尋求的指引。
4. 排好塔羅牌陣後，帶著明確的意圖洗勻單一符號的神諭卡。使用神諭卡可以進一步釐清塔羅牌的訊息，找到更明確的焦點，提升解讀的深度。
5. 從選擇的神諭卡中抽牌，為牌陣中的每一張塔羅牌各抽一張神諭卡。將神諭卡按照相同的順序放在相對應的塔羅牌上方或旁邊，以此確立兩套占卜系統之間的強大連結。
6. 詮釋每一張塔羅牌以及與其對應的神諭卡。神諭卡上的單一符號或字詞將會提出明確的洞見，使你的詮釋聚焦在那張塔羅牌代表的特定人生領域或情境。

第6章
∞
內在層面與內在塔羅神殿

在神祕學中,有一個被稱作「內在層面」(inner planes) 的概念。這些是精微實相的界域,與我們有形的清醒世界交織在一起,然而卻非有形的清醒世界所能理解。我們經常在沒有意識到的情況下,契入自己內在層面的個人空間,通常是在夢中,但是透過冥想、出神 (trance)、狂喜修行法也可以觸及。內在層面是資訊、智慧、指引的源頭,也是我們與靈性盟友直接互動的平臺,這些靈性盟友包括指導靈、神明以及無數的其他存在體。「層面」(plane) 一詞雖然讓我們更容易理解,但可能有點兒誤導,彷彿它們就像書本一樣堆疊,或是模型的圖解似的,但這些只是方便我們的簡化描述。事實上,所有這些層面同時共存同一個空間內。

想像一個非常堅固的物體,例如水晶。即使在水晶內部,組成水晶的原子和分子也不會相互接觸,而是留有空間。它們始終在自己的小區域內移動和振動。現在細想這個空間充滿別的東西——姑且稱之為「星光物質」(astral matter) 吧,它就像一片看不見的大海,滲透並填滿固態事物內的所有縫隙。因此,雖然你可能看見水晶就只是水晶,但是換一種方式思考來說,它也是漂浮在這片看不見的內在層面大海中的水晶,而且這些內在層面與它在同一個空間中緊密糾纏。神祕學家荻恩・佛瓊提出了另外一個見解,她指出,這些層面代表不同的存在狀態或條件。考慮到人類的多維本質時,這個概念變得更清晰明確。我們的存在是由肉身、情緒、心智、性靈構成,所有這一切同時居住在同一個空間。這暗示,無論什麼時候,單一的個體內同時有各種存在狀態。這也意味著,我們有潛力直接進入自己內在的這些層面。這個概念類似於卡爾・

第 6 章

榮格的個人無意識概念，他認為，我們的個人領域在集體無意識之內。他同樣認為，集體無意識是與大自然交融且勝過大自然的原力，而我們可以透過自己的心靈直接觸及這股原力。

與內在層面打交道的最佳方法之一是，建立你自己的內在神殿。具體來說，我們會建立一座內在塔羅神殿（internal tarot temple）。這座內在塔羅神殿將會成為你內在層面的個人靈性空間，那是專為運用塔羅牌發揮靈能力設計的。你的內在塔羅神殿有其標準結構，包括專門用於不同塔羅牌相關主題的各種房間，但它同時也很個人化，能反映出你的品味、靈性旅程與個別性。本質上，它是表意識的想像力與無意識的心靈之間的協同合作，這使它成為獨一無二的私人聖域。

請放心，沒有你的明確邀請，任何東西都無法進入你的內在塔羅神殿，這使它成為完全私密安全的空間，而且適合靈修。即使你一開始沒有清晰明瞭地觀想內在塔羅神殿也不必擔心，只要集中心神設定意圖，並持續與內在塔羅神殿合作。假以時日，隨著你與它互動並鞏固與它的關係，你的內在塔羅神殿一定會變得更加具體而生動。假使你已經與某座內在神殿合作，例如我在我的著作《魔法深化》第六章當中教你的內在神殿，那就在原本的神殿上再新增這座神殿即可，讓它們成為完全不同但你都可以觸及的內在神殿區。

永無止境的故事與內在界域

米歇爾・恩德（Michael Ende）的奇幻經典《說不完的故事》（The Neverending Story）當中，所描繪的內容與內在層面的神祕理念有著極大的相似處，這並不奇怪，因為作者對神祕學和人智學非常感興趣。神祕學與《說不完的故事》都探索人類意識、想像力以及存在的力量。在《說不完的故事》中，「幻想界」（Fantastica 或 1984 年同名電影中的

Fantasia）是無邊的界域，由人類的夢想和希望形塑而成。原書中有一個沒有出現在同名電影中但值得注意的部分，主角阿特雷尤（Atreyu）發現了無形無相的聲音「烏尤拉拉」（Uyulala）的一個祕密。烏尤拉拉透露了某個「外在世界」的存在，那指的是我們的物質世界，也暗示「幻想界」是內在世界。

幻想界的健康與人類的情緒和夢想息息相關。當人類忽視他們的夢想時，象徵絕望和想像力枯竭的「虛無」（the Nothing）便開始吞噬幻想界。這鏡映出內在層面，反映了人類的集體心智狀態。負面的思維可以導致混亂，而正向的能量帶來和平。冒險進入這些界域也是內省的旅程。巴斯蒂安（Bastian）在幻想界中的旅行代表探索他自己的心靈，這能促使個人的成長。同樣地，祕傳傳統中，穿越內在層面的旅程是一條自我發現和反思內省的道路，旅行者從中尋求了解自己和宇宙。幻想界和內在層面都強調創造。在幻想界中，巴斯蒂安了解到，他可以運用想像力重新塑造世界。同樣地，神祕信仰指出，我們可以在內在層面之內影響和創造，從而影響我們的物質實相。

內在塔羅神殿的好處

你的內在塔羅神殿還能提供一處指定的內在聖域，讓你在高強度的解讀之後，或在靈性騷亂期間閉關靜修。這樣的靜修可以協助你駕馭能量、重新充電、維持情緒和心靈的安康。內在塔羅神殿的安全區提供了理想的空間，方便你運用塔羅牌進行陰影修復工程。與挑戰性十足的牌卡或解讀交流，可能會揭露你自己尚未探索的面向，並促進個人成長，從而對自己和他人有更細緻入微的理解。假以時日，只要你經常與內在塔羅神殿交流，就能增強直覺並提升你的靈力。隨著你更加調頻對準塔羅牌的能量和符號，這必會帶來更具洞見且更精確的解讀。你愈常與這

第 6 章

些能量互動,這些內在景觀就會變得愈加真實而生動,尤其是在你進行塔羅占卜期間。內在塔羅神殿的視覺和感官豐富性,皆有助於精煉你的觀想技能。

你的內在塔羅神殿是經過刻意設計的,包含與塔羅牌相關聯的符號、圖像與元素。當你的內在塔羅神殿與你的能量和心靈契合時,它使你能夠更深入地與牌卡連結,從而更加個人化地詮釋牌卡的象徵意義。卡爾・榮格相信,所有人透過集體無意識共享普世通用的原型符號。塔羅牌有許多這類原型人物,每一位都攜帶著象徵意義。在你的內在塔羅神殿中,你可以透過類似於榮格所謂「積極想像」(active imagination)的過程主動與這些人物交流。這些對話能提供機會,讓你了解這些人物所代表的能量和功課,並增加你的詮釋深度,擴展你對塔羅牌的理解。原型與符號之外,內在層面是你可以直接與靈性嚮導、你的高我或其他慈善存在體互動的界域。這些連結將為你的解讀帶來額外的洞見、清明與支持。經常造訪塔羅神殿並用心與你的指導靈互動,可以提升這份靈性連結,從而在解讀時獲得清明許多的指引,以及直覺地理解塔羅牌的訊息。如果某次塔羅占卜似乎超難詮釋,那麼退回到內在塔羅神殿,可以為你提供清新的視角和見解,幫助你破解那些意義。內在塔羅神殿安詳、專注的環境,可以協助你揭開複雜或費解的牌卡配置(有可能透過與你的塔羅指導靈討論),我們會在本書後續再好好討論這點。

不妨把內在層面中的內在神殿(例如內在塔羅神殿)想成黛安娜・韋恩・瓊斯(Diana Wynne Jones)的小說《霍爾的移動城堡》(*Howl's Moving Castle*)當中描繪的迷人城堡——你可能在宮崎駿和吉卜力工作室改編的同名電影中感受過。一個人的內在神殿和城堡很複雜,幾乎就像是有生命的結構,超越了物理限制,反映出人類心智和性靈的浩瀚遼闊。瓊斯小說和宮崎駿電影中的標誌性城堡是房間和空間的抽象傑作,大小和配置可以扭曲變形。城堡就好像內在神殿,內部比外部更大,象

徵我們心靈之內的無盡潛力、情感及念頭。這類似於玄祕學家和神祕主義者看待內在神殿以及與其互動的方式：它們是心智內可以被觸及的浩瀚聖域，能延伸擴展，超出其物理邊界。

城堡和一個人的內在神殿都受到居住者的狀態影響。當霍爾的心境轉換時，城堡的布局便重新排列，反映出這位巫師的情緒狀態。同樣地，內在神殿的配置和氛圍，可以根據創造者的情緒和心靈健康而改變。神殿主人若心靜，內在神殿便顯得寧靜；假使神殿主人苦惱，內在神殿便反映出騷亂。兩種情況均顯示，內在環境如同鏡子一般，鏡映出個人的心智和情緒景觀。個人的品味、風格及心靈大大地影響著這些空間。霍爾的城堡承載了他的怪癖，就像塔羅占卜師的內在神殿顯化出他們獨一無二的偏好、藝術風格、擅長哪些類型的魔法。移動城堡和內在神殿都是極其個人的空間，需要獲得同意才能進入。在瓊斯的故事中，只有霍爾准許的人才能進入他的城堡。這種魔法邊界保護著那個空間免於不想要的侵入，這點是神祕學中無處不在的概念，在此，內在神殿是透過邀請才能進入的聖域。這個特性強調了這些空間的神聖性和個人本質。移動城堡和內在神殿的功能，都是連結到各個其他維度或層面的樞紐。霍爾的城堡中有通向不同地點的門，同樣地，內在神殿往往也有通向內在層面不同區域的入口，象徵觸及自我、靈界盟友、普世原型或靈性界域的各個面向。

開始之前的幾則注意事項

如前所述，你的內在塔羅神殿是個人化的空間，旨在促進更深入地理解與連結塔羅牌的神祕能量。它是你的心智與性靈的延伸，因此，它完全根據你個人的需求和能力量身訂製。對許多人來說，這個空間可能是生動複雜的聖域，能透過詳細的視覺意象來探索。對某些人而言，透

第 6 章

過聲音、身體感受、角色扮演、情感、故事、身體運動、書寫或素描則能更好地體驗到內在神殿。

假使你碰巧患有注意力不足過動障礙症（ADHD）、心盲症（aphantasia，譯注：想像障礙）或難以全神貫注和觀想，我並沒有忘記你。這不只是運用你的心靈之眼看見內在神殿，重點更在於以對你最有效的方式感受內在神殿並與之連結，好讓你沿路前行，然後最終探索你的內在塔羅神殿並與之合作。舉例來說，如果你發現與聽覺刺激連結比較容易，那就考慮運用聲音來建立你的內在塔羅神殿，不過若能結合各項功能，效果八成最好。你可以創建或選擇簡述內在神殿每一區（例如不同密室）能量的特定聲音，例如把權杖想像成劈啪作響的火焰，或是把寶劍想像成撫慰人心的陣風。

或者，你可以聚焦在觸覺。想像你在權杖密室中可能會感受到的溫暖，或是走進寶劍房間時感受到的酷涼；感受到錢幣房間扎根接地的地氣，或是聖杯密室內包裹的柔軟感。如果你比較傾向於身體運動或角色扮演，那就具體化現每個同花色牌組的能量。在房間內創建不同的區域，分別代表每間密室，而且以與該花色牌組能量相對應的方式穿越每間密室。這裡的關鍵面向是完全投入體驗，類似於參與實體戲劇或真人角色扮演。

如果觀想對你來說是挑戰，那麼用敘述的方法可能特別有幫助。對自己描述這座內在塔羅神殿，用你的文字畫一幅圖畫，彷彿你正在講述一則故事，而且對自己描述你在故事裡做什麼事。「運動感覺」（kinesthetic）方法可以讓你的身體體現每個同花色牌組的能量，這可以簡單到就像為了符合房間的能量而改變姿勢──強健、篤定的姿勢代表權杖密室，或是放鬆、流暢的姿勢代表聖杯房間。如果你傾向於視覺，不妨考慮創作或委託創作代表神殿房間的藝術品。視覺參照圖有助於讓空間感覺更實際有形，為你的探索提供焦點。撰寫日誌則可以讓你與每

內在層面與內在塔羅神殿

個同花色牌組相關聯的能量、符號與概念交流。即使你不是藝術家，素描也能讓你實質上畫出你的內在塔羅神殿，創造出可以回頭參照的觸覺和視覺圖像。另外，它也蘊藏著你在創作時投入的能量。

剛開始內在塔羅神殿的旅程時，可能看似令人不知所措，但是再次強調，你不需要急於嫻熟掌握這件事。不要感到害怕。雖然我們接下來將一次性簡略地探索整座神殿，但你不一定要那麼做。相反地，你可以把這事分解一下，一次聚焦在一個房間或一個面向。這能讓你在可管控的範圍內一區一區地探索，減少不知所措的感覺並保持專注。主動參與可以進一步提升你的體驗。假使安靜地坐著不是你的強項，那就將運動融入實作之中。默觀某個房間或某個同花色牌組時，你可以四處走動，或是將實際物體作為象徵符號，用以代表神殿的不同元素。身體如此參與有助於心智充分連結到體驗。用指尖陀螺或壓力球等工具輔助探索也大有好處，尤其是對於患有 ADHD 的人而言更是如此。這些工具提供了次要的焦點，從而幫助你全神貫注並好好參與，使這趟旅程更有沉浸感。

引導式冥想（guided meditation）可以是強而有力的資源，幫助你在探索時保持專注而有條理。無論是專為內在塔羅神殿設計的引導式冥想、你自己詳細說明每個房間的錄音，還是以有聲書形式聆聽這類內容，這份指引的作用都像是你專屬的導覽員，為你提供結構和焦點。撰寫日誌表達你的想法是另外一個深入探索的有效方法。寫下每個房間的相關資訊及其喚起的能量、感受或想法，可以為你帶來更扎根接地的體驗。這種實際的互動能讓你與內在神殿連結，也為你的神祕旅程提供記錄。計時器可以成為實作的重要組成部分，設定計時器讓你擁有一段可管控的時間，得以好好探索你的內在塔羅神殿。從較短的時段開始，例如 5 或 10 分鐘，等你可以比較泰然地面對這個實作法後，再逐漸增加，這將為你的探索設定溫和的節奏。隨著每次造訪，你會愈來愈熟悉你的內在塔羅神殿。

第 6 章

　　假以時日，即使只是經常性的短時間造訪，你也可以簡化這個過程。這就像學習樂器或新語言：經常練習能提升你的技能和舒適度。結合這些方法，你對內在塔羅神殿的探索將會成為動態而投入的體驗，那是為了與你的需求起共鳴而量身訂製的。一切的重點都在於找到對你最有效的方法。沒有所謂「錯誤」的建構或導航內在塔羅神殿的方法，只需要對你有效即可。關鍵是調動你的感官，契入在你之內及之外的深層力量和洞見，並深化你與塔羅牌的連結。不是一定要像我分享的那樣接近和探索，只要你以最適合自己的方式，透過內在塔羅神殿接近內在層面，你就是走在對的道路上。

　　在下一個練習中，我會提供一則範例，說明你的內在塔羅神殿看起來可能是什麼樣子及其架構。如此設計是要讓你對它的潛在設定有清晰的概念。神殿的主要特色應該是一座專門用於塔羅占卜和心靈成長的中央大廳，另外五個房間則應該連結到這個中心樞紐，分別代表小阿爾克那的四個同花色牌組（每組有其獨一無二的密室），以及與大阿爾克那相關聯的第五個房間。所有這些房間都需要體現各自同花色牌組截然不同的特徵，而且它們應該可以容納每張牌的真實尺寸圖像。完成這個練習之後，歡迎你讓神殿保持原狀或修改你的塔羅神殿，讓它更符合你的個人品味和象徵性關聯。這個空間應該感覺是專門為你訂製的。假以時日，只要你愈來愈頻繁地與它互動，它一定會自然而然地與你一起進化。

　　我建議在你投入下一個冥想之前，先花點兒時間讀完冥想內容，讓自己熟悉一下相關步驟。這麼做會讓整個過程流暢而不間斷。我即將介紹的冥想分成六個截然不同的練習，每個練習的設計都旨在引導你完成內在塔羅神殿的探索。每當你重新造訪神殿的特定面向時，都可以靈活地獨立運用這些練習。

內在層面與內在塔羅神殿

練習37

進入你的內在塔羅神殿

　　閉上眼睛，輕輕深吸一口氣，讓自己冷靜下來。吸氣時，擁抱當下此刻的寧靜。呼氣，釋放可能附著在你身體上的任何壓力或緊張。想像一條散發著金光的道路在你面前展開，邀請你前進。這條道路引導著你來到內在層面獨特聖域（內在塔羅神殿）的門檻。想像自己站在一扇氣勢宏偉的大門前，兩側有兩根柱子，左邊是黑曜石柱，右邊是月光石柱。你帶著意圖前進，打開門，步入塔羅神殿的中央大廳，這裡是智慧與洞見的港灣。空間的安詳寂靜包圍你，空氣中挾帶著令人平靜的芬芳氣味令你愉悅。當你吸進舒緩人心的香氣時，讓你的性靈緩緩深入這個神聖聖域的中心。

　　天花板在你的上方高高拱起，裝飾著閃閃發光的馬賽克。你的雙腳下是光滑的大理石地板，圖案像棋盤，地面鋪了瓷磚。大廳內堅實的胡桃木桌上擺放著幾副華麗的塔羅牌，旁邊則是一系列占卜工具。或許你看見了各種色澤的水晶、輕輕搖晃的擺錘，或凝視占卜碗中盛滿靜止的水。大廳內裝飾著鬱鬱蔥蔥的掛毯和青翠的玻璃容器，為這個神祕的環境增添了大自然的層次。讓你的眼睛漫遊過掛毯上生氣蓬勃的景象，以及玻璃容器內青蔥綠植的微型港灣。好好欣賞眼前的蕨類、常春藤及苔蘚，它們生氣蓬勃的能量使你的性靈返老還童。每一件都象徵塔羅智慧某一面向的一件件雕像，為大廳增光了添彩。

　　大廳中央有一圈豪華的天鵝絨墊，圈住一顆放置在紫檀臺座上的水晶球。在這裡，在塔羅的神殿內，你調頻對準彌漫整間大廳的靈性能量脈動。好好感受這股寧靜的能量在你之內共鳴

第 6 章

共振。環顧四周時，你注意到有五扇雄偉的門圍住大廳。每扇門均由類型截然不同的木材雕刻而成，分別體現出塔羅牌某一花色牌組的本質。第一扇門由堅實的橡木製成，代表錢幣花色。它的門把，形狀像五角星，與土地、穩定、繁榮的能量起共鳴。接下來，空靈的銀樺木門象徵寶劍牌組。它的門把，形狀像寶劍，與理智、溝通、衝突的能量一起振動。一扇由火紅雪松木製成的門與權杖雄心勃勃的能量一起脈動。它的門把，形狀像一根多葉的權杖，發出溫暖的光芒。另一扇是塗了亮漆的浮木門，有著聖杯的標誌，散發著情感的共鳴、慈悲與直覺。最後一扇門比較大、比較宏偉，由有點點星光的黑檀木製成。它獻給大阿爾克那，那些是生命奧祕的鑰匙，而它的門把，形狀像一個無限符號。每一扇門都在邀請你進入獨一無二的探索界域，帶著截然不同的振動頻率，呼應著各種花色牌組的能量。現在，繼續留在中央大廳，在此，你因它迷人的美而深深著迷。這個內在塔羅神殿是你默觀、教育以及與神祕共鳴的空間。花些時間好好探索，感受這間中央大廳的寧靜。

練習 38

錢幣密室

當你準備就緒時，深吸一口氣，讓目光落在由堅實橡木製成的大門，它的表面鑲嵌著翠綠的寶石。門把形狀為五角星形，邀請你探索錢幣牌組的界域。當你推開那扇門，肥沃土地和盛開花朵的香氣迎接著你——這是錢幣的感官表現，與土地、豐盛及身體健康相關聯。錢幣密室的牆壁上有雄偉的壁畫，描繪著錢幣牌組的每一張牌。從「錢幣八」磨練手藝的勤奮人物，到「錢幣

內在層面與內在塔羅神殿

六」分享財富的慷慨人物,每幅壁畫都是一項真實尺寸的功課,關於繁榮、保障與物質豐盛。當你更深入地探究這間密室時,那些壁畫似乎變得栩栩如生,人物的動作緩慢而優雅,表情果斷而滿足。他們努力工作、勤懇用功的故事以及實際成功的喜悅,回響在這間密室的空氣中。

在密室的中心,橫跨了一張滿載的宴會桌。桌上擺滿豐盛的食物和飲料,向大地的豐盛以及錢幣牌組與物質財富的關聯致敬。桌子周圍是青蔥的盆栽植物以及結滿成熟芬芳果實的果樹——這是大地慷慨的實質證據。陽光穿過透明的玻璃窗傾瀉而入,照亮大量的發財樹和金錢樹。它們生氣蓬勃的綠葉似乎閃爍著繁榮的光芒,映現出與錢幣牌組相關聯的塵世財富。在密室一角,你會看見一系列精美的手工藝工具,其中有石匠的鑿子、園丁的小鏟子、織布者的紡錘。每件工具都象徵著對辛勤工作和工藝的尊重,這對錢幣牌組來說至關重要。

錢幣密室是熱情歡慶大地的豐盛,它是勤奮的證明和身體健康的聖域。在此,努力工作的價值和實際成功的喜悅得到擁抱和尊重。當你吸收宏偉壁畫強而有力的故事以及房間內實質的豐盛時,你感覺到了保障感與踏實感,準備好將錢幣牌組的塵世智慧傳送到你的旅程中。當你感覺準備就緒時,只需轉身邁向來時的門,退回到塔羅神殿的中央大廳。

練習39

寶劍密室

從中央大廳,走近象徵寶劍牌組的銀樺木製雄偉大門,好好感受寶劍形門把的涼爽觸感。當你推開門,一陣清新、涼爽的空

第 6 章

氣撲面而來,羊皮紙與墨水的淡香隱隱飄浮在房間內,低聲訴說著理智與溝通的故事。走進這間密室,那宏偉的空間就像是一座藏著世界所有知識的古董圖書館,牆壁和高高的拱形天花板上,裝飾著屬於寶劍牌組每一張牌的巨型壁畫。從「寶劍二」描繪一位在十字路口被蒙住雙眼的人物,到「寶劍六」揚揚得意地走向平靜水面的人物,每一幅壁畫都是傑作,都是一幅真人大小的畫面,彷彿可以直接走進那個場景。當你的目光掃過密室,那些壁畫似乎閃爍著微光,視覺幻相營造出圖像低語、人物移動、故事即時展開之感。每一張牌都是活生生的證據,證明理智、決策制定、有魄力的溝通帶來的勝利與試煉。

在這間密室的中心,一根巨型水晶方尖碑向上延伸到天花板。其冰冷的清晰度代表與寶劍牌組相關聯的心智品質,犀利而善於辨別。方尖碑的尖端似乎要刺穿上方的空氣,切穿乙太,體現這個牌組象徵的思想精確性和清晰度。你注意到,密室內高聳的書架上,散落著無數卷軸與書冊。卷軸與書冊的羊皮紙頁沙沙作響,宛如風元素的輕柔低語,體現出你站在其內的寶劍牌組。一張巨型書桌放置在房間中央,羽毛筆和墨水瓶整齊地排列在光亮的書桌檯面上,邀請你參與溝通的藝術,將思想化為實質的形相。透明的薄紗窗簾懸掛在房間高聳的窗戶上,隨著似乎始終存在這個房間內的微風輕輕飄揚。這瞬息的風挾帶著輕柔的低語,那是在這間神聖密室內飛翔的每一個念頭、每一個想法的回聲。

高高在上的天窗透露出雲彩的畫布千變萬化,那是體現與寶劍相關聯的風元素。有時候,雲朵稀疏而寧靜;有時候,它們聚集成高聳、沉鬱的烏雲,體現從寧靜到暴風雨的無數思想表達。整個房間內,一簇簇薯草和馬鬱蘭輕輕搖曳,它們的香氣揉合了羊皮紙的香味。這些植物因其與心智清明和勇氣的關聯而聞

名,它們是寶劍本質的實際象徵。專門獻給寶劍牌組的這間密室是思緒飛揚的地方,在此,理智的利刃切穿混亂;在此,言語、思想和決定揮舞著創造和蛻變的力量。當你最後一次掃視那些宏偉的壁畫時,好好反思每張牌的功課以及它們在你內心和頭腦中留下的印記,運用寶劍的智慧豐富你的旅程。當你準備就緒時,離開寶劍密室,輕輕關上身後的銀樺木門,返回到中央的塔羅神殿。

練習40

權杖密室

將目光落在體現權杖牌組的火紅雪松木門上。伸手觸及門把時,你發現形狀宛如一根有嫩葉的棍棒門把摸起來很溫暖。當門打開時,一股很明顯的能量湧向你,那是一波看不見的溫暖與熱情。空氣中瀰漫著燻燒雪松和愉快柑橘的香氣,體現了權杖牌組的激情與熱心。權杖密室足以證明性靈不屈不撓的驅動力和決心。牆上掛著權杖牌組朝氣蓬勃的壁畫,每一張都是以真人大小顯化牌卡的能量。從手握世界、凝視遠方的專注人物「權杖二」,到魅力非凡的領袖「權杖國王」,每一幅壁畫都散發著燦爛的光芒,反映出權杖牌活潑有朝氣的精神。當你進一步踏進房間時,那些壁畫似乎在閃爍和跳舞,彷彿每一個人物都被意志力的火焰從內在點燃。圖像的動作體現了權杖牌組的動態能量,其鮮明的色彩呼應著權杖牌組與熾熱的野心和創造力的關聯。密室的中央有一根巨型火炬,火炬內的火明亮而穩定地燃燒著且堅定不移地矗立著。如此屹立不搖的火焰構成的明亮烽火,象徵不屈不撓的意志力,而定義權杖牌組的正是這樣的意志力。

第 6 章

大型窗戶上掛著火橙色和向日葵黃的窗簾,歡迎陽光傾瀉而入,使房間盈滿令人振奮的明亮,認可權杖牌組如火一般熾熱的關聯。火炬在房間裡的位置意味著決心的烽火,一個人必須高舉烽火,才能導航引路,邁向自己的目標。密室內的周邊,一盆盆鮮豔的向日葵和紅色木槿熱情綻放。它們豐富的色調反映出權杖火熱的本質,這些植物是活生生的證據,證明權杖牌組有力的能量以及熱情洋溢的生命力。權杖密室是光輝地歡慶激情、決心、行動,在此,意志力開始燃燒,雄心飛揚,創造力宛如你周圍的燦爛花朵一樣綻放。當你欣賞權杖牌組的宏偉壁畫並感受到室內脈動的能量時,你的性靈也感到充滿活力,準備好將權杖如火一般熾熱的智慧傳送到你的旅程中。

練習 41

聖杯密室

當你準備就緒時,返回中央塔羅神殿的懷抱,將權杖密室的熾熱激情拋在身後。現在你的注意力被引向了一扇浮木製成的門,它的表面被海洋的愛撫沖刷得光滑平整——完美體現了聖杯牌組。門把被精美地雕成聖杯形狀,當你推開門,門把似乎閃爍著平靜大海的色澤。踏入聖杯密室就像被包裹在令人欣慰的懷抱中。這裡的空氣感覺比較柔和,充滿海霧和盛開茉莉的香氣,這是感官的低語,訴說著這個牌組與情感、直覺、愛的關聯。密室牆上有令人驚歎的聖杯牌組壁畫。從沉思著自我抉擇的寧靜人物「聖杯四」,到歡樂慶祝的「聖杯三」,每一幅壁畫都以真人大小向情感的豐富致敬。壁畫中的人物顯得如此真實,他們的表情十分生動,你幾乎可以聽見他們的笑聲、他們的嘆息、他們深思熟

慮的靜默。當你更深入聖杯密室時，那些壁畫似乎起了微妙的轉變，它們的色彩加深，在流暢的舞動中亮了起來，體現出情緒的流動性和感覺的起落。就在這間密室的中心，矗立著一座令人印象深刻的噴泉。噴泉的水優雅地傾瀉而下，落入一座設計成聖杯形狀的寬敞水池中。水流悠揚的潺潺聲充滿整個房間，那是一首寧靜的交響曲，反映著聖杯牌組舒緩人心、具療效的屬性。

這間密室裡點綴了柔和的光，光篩過描繪聖杯牌場景的彩色玻璃窗。寧靜的藍、安詳的綠、溫暖的玫瑰等色調為房間注入撫慰人心的熒光，不斷變化的色彩之舞反映出人類情緒的光譜。在某個安靜的角落，窗邊有張溫馨的躺椅，披著海綠色和薰衣草色的柔軟織物。這個角落正邀請某人默觀和探索自己的感受和直覺。密室內布置了一盆盆盛開的蓮花和月光花，醉人香氣飄蕩在整個房內，進一步營造出寧靜感。每朵花都以自己的方式，鏡映聖杯象徵的靈性覺醒、直覺理解與情感深度。聖杯密室是舒緩人心的情緒聖域，是愛的低語、鼓勵直覺探索以及培育內在成長的地方。當你吸收宏偉壁畫的情感故事以及房間令人平靜的氛圍後，你的心感到平和，你的直覺被喚醒，並準備好帶著聖杯的智慧進入旅程。等你準備就緒，就返回塔羅神殿的中央大廳。

練習42

大阿爾克那密室

現在，你的注意力被引向最宏偉的那扇門——黑檀木製成的大門。門把上刻著無限的符號，召喚你邁向大阿爾克那的界域。這扇門本身裝飾了萊德偉特史密斯塔羅牌發光的「命運之輪」符號。

第 6 章

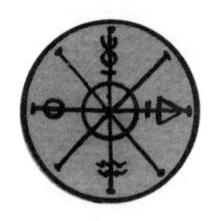

當門打開,歡迎你的是古老知識的氛圍。濃鬱的空氣盈滿乳香與沒藥的香氣,營造出不受時間囿限的永恆感,暗示存在著等待被揭露的普世真理。獻給大阿爾克那的這間密室,本身就是個令人敬畏的和諧宇宙。密室的牆壁裝飾了宏偉的壁畫,以大於實際真人尺寸的細節描繪著大阿爾克那牌。從踏上旅程的天真「愚人」,到「世界」牌中已經揚升的人物,每幅壁畫都是一則視覺的故事,描繪著生命的宏偉舞臺以及魂靈的靈性旅程。那些壁畫脈動著令人著迷的生機活力,人物以緩慢、有目的的動作移動著,以某種直擊你存在核心的方式揭示他們的故事。色彩的變換和流動反映出大阿爾克那象徵的靈性進化的蛻變旅程。

在這間宏偉密室的中心,一個令人著迷的全像太陽系儀緩慢地旋轉,描繪著行星及其天體的軌道。這個天體模型提醒我們,大阿爾克那包含的普世真理和奧祕、我們與和諧宇宙的連結,以及存在的宏偉設計。高聳的彩色玻璃窗向上延伸到天花板,在此,一扇透明的穹形屋頂揭露了千變萬化的天空景象。星座與天體掠過這扇通往和諧宇宙的窗戶,它們的舞蹈是證據,證明宇宙的平衡和啓示奧祕。在整間密室內,一簇簇水晶閃爍著明亮的光,它們的切面反射和折射著室內的熒光,構成了光與影的芭蕾。每一顆水晶都能放大密室的能量,強化物質與靈性界域之間的連結,這是大阿爾克那的關鍵面向。

∞

內在層面與內在塔羅神殿

　　大阿爾克那密室是深入生命奧祕的迷人旅程，它是向魂靈的長途飄泊致敬，也是歡喜地認出細微與浩瀚之間的連結。讓自己沉浸在壁畫的輝煌壯麗之中，好好吸收這個房間的智慧。花點兒時間體驗與和諧宇宙相互連結的一體性。你從容不迫，踏上穿越大阿爾克那的靈性旅程，與自己的人生軌跡相映契合。等你準備就緒，就返回中央塔羅神殿，做一次深呼吸，然後慢慢地睜開眼睛。隨身攜帶這份寧靜——塔羅的智慧以及與神性和物質界域的連結。通向塔羅神殿的道路永遠敞開，等待且歡迎你回來進入它的神聖懷抱。

塔羅牌與積極想像

　　「積極想像」是卡爾・榮格開發的一門技術，目的是有意識地探索潛意識心智並與之互動。榮格強調，那是我們自己做的事，沒有外在的指引或影響。

　　它涉及聚焦於內在的意象，例如符號或原型，並且積極地與它們交流。這個過程能建立表意識心智與無意識心智之間的對話，揭露被隱藏的含義和訊息。此外，榮格亦利用積極想像更深入地探究夢的象徵，鼓勵個人積極地與夢的意象交流，從而了解夢在個人詮釋和理解時的意義。

　　瑪莉・K・格瑞爾指出，榮格的方法比較被動，聚焦在探索心靈和一個人的情結，而我們目前將自己沉浸到內在層面裡的修習法比較主動。[15]當我們進入自己的內在塔羅神殿時，我們是有意識地召喚塔羅牌所依據的特定符號、原型與能量，從而直接與它們交流。我們專

15「Active Imagination vs. Guided Imagery」，瑪莉・K・格瑞爾的塔羅牌部落格，https://marykgreer.com/2019/02/10/active-imagination-vs-guided-imagery。

第 6 章

注聚焦,讓結構和場景穩定地存在自己的頭腦中,類似於「做清醒夢」(lucid dreaming),而榮格的技術則是讓整件事去到你的無意識想要徘徊的不管什麼地方,彷彿那是你正在主動觀察的夢,但是除了內省反思,任何目標或目的都是被動的。在這方面,我們更像是做清醒夢,而不是以被動觀察者的身分做夢。在下一個練習中,我們將利用自己的內在塔羅神殿直接深入探索塔羅牌本身。

練習43

直接探索某張牌

　　閉上眼睛,做一次深呼吸,讓自己平靜下來。吸氣時,感受那一刻的平靜。呼氣時,放掉所有壓力和緊張。想像金色光輝之路在你面前展開,帶領你來到內在塔羅神殿的門前,兩側分別是月光石和黑曜石建造的柱子。打開門,進入神殿。確認你想要釐清的牌屬於哪一個牌組。環顧房間,找到對應的密室門。假使那張牌屬於大阿爾克那,就尋找門上刻有「命運之輪」圖像且門把形狀像無限符號的大門。走近這扇門,推開它時,好好感受指尖底下的質地。踏進密室。宏偉的房間裝飾了大阿爾克那牌組中每一張牌的真人大小壁畫。搜尋你想要了解的那張牌的壁畫。假使你正在使用特定某一副牌且想要釐清相關訊息,就讓壁畫反映出那張牌的畫面。一旦找到你要找的壁畫,就站在它面前。伸出手,將手放在壁畫上。突然間,壁畫變成一道生氣勃勃的入口。走進去。你現在也是這張牌的場景之一。

　　了解一下周圍環境。注意景觀、色彩、動物或人物(如果有的話)。注意任何聲響、氣味或身體感受。假使有人物,就接近對方。他們散發著智慧與諒解,在心裡清楚地直接向對方提問:

內在層面與內在塔羅神殿

「關於我目前的情況，你的牌意味著什麼？」「你有什麼洞見給我？」給對方時間回應。回應可能會以言語、感覺、圖像，乃至場景本身改變的形式出現。慢慢來，好好了解對方的訊息。你可能會詢問那些人物，牌面的某些符號意味著什麼。一旦覺得獲得了你尋找的洞見，就感謝那些人物，然後朝入口後退。穿過入口，你發現自己再次置身在屬於那個牌組的密室。暫停一下，默觀你遇到的事，接著再離開那間密室，離開時，輕輕關上門。返回神殿的大廳，隨身攜帶著這趟旅程的智慧，一路走向神殿雄偉莊嚴的入口。當你跨過門檻時，感覺自己逐漸返回物質世界，等你準備就緒，就睜開眼睛。

直接探索某張牌
這可能會是什麼樣子

為了說明這個體驗，我會實地執行，然後解釋我體驗到什麼。

我隨機抽了一張塔羅牌，針對一直在我腦袋裡琢磨的一本著作的構想，尋求某些建言。我抽到的牌是「錢幣三」。我跟平時一樣進入內在塔羅神殿，以下是我的體驗：

> 我走向有五芒星標誌的入口。我伸手觸碰那個符號，感受指尖底下涼爽、堅實的浮雕，散發著腳踏實地和物質成就的能量。我輕輕打開門，踏入獻給錢幣牌組的界域。在迷人的壁畫之間，我的注意力被萊德偉特史密斯塔羅牌中的「錢幣三」所吸引，這是我之前抽到的牌。壁畫的圖像描繪了一名工匠在兩名觀察者的注視下，專心地致力於建造大教堂，其中一名觀察者拿著大教堂的藍圖。我伸手觸碰壁畫，一股能量在我的手底下脈動，於是壁畫變成一道入口。我踏過去，周圍的景色霎時轉變。突然

第 6 章

間,我站在大教堂有回音的大廳內,正是「錢幣三」牌面上的場景。牌面的工匠就在我面前,他全神貫注於正在雕鑿的石頭。兩名觀察者站在附近,專心地看著他的工作。

當我走近時,我的問題清楚地出現在腦海中:「關於我要寫的書,你們有什麼智慧可以告訴我呢?」我先對工匠說話,工匠花了點兒時間停下手邊工作,擦掉額頭的汗水,然後談到實踐、技能、堅定不移的專心致志必不可少。他說的話似乎屬實,提醒著我,由於堅定不移的勤奮和許諾,我的寫作一定會很出色。我轉向手裡握著大教堂藍圖的那個人,他強調的重點有詳細規劃、工作願景明確,以及尋求建設性回饋的好處。他的話與我起了深度的共鳴,因為寫書的時候,這些全是我時常面臨的挑戰。他的洞見強調精心規劃、建立堅實的結構,以及維護組織架構的重要性,同時也培養我在整個寫作旅程中,欣然接受建設性回饋的意願。最後一個人物,也就是牌面的第三人,談到協同合作、相互尊重與諒解的價值。他的洞見強調了我在寫作過程中與他人和諧

合作,以及仔細考慮相異觀點的重要性。他們的集體智慧提供了全方位的視角,也闡明了我的處境。我由衷感恩他們的洞見,於是道謝並退回到現在很熟悉的螢光入口。我穿過入口,發現自己又回到錢幣牌組的界域。

練習 44

內在神殿牌陣

在這個塔羅牌陣中,我們將探索內在塔羅神殿內的五間密室,每間密室各自代表不同的體驗界域:錢幣、寶劍、權杖、聖杯、大阿爾克那。抽五張牌,你將會深入洞悉內在世界每間密室內的當前功課和成長機會。

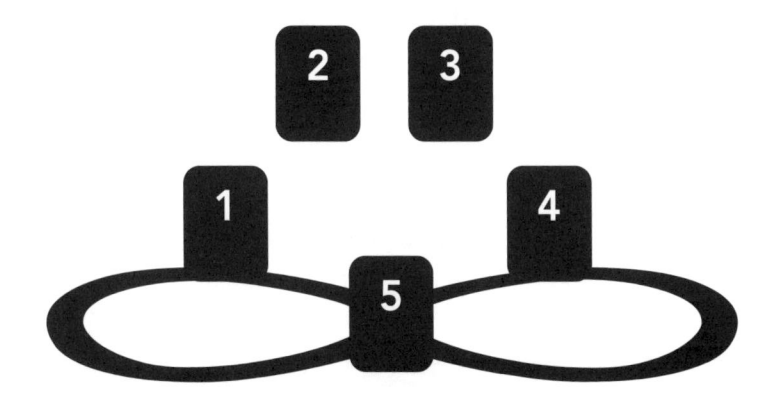

1. **錢幣密室**——抽一張牌,探索物質和塵世事務的界域。這間密室代表你與財務、職涯、身體健康、整體物質穩定性的關係。這張牌將會揭示你目前可以學到的功課,以及改善你與錢幣界域連結的實際步驟。

2. **寶劍密室**——抽一張牌，深入研究思想、理智與溝通的界域。這間密室代表你的心智狀態、信念及溝通模式。這張牌將會提出寶貴的洞見，告訴你，關於心智清明、決策制定與有效溝通的藝術，你可以學到的功課。

3. **權杖密室**——抽一張牌，揭開靈感、創意與熱情的界域。這間密室代表你的驅動力、熱忱及創意追求。這張牌將會針對你目前可以學習的功課提出指引，以此點燃你的內在之火，讓你追求夢想並傳導你的熱情。

4. **聖杯密室**——抽一張牌，探索情感、直覺與關係的界域。這間密室代表你的情緒健康、直覺以及與他人的連結。這張牌將會揭示你可以學習的功課，以此深化對情緒的理解，並滋養你的直覺，培養有意義的關係。

5. **大阿爾克那密室**——抽一張牌，連結天命與高階靈性功課的界域。這間密室代表重大的人生事件、魂靈功課與靈性成長。這張牌將會提出洞見，使你深入了解人生旅程中，目前已存在的重大主題和轉化蛻變的機會。

練習 45

探索密室的智慧

既然你已經得到來自內在神殿牌陣的洞見，那麼該是時候展開轉化蛻變的冥想旅程了。這個練習將會引導你在冥想時個別造訪每間密室，無論抽到的塔羅牌是否符合該密室的花色。舉例來說，針對權杖密室，如果你抽到「寶劍二」，那就請求得到權杖密室對那張牌的洞見。透過這趟旅程，你將會敞開自己，接納每間密室蘊藏的獨特視角和智慧。

內在層面與內在塔羅神殿

1. 進入你的內在塔羅神殿。
2. 從錢幣密室開始。觀想自己踏進這個物質穩定和豐盛的界域。請求這個房間根據你抽到的塔羅牌，以其視角讓你看見它的洞見。欣然接受出現的任何視界、情感或身體感受，讓自己學習來自這間密室的功課，包括腳踏實地、繁榮與實用性。
3. 繼續前進到寶劍密室。進入思想和理智的界域，邀請這個房間與你分享它的智慧，無論抽到的塔羅牌是什麼花色。欣然接受任何浮現的心智清明、想法或啟示。好好吸收心智靈活、有效溝通及嫻熟解決問題的智慧。
4. 進入權杖密室，這是靈感與熱情的界域。允許這個房間向你呈現它的洞見，即使抽到的塔羅牌並不是權杖花色。好好體驗這間密室散發的創造能量、動力及熱忱。欣然接受創意表達、抱負野心與個人權力的功課。
5. 轉移到情感和關係存在的聖杯密室。根據抽到的塔羅牌，讓這個房間向你揭示它的視角。體驗愛、直覺與深度連結的界域。吸收情緒療癒、同理共感以及滋養培育的功課。
6. 最後，進入代表天命和靈性成長的大阿爾克那密室。無論抽到的塔羅牌屬於哪一個牌組，你都可以從這間密室中，尋求關於重大人生事件和魂靈功課的智慧。欣然接受關於靈性旅程中的任何洞見與啟示。
7. 造訪過所有五間密室之後，花點兒時間整合來自每個界域的體驗和功課。好好反思你蒐集到的智慧，想想它如何對你的人生以及你對塔羅牌的詮釋產生正向的影響。

THE CHARIOT.

第 7 章
∞

你的塔羅靈界幫手

縱觀整個歷史，我們不斷看見多維度、仁慈且非物質的存在體協助人類的概念。19－20世紀期間，屬靈主義（Spiritualism）崛起，這個概念以及與指導靈合作的實作法經歷了流行和復興的狂潮。在屬靈主義中，靈能者與靈媒時常談到他們的指導靈，指導靈不僅能幫助當事人踏上個人的靈性旅程，還能幫助他們進行靈能和通靈解讀。指導靈不屬於特定某種「靈」（spirit），而是代表某個角色，且各種類型的靈都可以在與你的連結中擔任這個角色。

在提升靈力方面，指導靈非常有幫助。它們存在於內在層面，那意味著，它們已經在場，而且可以協助你更清晰地領會接收到的資訊。它們可以幫你強化與內在層面的連結，而內在層面正是這類資訊起源的地方。無論你的靈修道途為何，誰都可以與指導靈合作。當我開始結合我的塔羅指導靈並與之合作時，我在塔羅占卜方面體驗到再怎麼強調也不算過分的顯著進步。在那些解讀期間，我的指導靈幫助我觸及單單透過我自己的靈力恐怕難以接收到的資訊。此外，它們還協助我將注意力導向特定的面向，透過我的靈通感官直接與我溝通。

辨別指導靈

你遇到的每一個靈都有自己的私下盤算，與靈合作時，關鍵在於確保對方的動機與你的至善相映契合。有些指導靈從我們出生時便指派給我們，有些指導靈則在我們的旅程中與我們偶然交會。真正的指導靈會擔任你靈性進化之路上的同伴，為你的個人成長提供協助和指引。指導

第 7 章

靈與其他靈或盟友之間的區別,在於指導靈無私的本質。不同於你可能會基於不同目的而與之合作的其他靈,指導靈不求任何回報,因為它們的主要角色是協助和指導你。這並不是暗示其他靈天生負面,或你應該避免與之互動。只是強調,指導靈的品質獨一無二且它們的明確意圖是要支持你,那些是它們自己靈性進化使命的一部分。

　　與靈互動的時候,要特別留意其資訊的準確性。指導靈永遠不會誤導你或提供你不當的資訊。但你卻有可能在剛開始的時候誤解其指引,也因此,持續與指導靈互動對於培養牢固的關係極有裨益。顧名思義,指導靈的主要角色是提供指引,而非培養你依賴它們的共依存或寄生關係。指導靈反而總是會鼓勵你的個人成長與發展,包括你的靈性旅程在內。這意味著,它們會時常指引你與高我連結,以及指引你發現自己的真理。指導靈絕不會要求你傷害自己或他人,也不會提供貶低自己或他人的資訊、見解或回饋。它們始終尊重你的邊界,絕不會要求你違反或無視你自己或另外一個人的自由意志。它們絕不會因為幫助你而要求敬仰、崇拜或供奉。儘管如此,對指導靈表示尊重和感激卻是常見的作法。這可以像表達感謝一樣簡單,或是跟獻上禮物一樣具象徵意義(例如,點一根蠟燭、獻花或供上一杯水)。這裡的關鍵區別在於,你並不把這些表示視為付款或義務,而是將指導靈視為重視和欣賞的珍貴朋友。

練習 46
與你的塔羅指導靈會面

　　首先,找到一個舒服安靜的地方坐下或躺下。閉上眼睛,做幾下深呼吸,讓自己平靜下來。用鼻子吸氣,使肺部充滿空氣;接著用嘴巴呼氣,釋放任何緊張或壓力。放鬆,想像自己再次站在內在塔羅神殿宏偉的大門前。大門兩側的黑曜石和月光石

柱看起來更顯雄偉。你輕輕推開門，走進中央大廳。熟悉的檀香木香和薰衣草香迎面而來，舒緩了你的感官。感覺到神殿寧靜的能量在你之內共鳴共振。觀想自己在大廳中央，在高處閃閃發亮的馬賽克下方。花點兒時間感受神殿平靜人心的能量，這地方的神祕氛圍將你包裹在溫暖的懷抱中。再做幾下深呼吸，允許這股平靜的能量流經你。

在神殿的中心，想像一圈光出現在你面前，光愈變愈大，愈來愈亮。這光是通向指導靈的門戶或入口，你的指導靈將會幫助你理解塔羅牌的智慧。踏進這圈光──這麼做時，感覺自己被輕輕舉起，彷彿你正飄浮在一股具支持作用的溫暖能量流上。你被傳送著，穿越靈的界域，朝著你的指導靈前進。片刻之後，感覺自己輕輕落地。當周圍的光暗下來後，你發現自己置身在雄偉樹木環繞的寧靜樹林之中。這裡的空氣涼爽清新，附近潺潺小溪的流水聲是舒緩人心的旋律。這是一個神聖的空間，也是你和指導靈會面的地方。當你站在這片神聖的樹林中，就呼喚你的指導靈，默默地說道：「我召喚我的塔羅指導靈。請前來與我連結。」好好關注你周圍的空間，尋找任何變化與動作。

你的塔羅指導靈可能以人類、動物，乃至神祕存有的形相出現。它可能是與你互動過的指導靈，或者是此刻你第一次見到的指導靈；它也可能是某種感覺或臨在感。假使你無法清楚地看見對方，不要驚慌，指導靈時常透過感受、直覺及象徵意象交流。不妨詢問你的指導靈叫什麼名字，留神聆聽某個名字或某一字詞──可能不會立即出現，不過沒關係，要信任這個過程。即使現在沒有名字浮現在你的腦海中，那麼稍後等你準備好要接收時，它可能會自行顯現。詢問你的指導靈，代表其本質的符號是什麼，這會幫助你在未來與對方連結。

第 7 章

　　注意出現在你腦海中的任何圖像或符號,並信任出現的內容。假使現在資訊不明確也沒關係,花點兒時間感謝指導靈的出現和幫忙。表達你的感激,感謝對方願意幫助你理解塔羅牌的智慧。要知道,你的指導靈始終在那裡,準備好在你需要它們的時候協助你。

　　當你準備就緒時,返回到光圈中。感覺自己再次被能量流舉起並回到塔羅神殿。感覺自己輕輕地降落在中央大廳,花點兒時間坐下來回想你的體驗、與指導靈的會面、對方的名字以及所揭露的符號。最後,深呼吸,慢慢地睜開眼睛。你現在回到了物質世界,隨身攜帶著來自塔羅神殿的寧靜能量,以及與指導靈的連結。經常造訪你的塔羅神殿,隨著每次造訪,指導靈的臨在與指引會變得更加明確和具體。現在花些時間寫下你的體驗,記下任何細節,包括指導靈的外貌、名字及其分享的符號。在你持續不斷的塔羅旅程中,這些細節必會成為寶貴的工具。假使在冥想期間,指導靈不是那麼清晰可見也沒關係,如果你看不見它,只要感應到它在場即可。經常重新造訪塔羅神殿,因為每一次造訪都會使你更清楚地看見、感受並理解你的塔羅指導靈。要耐心對待這個過程,而且要信任你的旅程。

如何召喚你的塔羅指導靈

　　在蜜雪兒‧韋爾奇的著作《靈界揭露》(暫譯)當中,她針對如何與指導靈連結提供了明確的建言。她撰寫的如下內容完全正確:

　　　　假設你已經認定了某位想要更進一步了解的指導靈,那麼開始與指導靈連結的最佳方法是,單純地想到對方。聽起來很簡

單,因為事實上就是這樣。要記住,你永遠觸及得到你的指導靈,但你往往沒有覺察到它的臨在。無論如何,當你有意識地想到指導靈的時候,那就是在邀請對方更直接地溝通。它們始終準備就緒且願意協助你——你只是必須提問。[16]

與塔羅指導靈連結——例如我自己的塔羅指導靈看起來像一隻倉鴞(barn owl)——要從隱微處開始。起初,指導靈的指引可能感覺很微弱,微弱到你會質疑那是否只是想像或巧合。可是隨著你投入時間經營這段關係,指導靈的訊息會愈變愈清晰、愈來愈直接。你愈是調頻對準對方的臨在,就愈容易注意到它們的提示。建立這份深層連結的一大部分,涉及運用對方的名字以及聚焦在對方的外貌,或它們給過你的任何獨特符號。那就像密碼一樣,能確保你真正與指導靈溝通,而不是其他試圖介入的靈。

練習47
與你的塔羅指導靈合作

就像每次做塔羅占卜之前一樣,你需要先完成預備練習(見第36頁清單),之後再繼續這個練習。我建議,一開始做這個練習時,只為自己解讀。等你可以比較自在地面對這個練習時,再將它融入其他人的解讀中。

1. 回想塔羅指導靈的名字、外貌與符號。如果你很難看見或感應到對方,不妨發揮想像力,將對方的形相投射到房間內。觀想你的

---

16 Welch, *Spirits Unveiled*, 20.

第 7 章

塔羅指導靈坐在對面,它的臨在令你放心和安慰。這類想像行為能幫你創造思想念相,那是一個心靈構想,有助於將指導靈的能量錨定在你的空間中。

2. 一旦你感覺到指導靈的臨在,就明確地表達你的解讀意圖。譬如,你可以說:「我召喚〔指導靈的名字〕在這次塔羅占卜中指引我。請運用你的智慧照亮這些牌,提供明確而有洞見的訊息。」

3. 洗牌並擺出你的牌陣,保持開放和虛心接收的狀態。塔羅指導靈的指引將會透過你的靈能靈通感官傳遞過來。

   靈視力(clairvoyance):你可能會看見與抽到的牌有關的圖像、符號或色彩。要尋找任何突出的視覺提示。

   靈聽力(clairaudience):留意聆聽頭腦中的任何言語、詞組或聲響。這些可能是來自指導靈的直接訊息,或是具有象徵意義的聲音。

   靈觸力(clairtangency)/接觸感應(psychometry):你可以因為觸摸牌、感受每張牌蘊含的能量,從而深入了解或留下印象。

   靈嗅力(clairalience/clairscent):注意解讀過程中出現的任何氣味或香臭味。這些氣味可能與特定的牌有關聯,或是可以提供額外的見解,讓人洞悉那次解讀。

   靈嘗力(clairgustance):你可能會在嘴裡嘗到實際上並不存在的東西。這些味道可能蘊含象徵意義,可以幫助你詮釋抽出的牌。

4. 這時候,你可以詢問指導靈與那些牌有關的任何問題。你可以請求指導靈釐清某些牌的含義,或請求指導靈提取特定的資訊。

5. 深思接收到的訊息。這些見解如何與你抽到的牌互動?花時間好好整合這些訊息。

6. 當解讀結束後，感謝塔羅指導靈的指引。觀想你的指導靈返回屬於它們的界域，影像逐漸消退，僅留下它們的智慧和能量。

與你的塔羅指導靈合作
這可能會是什麼樣子

幾年前，我忙著為一位剛認識的新朋友做塔羅占卜。她當時面臨著某個重大的職涯決定，但是並未透露具體細節，而是把揭露處境這件事留給塔羅牌和我的直覺──她只是想看看塔羅牌會怎麼說。我們舒適自在地解讀，而我也準備好要召喚我的塔羅指導靈。我觀想了一隻倉鴞的影像，牠有友善的蘋果形臉蛋和睿智的雙眼，鏡映出古老的學問。沒多久，我就感應到倉鴞的臨在充滿整個房間，那能量熟悉而溫暖。我整齊地列出幾張牌，結果「聖杯八」、「寶劍王牌」及「命運之輪」出現了。「聖杯八」象徵她現在的處境，暗示儘管她執著於目前的工作，卻深度渴求更多的東西。「寶劍王牌」指出她的潛在未來，指向了全新的開始或視角的改變。「命運之輪」則反映出她的希望和恐懼，意味著不可避免的改變以及她對未知的憂慮。

第 7 章

當我開始詮釋那些牌的傳統意義時，我注意到在我的心靈之眼內，那隻倉鴉飛向了房間內的小盆栽——那是一盆很有韌性的物種，可以在城市環境中茁壯成長，象徵永續性與適應力。這使我直覺地知道，她的職涯決定可能與戶外或大自然多少有關聯。那張「聖杯八」在我的指尖底下感覺起來比較溫暖（靈觸力），暗示著某則訊息。我順著這個身體感受走，開始在體內感覺到一股成就感。倉鴉似乎要強調情緒的成長，而那與欣然接受改變有關。在思索「寶劍王牌」的時候，我注意到房間內充滿涼爽、乾淨空氣的清新氣味（靈嗅力），強化了「寶劍王牌」重新開始的承諾（這張牌的傳統象徵意義）。那張「命運之輪」最初令我感到困惑，然後，出乎意料地，我在嘴裡嚐到獨特而濃烈的柑橘味（靈嚐力）。那隻倉鴉似乎暗示，隨著即將到來的改變，她的人生勢必將揉合挑戰與獎賞。突然間，倉鴉飛向我牆上的一張海報，海報是美麗、茂密的森林，那似乎證實了我的直覺：她正在默觀的職涯選擇確實與大自然有關。所以我告訴她，就某方面而言，我感應到大自然或置身戶外是這次解讀的核心，然後詢問她，這是否與她目前面臨的決定有關。她證實了這點，還告訴我，那是一份環境科學領域的工作。如你所見，倉鴉的指引豐富了我的解讀。每一張牌的訊息變得比較個人化且挾帶著智慧。令她驚喜和安慰的是，她發現這次解讀準確地反映了她的情況，而這給了她接受新工作的勇氣。

在塔羅占卜期間與我的倉鴉指導靈合作的經驗，確實使我充分了解到指導靈的洞見多麼有價值。有倉鴉幫忙，我對那些牌的理解似乎變得更深入且細緻。我發現，倉鴉的指引不僅使解讀更準確，而且帶領我發現靠自己恐怕無法領悟到的事。當我與倉鴉一起解讀時，感覺好像我們的意識有點兒同步。有時候很難辨別我自己的直覺在哪裡結束，倉鴉的指引從哪裡開始。我們以結合其智慧與我的靈能技能的方式齊心協力，使整個解讀立即產生共鳴。密切注意我的靈能感官至關重要。而像倉鴉

這樣的指導靈,可以幫助我微調靈視力、靈聽力以及其他靈力。這是絕佳的合夥關係,將我的解讀提升到全新的層級,而且使它們變得相當個人。

練習48
羽毛飛行指導靈塔羅牌陣

在這個練習中,我們要透過單一根羽毛的普世象徵意義,尋求強化與塔羅指導靈的溝通。長久以來,羽毛一直意義非凡,被認為是來自更高界域的訊息,架橋銜接了塵世界域與靈的界域。我們藉由羽毛飛行指導靈塔羅牌陣,欣然接受了這個強而有力的意象,從而深化我們與塔羅指導靈的連結,同時也與對方一起創造可感知的靈性體驗,更觀察到指導靈如何與我們溝通交流。

1. **召喚你的塔羅指導靈**。找到一個寧靜的戶外空間,在那裡,你可以感受到大自然的臨在。閉上眼睛,深呼吸,然後想像一根華麗的羽毛從天空輕輕飄落,象徵你與塔羅指導靈的連結。留神觀看那根羽毛盤旋在牌陣中的每一個位置,有點兒像電影《阿甘正傳》(*Forrest Gump*)中的那根羽毛。雙手握著塔羅牌,設定好要與塔羅指導靈建立更牢固連結的意圖,邀請對方的臨在指引你完成占卜解讀。

第 7 章

2. **第一張牌：羽毛展開（塔羅指導靈連結）**。洗牌，同時聚焦在展開羽毛的美好與奇妙，代表你與塔羅指導靈的聯繫逐漸展開。等感覺準備就緒，就抽第一張牌，想像那根羽毛輕聲低語著來自塔羅指導靈的訊息。這張牌將會揭露你的指導靈想要傳達的指引和建言，幫助你深化連結。

3. **第二張牌：挑戰的風（尚待克服的障礙）**。抽第二張牌，想像那根羽毛遭遇陣風和亂流。這張牌代表可能會阻礙你與塔羅指導靈建立明確連結的障礙和挑戰。欣然接受這些挑戰，視之為成長和鞏固彼此聯繫的機會。

4. **第三張牌：羽毛的飛行計畫（指引）**。抽第三張牌，想像羽毛優雅地御風而行並找到了它的路徑。這張牌能提供塔羅指導靈的指引，讓你克服挑戰，建立更牢固的連結。要信任指導靈提供的智慧和支持。

5. **第四張牌：羽毛落下（焦點區）**。抽第四張牌，觀想羽毛輕輕落在某個特定的地方。這張牌將會指出塔羅指導靈希望你關注的人生領域，或你的塔羅修習面向。欣然接受這些領域就是焦點，從而提升你與塔羅牌的連結以及對塔羅牌的理解。
6. **第五張牌：具指引作用的氣流（額外的支援）**。抽第五張牌，想像一股支持的氣流將羽毛舉得更高。這張牌揭示，在你與塔羅指導靈連結的旅程中，你可以取用的外在支持或資源。
7. **第六張牌：羽毛高飛（高階的連結）**。抽最後一張牌，想像羽毛在塔羅指導靈的指引下，被風帶著高高翱翔在天空中。這張牌代表你與指導靈建立高階連結的潛力，以及你努力建立堅實聯繫的正向成果。欣然接受你有潛力參透洞悉以及更深入了解塔羅的智慧。
8. 花些時間反思每一張牌接收到的訊息，以及這些牌與羽毛飛行的創造意象有何連結。信任你的直覺，允許塔羅指導靈透過塔羅牌和羽毛的象徵意義對你說話。踏上這趟鞏固連結的旅程時，要向你的塔羅指導靈表達感恩，感謝它們的慈愛臨在與支持。

第 7 章

羽毛飛行指導靈塔羅牌陣
這可能會是什麼樣子

以下是我執行這個牌陣的實例，以及我在調頻聆聽每一張牌時，在心靈之眼的螢幕上看見的內容。在羽毛展開的位置（這裡的焦點是我與倉鴞指導靈之間的關係），出現了「魔法師」牌。看著那張牌，我想像一座被幾近魔法之光照亮的森林。我的倉鴞在那裡，在懸掛於樹上的鏡子之間移動。鏡子似乎要挑戰什麼是真實，什麼是不真實，這讓我更深入地思考每一件事。這個布局似乎與「魔法師」的主題起共鳴，包括轉化蛻變與有創意的潛能。看見我的倉鴞與鏡子互動使我想到，也許這是跡象，顯示我應該透過創造力和想像力，深化與指導靈的聯繫。與其堅持熟悉

的模式,倒不如開始探索富有想像的全新靈性連結形式。無論是有創意的儀式、不同類型的冥想,乃至藝術表達,「魔法師」和我的倉鴞都在輕推著我擴展我的靈性工具箱。這感覺像是直接的邀請,邀請我們在持續的靈性對話當中,擁抱出奇不意與魔法能量,進而深化我們的連結。

在「挑戰的風」的位置(這裡的重點是,什麼東西可能會阻礙我與倉鴞指導靈連結),我抽到「聖杯四」。看著這張牌,我想像自己站在一座月光照亮的安靜湖泊邊。我的倉鴞棲息在附近的一根老樹枝上,看起來深深陷入沉思之中。「聖杯四」通常是關於沉思的牌,但也與情緒停滯有關,於是這促使我思考——也許阻礙我和倉鴞深入連結的東西,是因為我很容易卡在自己的腦袋裡,也就是想太多或內省過了頭。安靜的湖泊和倉鴞的內省心境似乎像是當頭喝棒,要我停止鑽牛角尖,開始主動地更常與指導靈交流。與其只是冥想思索著其中的奧祕,也許時候到了,該要潛進去,一起更深入地探索。這可能意味著,採取更直接的步驟與我的指導靈溝通,或是敞開來迎接日常生活中的訊息和信號。

在「羽毛的飛行」的位置(顯示出如何克服我與倉鴞指導靈在彼此關係中的障礙),我抽到「女祭司」。聚焦在這張牌上時,我想像自己跟隨倉鴞進入一座滿是古老符號的洞穴。愈是深入洞穴,愈感覺那些符號正以某種方式跟我們說話。這與「女祭司」信任直覺和挖掘更深層知識的能量有深厚的連結。假使「聖杯四」講的是我過度卡在自己的腦袋裡,因此無法與我的倉鴞好好連結,那麼「女祭司」似乎說明了突破這點的方法,也就是開始更加信任我的直覺,而且不只是因為「這感覺正確」,而是更深入地感受到「這與古代的智慧共鳴共振」。這幾乎就像「女祭司」和我的倉鴞一起說道:「好好聆聽你的內在聲音,而且要注意符號和信號。它們可以引導你突破你一直感覺到的障礙。」基本上,時候到了,該要全心投入那些比較直覺、玄妙的理解形式,才能使我與倉鴞指導靈的連結更為牢固。

第 7 章

在「羽毛落下」的位置，我抽到「錢幣八」。我發現自己置身在一個滿是柔和燭光的平靜空間，而塔羅牌整齊地擺放在我面前。倉鴞棲息在附近，用銳利的眼神觀察著一舉一動。「錢幣八」似乎強調了這個理念：每一次塔羅占卜，乃至每天的單張抽牌，都應該得到同等程度的關注和照顧。倉鴞的臨在似乎要呼應這份情感，敦促我放慢腳步，充分與每張牌的意象、象徵意義以及訊息交流。就好像我的指導靈在說：「這是門藝術，而藝術不能操之過急。要給自己保留空間，深深沉浸在當下此刻，並明白抽到的每一張牌都是一次成長，也是深入與靈性自我連結的機會。」顯然，我的倉鴞指導靈希望我花時間細細品味每一次塔羅占卜，確保我深思熟慮地探索每一張牌、每一個牌陣以及每一次直覺脈動。

在「具指引作用的氣流」的位置，我抽到「命運之輪」。我的視界將我和倉鴞置於高處，棲息在一只巨型轉輪上。在我們轉動時，我突然想到，雖然無常是始終存在的因素，但循環輪迴本身也可以是嚮導。「命運之輪」強調，正如同有外力影響著輪子的轉動，我的人生中也有來自外界的智慧和指引。這似乎是在暗示我可以借助外界資源，無論是導師、書本或具支持作用的社群。那就好像輪子本身在建議我，要讓自己的智慧來源多樣化，仰賴集體的知識幫助我在靈性上成長。重要的是，它使我放心，儘管生命週期有起有落，但是有大量的外來指引可以幫助我找到方向。

在「羽毛高飛」的位置，我抽到「寶劍九」。瞬間，我在月光底下穿越迷宮，倉鴞的輕聲細語為我指引了方向。這張牌本身往往談到面對內在的擔憂或恐懼，在此，它預示了正面迎向這些恐懼的回報，勢必是與我的倉鴞指導靈建立更牢固且親密的連結。倉鴞的每一次低語感覺都像一次輕推，引導我遠離心智的陷阱，邁向更清明的情緒狀態。我的倉鴞彷彿在說：「戰勝內在的掙扎不只對你有好處，對我們倆都有好處，

那將會深化我們的連結。」這張牌的重點不只是個人的成長，更是可以通行的綠燈。它告訴我，與倉鴞建立更豐富的聯繫不僅有可能，而且直接與我願意直面內在的挑戰息息相關。

練習49
了解你的塔羅出生牌

了解你的塔羅出生牌可以為你的人生旅程提供深具洞見的指引。這個概念由安潔莉絲・亞立恩（Angeles Arrien）提出，並由瑪莉・K・格瑞爾進一步推廣，作法是將你的出生日期與一張大阿爾克那牌相連。你的出生牌可以象徵你與生俱來的優勢、潛在的挑戰與個人的主題。此外，整合來自塔羅指導靈的洞見，可以深化你對這張牌的理解和詮釋。且讓我們以潘蜜拉・柯爾曼・史密斯（Pamela Colman Smith，譯注：西元1878－1951年，英國藝術家、插畫家、作家、出版商、神祕學家）的生日為例，走一下如何決定出生牌的流程。史密斯的名氣來自於她是得到大眾認可的萊德偉特史密斯塔羅牌的插畫家，而我一點兒也不意外她是水瓶座。

1. 以MM/DD/YYYY的格式寫下出生日期。在本例中，我們採用潘蜜拉・柯爾曼・史密斯的生日：1878年2月16日，因此會寫成02/16/1878。
2. 將出生日期的每個元素分解成個位數，然後相加：
 月分：0+2=2
 日期：1+6=7
 年分：1+8+7+8=24

第 7 章

首先：合併步驟2的結果：

2（月）+7（日）+24（年）=33

然後：將步驟3的總和簡化成個位數，或與某張大阿爾克那牌相對應的數字：

3+3=6

3. 將個位數字連結到對應的大阿爾克那牌。以此為例，數字6對應「戀人」牌。
4. 請教你的塔羅指導靈，你的出生牌在人生中有何意義。反思一下這張牌的典型象徵意義，以及指導靈提供的指引。請教你的指導靈，這張牌何以象徵你與生俱來的優勢、潛在的挑戰與個人的主題。

練習50

了解你的流年牌

識別流年塔羅牌的過程，可以使你深入解析即將到來的挑戰，以及你可能會遇到的祝福。如同塔羅牌中的每一張牌都講述著一則故事，未來一年的能量也講述著一則故事。舉個顯著的例子，我們來算算看1910年的流年塔羅牌，那是歷史上值得注意的一年，在塔羅世界中也同樣意義非凡。在這一年間，著名的萊德偉特史密斯塔羅牌一炮而紅，而且不久便成為經典。[17]

1. 首先加總給定年分1910年的數字：

1+9+1+0=11

---

17 "Rider 'Roses and Lilies' Deck (1909)," Waite Smith—A Tarot Revolution, https://waitesmith.org/index.php/decks/rider-roses-lilies-deck-1909/.

178

2. 取出生牌「戀人」牌的數字6，與第一步得到的總數相加：
   6（出生牌數字）+ 11（年分的數字總和）= 17
3. 如果上一步驟的總和不是個位數字，或是不像數字21可以直接對應到某張大阿爾克那牌，就要將它進一步簡化成個位數字或某張大阿爾克那牌的數字。
4. 你的下一個任務是將上一步驟得到的數字與其對應的大阿爾克那牌配對。在此，數字17對應「星星」牌。
5. 找出流年塔羅牌後，接下來就是好好冥想它的象徵意義和訊息。向你的塔羅指導靈請求進一步的洞見與釐清，幫助你了解這張牌在這一年對你可能有何意義。
6. 請教塔羅指導靈，這張牌的能量在這段期間如何在你的人生中展開。在日誌本中記錄你接收到的訊息，並在元旦那天重新查看，比較一下你接收到的訊息與那一年的進展。

出生牌與流年牌
這可能會是什麼樣子

「戀人」牌象徵愛、和諧、決定與夥伴關係，這些元素與潘蜜拉‧柯爾曼‧史密斯的人生十分相似（史密斯常被暱稱為Pixie，意思是「小妖精」）。與人合作是她職業生涯的關鍵，尤其是與亞瑟‧愛德華‧偉特（Arthur Edward Waite）合作著名的萊德偉特史密斯塔羅牌。這次合作展現了「戀人」牌所代表的團結，這張牌也示意抉擇的重要性。在社會規範不鼓勵女性這麼做的時代，「小妖精」決定追求自己的藝術夢想。這個大膽的舉動呼應了「戀人」牌象徵的勇敢。這張牌也代表對立面的平衡，而這個主題與史密斯的人生強烈共鳴。她將自己身為插畫家和作家的具體實用技藝，與因為對神祕學和祕傳的密契主義（mysticism）有興

第 7 章

趣而具備的概念性玄學特質，流暢地揉合在一起。這些領域往往被認為相對立——一個扎根在物質世界，另一個奠基於靈性／玄學世界。史密斯將這些對比鮮明的領域揉合在作品中的能力，展現出她與「戀人」牌的本質關係和諧。最後，「戀人」牌突顯了自我發現和接納的旅程，這反映出，儘管有社會的壓力，「小妖精」還是毅然投入她的藝術。

我們可以運用兩種不同的方式，看待1910年在史密斯的人生中與「星星」牌的關係。一個顯而易見的方法是，檢視她為這個世界引進的那副塔羅牌，而另外一個途徑則是深入探究她在那段期間的個人生活。萊德偉特史密斯塔羅牌完美地體現了「星星」牌的本質，亦即提供希望、洞見、寧靜與靈性指引。史密斯憑藉她對神祕傳統的了解（以及來自偉特的想法），為這副牌注入了豐富的象徵意義，使得曾經晦澀難懂的塔羅牌語言變得平易近人。彷彿他們擷取了「星星」牌療癒、樂觀的能量，將它灑滿整副牌。「星星」牌由創新的水瓶座統治守護，反映出這副塔羅牌的開創性——它是最早運用詳細場景描繪小阿爾克那，並讓每一張牌講述自己獨特故事的套牌之一。它還以極其創新和新穎的方式，提出了許多伊利法・李維（Eliphas Levi）和黃金黎明協會（Golden Dawn）探討過的深奧關聯。這種革命性的塔羅牌製作方法不僅讓塔羅牌廣為流傳，也促使塔羅牌成為人人可用的工具，確保任何求道者都可以隨時取用塔羅牌的智慧和指引。

無論如何，1910年似乎標記了潘蜜拉・柯爾曼・史密斯的人生轉捩點。在職業生涯的最初階段，史密斯取得了顯著的成功，部分原因是她與藝術領域的傑出人物阿弗雷德・施蒂格立茲（Alfred Stieglitz）合作。施蒂格立茲承認了史密斯的藝術才能，指引她踏上了成名之路。然而，隨著1910年開展，施蒂格立茲的藝術偏好轉變了，他開始呼應藝術界的潮流轉向——後印象派（post-impressionism）。他的關注點逐漸轉向以感性詮釋聞名的歐洲現代派藝術家，與史密斯象徵性的靈性方法背

道而馳。

　　這個改變標示了史密斯專業旅程的關鍵時刻，與「星星」牌在塔羅牌中的象徵意義不謀而合，也就是牌中描繪的希望、療癒與靈性復興。儘管萊德偉特史密斯塔羅牌的發行，不可逆轉地蛻變了塔羅占卜的實務作法，但史密斯本人卻逐漸淡出公眾視野。她以與「星星」牌共鳴共振的方式，在靈性探索中尋求慰藉，遠離了曾經獲得的認可和名聲。這段內省和靈性探索期，在她接下來的一年皈依羅馬天主教達到最高點，這是她在個人和靈性旅程中蛻變轉化的一步。這樣的皈依不僅鞏固了她對新發現的靈性道路的承諾，而且標示了她與先前的藝術和神祕聯繫明顯分離。史密斯在1910年的人生體現出「星星」牌的訊息，標示了新的階段，包含更新、療癒以及在重大的轉變和挑戰環境中擁抱新的靈性方向。

第 7 章

夢境孵化

夢境孵化（dream incubation）是旨在透過夢境接收指引或答案的技術，這個過程涉及在睡前設定明確的意圖或問題。這個修習法的名稱來自於古老的習俗，當年，有些人會睡在神廟之類的神聖空間，希望藉此體驗到可以透露答案或帶來療癒的神性夢境。就此而言，他們會讓自己的問題在夢中「孵化」。本質上，夢境孵化帶有目的性，為的是與我們的潛意識心智、內在界域及靈力互動。它將做夢視為不僅止是睡眠期間的被動事件，更是主動的意識領域，在此，我們可以尋求指引和洞見。支撐這個修習法的信念在於夢既非隨機，也不是毫無意義，而是與我們的內在自我和更大的宇宙息息相關。

如前所述，做夢為我們提供了一條通向內在界域和靈界盟友的直接連結。在夢境中，我們的表意識心智在休息，而潛意識心智很活躍。這種狀態使我們更容易接收來自靈界的精微能量和訊息。這類連結並不局限於我們的個人心靈，而是擴展到內在層面之中的更大靈性景觀，而內在層面正是靈界盟友的家。這些盟友可以被視為我們無意識心智的各個面向，或是截然不同的靈性存在體。對我來說，那樣的差異並不重要，重要的是與其互動的結果。它們可以為我們的人生提供指引、智慧與洞見，為我們的質疑提供答案，為我們的問題提供解決方案，為我們的旅程提供指引。此外，我們也可以向內在的靈請求得到進一步的洞見，讓我們更好地為自己完成或為別人接收塔羅占卜。在睡前設定意圖或向塔羅指導靈提出某個問題時，我們也在向自己的潛意識心智、集體無意識、內在層面以及我們的指導靈發出信號，表示我們已經準備就緒，要好好接收它們的智慧。

練習 51

與塔羅指導靈一起孵化夢境

　　這個夢境孵化旅程，涉及在入夢前與你的塔羅指導靈連結，進而尋求清晰的指引。塔羅牌指導靈作為連結更高智慧與潛意識深處的橋梁，能助你更深入理解塔羅占卜的訊息。做夢是自然發生的情境，相當適合這類靈性交流，因為它容許表意識思想的屏障變得具有滲透性，從而帶來洞見和答案。與其呼喚你的指導靈，要對方告訴你如何將內在層面的指引帶到外在世界，倒不如讓你透過做夢進入內在層面。這個過程需要信任、耐心與好奇心，對每一個人來說，這都是獨一無二的體驗。由於洞見具有象徵性或抽象的特質，解夢可能需要練習，因此必不可少的是保持耐心，並在必要時重複這個過程。塔羅指導靈可能不會總是直接出現在夢中，反而會巧妙地影響夢的內容，從而提供指引與清晰的洞見。這樣的溝通交流可能並不明確，但是指引始終存在。

1. 睡前預留一些安靜的時間，利用這個機會放輕鬆、摒除雜念。冥想、溫和的瑜伽或單純地坐在安靜舒適的地點，都可以達成這點。這裡的目標是讓頭腦的思緒慢下來，為夢境孵化過程做好準備。

2. 回憶一下你希望進一步明瞭的塔羅占卜。瀏覽那些牌，記住它們在牌陣中的位置以及你最初的詮釋。思考一下你對這次解讀有何疑慮或問題。

3. 建立清晰、簡明且與那次塔羅占卜有關的問題或意圖，然後召喚你的塔羅指導靈並提出你的問題。觀想指導靈的外貌、指導靈給予你的符號以及指導靈的名字。你的意圖很可能像這樣：「親

第 7 章

愛的塔羅指導靈,請揭示『高塔』牌在我那次占卜中的深層含義。」「親愛的塔羅指導靈,請讓我看見,該如何將我在那次塔羅占卜中的建言應用到當前的情境。」

4. 將你的意圖寫在一張紙上,藉此強化你的意圖。將這張紙放在枕頭底下或床邊。如果感覺適當,也可以將用於占卜的塔羅牌放在同一個位置。
5. 一旦準備好要睡覺,就觀想你的塔羅指導靈出現在夢中。盡可能生動地想像對方,或許它們正在為你的問題提出指引、建言或答案。
6. 設定好意圖並觀想過夢境之後,就讓自己自然而然地入睡。信任你的潛意識心智必定會在你睡覺時好好解決你的問題。
7. 一覺醒來,立即努力回想你的夢境。在身邊放一本夢境日誌,一醒來就把記得的任何細節寫下來可能會有幫助。好好思考這些細節,尋找可以為你的問題提供答案的符號或主題。

練習 52

吸引合適的問卜人

你的塔羅指導靈可以充當偵察員,讓那些會因為你的占卜解讀而大大受益的人與你聚在一起。這位靈性嚮導架橋銜接了物質世界與靈性世界之間的鴻溝,幫助你與真正需要塔羅洞見的個體連結。這類連結是有意為之的,由能量與必要性的結合驅動。那些在人生路上追求清明、指引或確認的人,會被溫和地導引到你身邊。你將透過塔羅指導靈的影響力駕馭這樣的機緣巧合,從而為那些被你的服務所吸引的人,提供有意義且影響深遠的占卜解讀。

1. 閉上眼睛，帶著真誠的意圖召喚塔羅指導靈。請求對方協助你，吸引可以因你的塔羅占卜而受益良多的人。
2. 放下個人的渴望或期待，信任你的指導靈知道哪些人最適合成為你的占卜解讀對象。
3. 與你的指導靈一起重複某句強而有力的肯定語，例如：「基於全體的至善，在我的靈界同伴的指引下，我透過塔羅牌吸引需要智慧和療癒的人，這些人將會聆聽解讀並從中獲益。」
4. 觀想你的指導靈是光芒四射的指引之光，向外延伸擴展其能量。看見這座燈塔照亮了必會因你的塔羅占卜而受益的人們。
5. 感覺你正在校正自己的能量，使之與指導靈的能量契合，以團隊合作的方式，與需要你們的塔羅洞見的人們連結。
6. 成為虛心接收的管道，接收指導靈的智慧和指引。欣然接受能量的流動，因為這些會將合適的個體吸引到你身邊。
7. 相信有意義的共時性和邂逅必會發生，因為你的指導靈會校正你的道路，使之與尋求塔羅占卜的人契合。
8. 經常與你的指導靈溝通，感恩對方的協助，感謝對方為你的塔羅療程帶來合適的人選。

究竟是想像中的朋友還是指導靈呢？

當你最初與指導靈一起開始旅程時，如果彼此的互動很類似想像中的朋友，其實是很正常的。然而，這不應該被詮釋成指導靈並不真實，或純粹是你想像的產物。如同之前解釋過的，靈力和想像力往往有驚人的相似處，因為兩者都仰賴相同的心智功能和腦波狀態。荻恩・佛瓊針對這點完美地寫道：

第 7 章

說某樣東西是想像的,並不是要在頭腦的界域裡清除掉它,因為想像力或圖像形成能力,其實是人類心智運作非常重要的一環。從心理學的觀點來看,想像力形成的影像等於是實相。確實,它在物理上並不存在,可是我們要把實相局限在等同於物質嗎?假使那麼做,恐怕會大錯特錯,因為心智圖像是強有力的東西,儘管它們實際上並不存在於物質層面,但是它們對物質層面的影響卻遠遠超過多數人的料想。[18]

愈是與指導靈打交道,你就會愈發善於辨別,無論你只是在想像中創造某樣東西,還是利用那些相同的途徑接收真正的資訊。這正是為什麼冥想、自我反省、撰寫日誌及提升自我覺知等實修法,在發展靈力方面已被證明有其價值。這些實修法有助於深入了解自己頭腦的運作,使你能夠區分所接收到的資訊到底是來自內在的心靈還是外在的源頭。而磨練辨別能力,則可以深化你與指導靈的連結,更清晰明確地接收到有意義的洞見。

練習 53
強化塔羅指導靈的臨在感

塔羅指導靈是否在場屬於個人的體驗。這個練習的目標是透過想像力、觀想與意圖,強化你與對方的連結。你愈是投入這個修習法,指導靈的思想念相就會變得愈完整統一,並在你的靈性旅程上提供指引和安慰。

---

18 Fortune, *Spiritualism in the Light of Occult Science*, 91.

你的塔羅靈界幫手

1. 以令人平靜的冥想展開新的一天。觀想你的塔羅指導靈出現在身邊，散發著令人欣慰和具支持作用的能量。設定意圖，讓對方整天陪在你身邊。
2. 當你準備好迎接新的一天時，唸誦肯定語，確認你與塔羅指導靈的連結。大聲說出來或默默地自言自語皆可，在應對當天的事件時，感謝塔羅指導靈的指引和保護。
3. 當天從早到晚，在做出重要決定或面臨挑戰之前都先暫停片刻。想像你的塔羅指導靈就在身邊，正在為你提供它們的智慧。透過觀想、提問或感應指導靈的回應，尋求對方的指引。
4. 當壓力或焦慮出現的時候，不妨閉上眼睛片刻，想像塔羅指導靈將你包裹在令人欣慰的懷抱中。好好感覺指導靈撫平人心的能量，讓指導靈幫助你歸於中心，在紛亂中找到內在的平靜。
5. 午餐或休息時，到大自然中散散步。想像自己與塔羅指導靈一起探索，它們低聲訴說著關於自然界的洞見，鼓勵你與環境的能量連結。
6. 當天結束時，安靜地坐下來，反思一下有塔羅指導靈陪伴的體驗。好好記錄你想像指導靈在場的時刻、它們傳達的訊息以及它們引發的情緒。
7. 以感恩冥想結束這一天，對你的塔羅指導靈表達感謝，感謝對方不斷的支持和臨在。觀想它們慈愛而感激地擁抱你，將它們的思想念相深深地錨定在你的實相中。

第 7 章

練習 54

呈現塔羅指導靈的面向

　　這個練習更加進階，只有在你感覺可以完全自在而自信地與塔羅指導靈連結，且完全信任它們的時候，才應該嘗試。你需要在與它們合作時打下堅實的基礎，而且確保你召來的能量是可靠的。如果你在這個練習中感到心神不寧或不安全，務必立即停止，重新與自己的能量連結。要帶著尊重以及在靈性旅程上學習和成長的意願接近這個修習法。藉由祈請塔羅指導靈以及調和能量，你可以強化與靈性盟友的聯繫，在你的玄學之路上培養比較深入的夥伴關係。

　　練習時，你會邀請塔羅指導靈前來照亮你，此時，你揉合了自己的能量與對方的能量，想像自己透過指導靈的眼睛觀看，透過指導靈的身體感覺，這將會賦予你不同的視角，從而提升你的直覺能力。你基本上是將它們當作可以穿戴的能量面具或服裝。這可以被認爲是「面向呈現」（aspecting），這個詞同時被1980年代小伊沃‧多明格斯的傳統聖輪集會（Assembly of the Sacred Wheel），以及史達霍克的回歸（Reclaiming）傳統所採用──「回歸」一詞摘錄自羅傑‧澤拉茲尼（Roger Zelazny）於1960年代的科幻小說《光明王》（Lord of Light）。「面向呈現」是你呈現出「靈」的某個面向，卻沒有被完全附身的體驗。我後來發現，我即將分享的修習法，可以讓人們更深入地洞悉塔羅牌及其傳達的訊息。你可以從指導靈的視角詮釋塔羅牌，提出清新的洞見、象徵意義與另類詮釋，最終更全面地了解你所做的占卜解讀。欣然接受這個賦能培力的體驗，並視之為個人和靈性成長的機會。

你的塔羅靈界幫手

在嘗試這個修習法之前，務必信任自己以及你與塔羅指導靈的關係。

1. 在心裡呼喚塔羅指導靈的名字，召喚對方，觀想對方的符號或形相。
2. 想像你周圍有一圈明亮的光，代表塔羅指導靈的能量。觀想這光與你自己的光融合，創造出揉合的能量。感覺到指導靈的臨在就像具保護和支持作用的服裝，輕輕地包裹住你。
3. 觀想自己和塔羅指導靈是一個整體。想像透過對方的眼睛看見，透過對方的身體感受。感應到對方的智慧、直覺、靈力與你自己的融合，從而提升你的感知和理解。
4. 隨著塔羅指導靈的能量流經你，將塔羅牌洗勻，同時保持在塔羅指導靈的臨在之中。抽出即將解讀的牌，感覺指導靈的指引和洞見影響著你的選擇。
5. 展開牌陣時，用塔羅指導靈的視角詮釋牌義。信任你的直覺，以及在與指導靈的能量連結期間，出現的任何想法或情緒。解讀時，好好感受增加了哪些靈能洞見的深度和清明度。
6. 解讀完畢後，花點兒時間感謝塔羅指導靈的支持和提供的見解。反思一下你透過它們的指引得到的體驗，以及任何獨特的視角或訊息。
7. 當你準備好結束練習時，觀想你的能量與塔羅指導靈的能量分離。允許對方的臨在輕輕脫離你的能量服裝，讓你回歸到你的個人自我。

∞

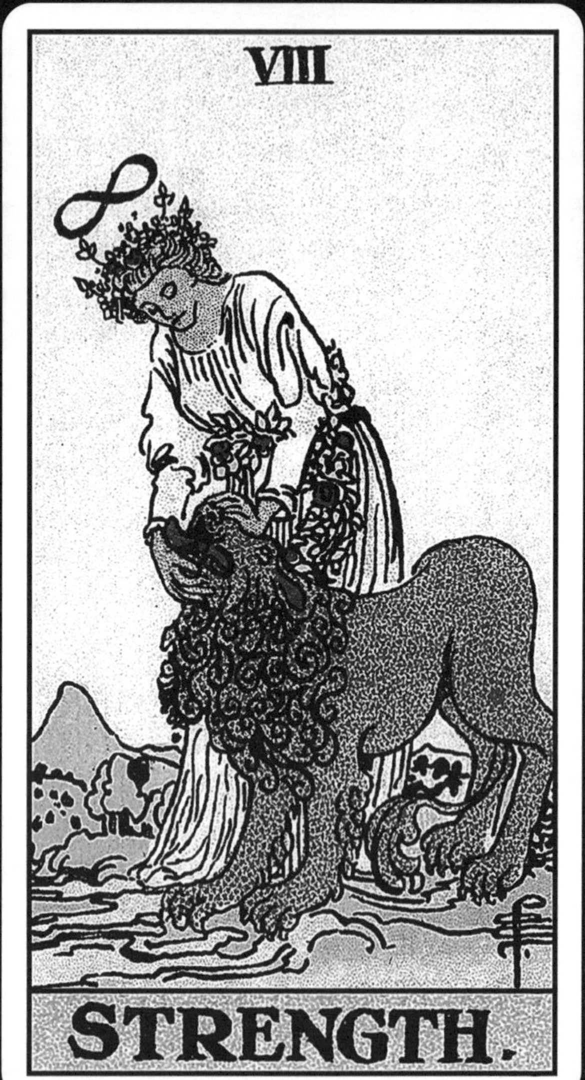
VIII
STRENGTH.

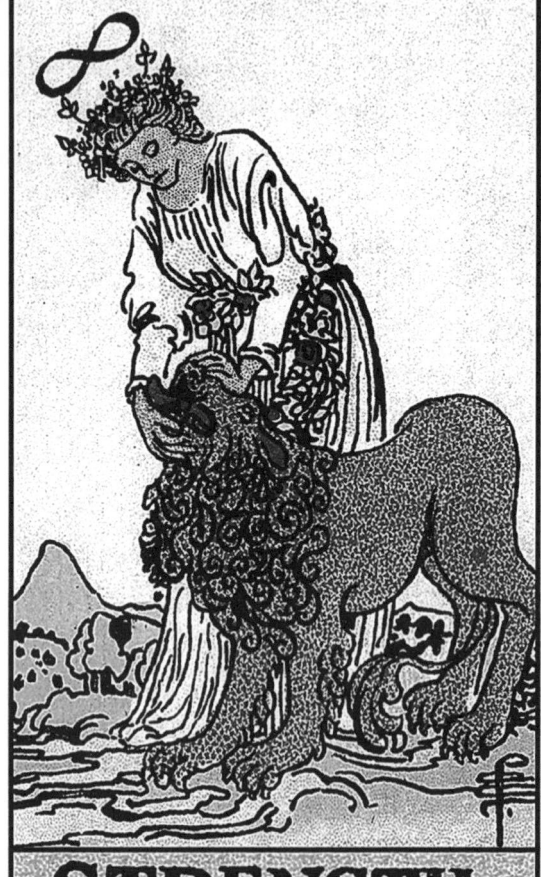

第8章
∞

靈能塔羅

20出頭歲的時候,我不太認真對待自己的靈力或靈性道路。我拋開最初對它的熱愛,偏向參加派對和社交活動。然而,在某場家庭派對上,一次意想不到的靈能異象,改變了我對自己的靈能優勢及其重要性的觀感。雖然我以前曾經找到方法駕馭靈能現象,但當時還要持續努力才能精通嫻熟——尤其是有意識地運用它們而不是任其隨機發生。那天晚上,空氣中彌漫著音樂和隨意的對話,我手中拿著一杯酒,一幅不受歡迎的強烈異象震撼了我的覺知。我看見了去參加派對途中經過的小巷,我聽見隱約的嗚咽聲,我感受到看不見的掙扎帶來的恐慌。幾乎就在同一時間,一個清晰到令人無法忽視的聲音建議說:「現在就離開,不要一個人走。別走路離開。」這次體驗與我偶爾幾次習慣聽見的尋常心靈背景噪音不同,它是響亮緊急的警報。

我的心狂跳,環視了整個派對大廳。朋友和熟人忙著閒聊,對我內在的危機感一無所知。這個異象傳達了直接的訊息,意圖明確,而且要求我立即採取行動。我迅速地靠近跟我一起來到這場派對的密友(為了方便本書描述,姑且稱我的密友為蘇珊),帶著她離開人群。我沒有詳細說明(因為我知道她堅持無神論,那很可能使她心生懷疑),只是堅決強調,我們需要立即離開。我聲音裡的緊迫感就夠了,儘管她顯然很困惑,但還是同意離開。另外一位朋友並不那麼樂於接受我的建議。他無視我的警告,繼續享受美酒。

我請他晚點兒傳簡訊,確認他安全到家。匆匆道別後,蘇珊和我離開了。我們無視平時偏愛散步的習慣,反而招了計程車回到公寓。那則訊息的指令很明確,而我不打算以不予理會來測試它的準確性。

第 8 章

當晨光灑滿房間時,我的手機嗡嗡地響起訊息提示音,那很快地驅散了我剩餘的睡意。昏昏沉沉、宿醉未醒的我抓起手機。滑動手機瀏覽簡訊時,不祥的預感油然而生。選擇留在派對上的朋友,在派對場所附近一條燈光昏暗的小巷裡遭人襲擊,那正是我前一天晚上看見的那種空間。當時他與身邊的朋友經歷了一場驚心動魄的纏鬥,那更加符合令我不知所措的異象和身體感受。面對自己靈能警報的精確無誤其實很令人不安,尤其是那則警報與朋友惡夢般的折磨密切相關。這次經驗足以讓我甩掉任何漫不經心的態度,慎重地對待我的靈能力。它們是工具——需要謹慎地打磨、尊重地考量,而且,最重要的是,當它們發出警報的時候,務必認真關注。

這個令人不安的事件是關鍵時刻,驅策我更有紀律地探索自己的靈力。我看待它們的方式轉變了,從將它們視為古怪的附帶說明,轉變成體認到它們是重要的能力。這些能力為我和我在乎的人提供了實質的保護。我的經歷並非獨一無二,它呼應了靈能現象在不同社會中的悠久歷史和廣泛影響。這些靈力實例已經發生在世界各地無數人身上,而且至今仍舊持續發生。無論是直覺的輕推還是生動的異象,來自不同背景的人們都談到這類經驗,說它們幫助自己規避傷害或做出影響深遠的人生抉擇。這些能力一視同仁,它們的顯化無關年齡、文化背景或社經地位。

蘇珊和我最終決裂,不再是朋友,而且感覺好像我的某一部分正逐漸消失。若要了解她,不妨想想珍寧・葛拉佛洛(Janeane Garofalo)在《阿珠與阿花》(*Romy and Michele's High School Reunion*)當中飾演的希瑟(Heather Mooney)。蘇珊是現實生活中的希瑟:菸抽個不停,永遠一身黑,大量的黑色眼影和眼線,我們戲稱那是她的浣熊眼,而且她總是準備好隨時講話一針見血。我愛她。她是我每一次狂野冒險的不二人選。多年來,如果你看見我們其中一個,另外一個肯定在附近。不幸的是,

毒品出現了,我無法支持她的選擇,加上嚴重的人格改變,雙重重壓之下,那份友誼崩潰了。在我們分道揚鑣之後許久,別人還是會問起她,這證明我們的人生曾經極其緊密地交織在一起。我想像,每當她單獨出現時,也會巧妙地回答同樣的問題,那是視覺上的失衡,再也看不見曾經牢不可破的二人組。

時間流逝。我最後住在優勝美地(Yosemite)郊外名叫馬里波薩(Mariposa)的迷人小鎮。有一天,蘇珊突然間占據我的思緒。收音機似乎參與了這個基調,一逕播放著她以前最愛的歌曲。那一夜,她出現在我的夢中。在狹窄的房間內,在激烈的爭吵中,她突然間打破緊張的氣氛,說道:「我不想再吵了。」我們擁抱彼此,然後在兩人講和之際,她向我道別。我醒來時,那個夢仍舊生動地印在腦海裡,扣人心弦到足以與我的室友分享(他們也認識蘇珊)。然後,幾乎就像寫好的劇本,我當晚收到了一則訊息。「你聽說了蘇珊的事情嗎?」訊息這麼說。時機詭異,我感到肌膚麻辣刺痛。「她走了。她昨晚結束了自己的生命。」這個共時性太心酸慘痛而不容忽視,也使我心中納悶,是否曾經交織在一起的人生脈絡,最後一次伸出手來告別,並在內在層面做出彌補?我的心靈敏感度情不自禁地與那個時機、那些歌曲、那個夢境起共鳴——所有這一切共謀,標示某個時代的終結,以及失去與我的人生曾經深度連結的魂靈。靈力不只是怪異的行為,在本質上,它們與塑造我們人生的節奏和關係息息相關。

欣然接受靈能者這個詞

我並不是特例——你也有靈力。許多人對**靈能者**(psychic)這個詞感到不安,這樣的猶疑通常是源於與之相關的負面刻板印象,以及電影和電視節目等流行媒體中的誇張描述。好萊塢將靈能者描繪成有超自然

能力的神祕人物，這導致人們對靈力的真正意義產生扭曲的理解。有靈能力並不是超自然現象，它反而是每一個人與生俱來的自然能力。從事靈媒工作的人（我們後續會探討這點）都知道，「靈」透過靈通感官直接溝通交流。無論在轉世之前、期間或之後，身為靈的我們都具有這些能力。靈力既是一種靈性語言，用來解碼超出我們身體感官可以感受到的能量，也是連結日常體驗與內在層面的導管。

我們使用的字詞可以很大程度地塑造我們的感知和理解。由於「靈能者」這個詞的汙名和刻板印象，規避它可能無意中導致我們忽視或不予考慮各種與生俱來的感官。就跟肯定語和神經可塑性的概念一樣，我們的言語蘊含巨大的力量。若要體認並駕馭我們與生俱來的靈力，欣然接受「靈能者」這個詞並重塑對它的理解可能是第一步。重新定義「靈能者」意指象徵人類與生俱來提升感知、同理心、理解（靈的語言）的能力，我們讓自己有機會契入這些往往隱伏的能力。一旦我們認可了自己的靈能潛力，塔羅牌之類的工具便能提供實用的方法，讓那份能力成為清晰的焦點。塔羅牌可觸摸的本質提供了實體的聚焦點，幫助我們更有效地傳導和精煉心靈能量。

培養靈能敏感度

雖然聽起來彷彿陳腔濫調，但培養和保持靈力確實是一趟旅程，而不是某個目的地。這個過程就像培養任何其他技能或才華，需要持續的努力、關注與內省。在持續努力之下，靈力可以隨著時間的推移而增強，但是如果不經常鍛鍊，它們也可能陷入休眠狀態。這趟靈能旅程的初始階段，通常涉及體認到靈力存在於我們之內。一旦我們承認這點，下一階段便涉及培養和精煉這些能力。這往往包含調頻聆聽我們的靈通感官——靈視力（清晰的視覺）、靈聽力（清晰的聽覺）、靈嗅力（清晰的嗅

覺)、靈嚐力（清晰的味覺）以及靈觸力（清晰的感覺）。這些與我們的身體感官非常相似，但它們偵測的卻是精微的非物質能量和資訊。在我們解鎖了自己的靈力之後，就需要不斷磨練它們，才能保持敏銳。經常練習在這個階段至關重要，如同音樂家必須不斷練習，才能改善和維持自己的技能，我們也必須經常鍛鍊靈力，才能使它們保持既有力量又清晰明確。培養靈力的實際步驟可以包含每天騰出時間冥想、經常為自己或他人占卜解讀、參加旨在增強靈能感官的練習，或者只是做出有意識的努力，在日常生活中信任並聆聽自己的直覺。假使你已經讀到本書這個部分而且跟得上，那麼你已經為這項工程做好準備了。

靈視力

多數人聽到「靈能力」的時候，想到的都是靈視力。這是最著名的靈能感官。靈視力常被稱作「清晰的視覺」，它是在腦袋中拾取畫面、符號，乃至整個場景從而提出特殊見解的技能。就好像你的腦袋裡有一面私人電影院的銀幕，你可以投射影像與符號，在上面看見完整的場景。這可能會顯化成在某張塔羅牌被抽出來之前，你就已經先觀想到那張塔羅牌，或預先見到某個場景直接回答朋友的緊迫問題。你知道如何沉迷在書裡，然後書中的場景直接在你的心靈之眼中展開吧？那正是靈視力的感受。將靈視力融入你的塔羅實務，可以提供額外的視覺情境和象徵意義，從而提升你的詮釋深度。靈視力也可以是外在的，此時，你確實運用了外在的眼睛看見能量、光、陰影或人物，彷彿那些是物質實相的能量疊加。

若要在塔羅占卜期間提升你的靈視力，請讓目光溫和地落在每一張牌上，吸收那些細節、色彩、符號與場景，同時注意任何出現的自發視覺印象。偶爾將你的焦點從塔羅牌轉移到某個空白的表面，或短暫地

第 8 章

閉上眼睛,藉此增強你的內在觀想。密切注意出現在心靈之眼中的視覺畫面,因為它們可以為你的解讀提供更深層的洞見。若要進一步培養靈視能力,不妨經常落實引導式意象練習,例如引導式冥想,或單純地在你的心靈之眼中想像簡單的形狀或物體,看看你能堅持多久。這將會增進你感知非物質符號和圖像的能力。若要培養外在的靈視力,則要學習柔和凝視才能更容易看見能量場,也就是練習將焦點集中在窗玻璃上,然後轉移視線,移到玻璃之外的物體,藉此訓練你的眼睛流暢地調整焦點。將這個技巧應用到解讀中時,可以將客戶當作窗玻璃,讓你的目光柔和地穿透,看向客戶之外的地方。

靈聽力

靈聽力是「清晰的聽覺」,意指感知正常聽覺察覺不到的聲響、聲音或音樂的靈力。靈聽力可能會讓你覺得像是戴著一副獨特的耳機,能夠調頻聆聽超出普通聽力範圍的聽覺領域。這些聽覺印象往往承載著訊息、指引或洞見,且很有可能成為解讀對象的關鍵啟示。舉例來說,你可能會聽見某個低語呢喃著對問卜人而言頗有意義的名字或字詞,或聽見某段引發深層情感的旋律。在塔羅占卜中,靈聽力可以提供聽覺線索,幫助你領會那些牌與解讀對象的相關性。你可能會偵測到一個字詞或詞組,為某張牌的象徵意義提供背景訊息,或揭開問卜者所處境遇的某個隱祕面向。許多人小時候(或在兒童身上觀察到)經常遇到這樣的情況:聽見父母或監護人叫喚你的名字,然後發現他們根本沒有在叫你。

若要增進塔羅占卜的靈聽技能,首先要找到一個安靜的空間,沒有外在的噪音能讓你調頻聆聽可能透過靈能感知出現的細微聲響。在開始解讀之前,先做幾次深呼吸練習,放鬆並敞開你的感官,讓自己更容易接收靈能資訊。一旦準備好了,就開口請求得到指引。你可以請求自己

的指導靈或神性，設定這個意圖等於是開門迎接靈聽力訊息在塔羅占卜期間進入你的覺知。占卜解讀進行時，要注意一切聽覺印象——可能是突然出現在你腦海中的字詞、聲響或音樂片段。即使這些聽覺印象當時似乎毫無意義，也要把它們寫下來，事後再好好反思。舉例來說，如果一首歌的歌詞不斷在你腦海中重播，務必認真看待，其中可能有某條隱藏的訊息。至於比較長期的靈聽力培養，聆聽練習會是非常有價值的。一個有用的練習是聆聽一段音樂，同時聚焦在編曲中的單一項樂器。這能訓練你從周圍的「噪音」中分離出特定的聽覺線索——這項技能在塔羅占卜中至關重要。假以時日，這個系統性的方法必會精煉你的靈聽能力，幫助你在忙著解讀塔羅牌的時候，捕捉到極其細微的心靈聲響。

靈嗅力

　　靈嗅力又名「清晰的嗅覺」，意指感知物質環境中不存在的香味或臭氣的靈力。這類似於擁有敏銳的嗅覺，能夠偵測到其他人無法感知到的芬芳。這些香氣可能具有象徵意義，或是與被解讀者或其處境有特定的連結。舉例來說，你可能會莫名其妙地聞到已故祖母的香水味，或是遇到喚起特定記憶或情緒的氣味。雖然靈嗅力在塔羅占卜中可能不像其他靈力那樣突出，但它還是可以為你的解讀提供獨特而有意義的層面。將牌卡與因為氣味而喚起的特定記憶或情感聯想在一起，你就可以為詮釋提供額外的背景和深度。

　　若要在塔羅占卜期間更好地識別心靈的氣味，首先要確保你所在的房間沒有任何令人分心的強烈氣息——沒有任何氣味的空間，可以讓你的鼻子對可能出現的任何異常氣味更加靈敏。洗牌之前，花幾分鐘觀想不同的氣味以及它們令你有何感受，這將幫助你更好地覺察到稍後可能出現的任何心靈氣味。當你準備好要解讀時，請在心裡發出訊號，表

第 8 章

示你樂意透過嗅覺接收訊息。刻意地做到這點使你更有可能體驗到靈嗅力。在日常生活中，不妨練習多多覺察周圍的氣味，設法注意那些氣味帶給你的感受或觸發的任何記憶。這就像建立個人的氣味目錄，然後你可以在塔羅占卜期間參考該目錄。在解讀過程中，不要忘記時不時暫停一下，看看是否有任何新的氣味。你可能不會總是在房間內聞到實體的氣味，但還是可能在心靈層面捕捉到什麼。

靈嚐力

靈嚐力又名「清晰的味覺」，意指在沒有任何實體輸入的情況下，辨別味道的靈力。這就好像你擁有獨特敏感的味蕾，可以辨識正常感官體驗無法企及的味道。對你的解讀對象來說，這些味道可能具有象徵意義或個人意義。舉例來說，你可能會遇到令你想起珍愛的童年菜餚的味道，或與即將發生的事件或境況有所連結的味道。儘管靈嚐力可能不會經常出現在塔羅占卜中，但卻可以增添另外一個感官維度，從而豐富你的詮釋。透過靈能感知調動味蕾，你可以深化那些牌提供的見解，以及它們可能對解讀對象造成的影響。舉例來說，在170頁的解讀中，我體驗到了柑橘的味道，那是一種甜中帶酸的風味，讓我聯想到順境與逆境交織後所產生的平衡結果。由於我們身體的味覺和嗅覺在日常生活中緊密相連，因此很常見到靈嚐力與靈嗅力混合在一起發生。

若要在塔羅占卜中微調你的靈嚐能力，首先要讓味覺回復中性，避開可能會扭曲靈能味覺的強烈風味。在開始解讀之前，不妨嘗試以正念飲食作為更加了解各種風味的方法。吃東西的時候仔細品味，挑出複雜的細節，同時注意它們喚起的身體感受。在準備冥想期間，則投入聚焦在味覺的觀想練習。想像不同風味的身體感受在你的舌頭上，並在內心裡品嚐它們，為靈能的味覺印象做好準備。此外，你可以根據自己的直

覺理解,開發特定味道與某些塔羅牌之間的個人化關聯。假以時日,這些味道與牌卡的關聯將會變得自然而然,使你的解讀內容更加豐富。當你準備好開始塔羅療程時,要在心理上準備就緒,才能接收奠基於味道的訊息。設定這個意圖可以使你的潛意識覺知到,你樂於接受靈嚐力的體驗。在實際解讀期間,要對突然出現在意識中的任何意外味道保持警惕。即使它們當時看似無關緊要或令人困惑,也要把它們記錄下來。事後的分析可能會揭示,這些味道確實是深具洞見的線索。

靈觸力

靈觸力是「清晰的觸摸」,意指透過身體的觸覺感受感知資訊、印象或洞見的靈力。發生靈觸力的常見方式之一是接觸感應,亦即實際處理某個物體或觸碰某個人,然後獲得關於該物體的歷史,或與該物體的情緒能量相關的資訊。舉例來說,你可能只是握住一個人的手,就辨別出那人的情緒狀態,或是因為拿著某個物體而發現該物體的過去。接觸感應在遠距或線上解讀時尤其有用。拿著屬於問卜者的物體時,你就能契入對方的能量場,這有助於更準確且更有洞察力地鎖定對方的個人能量特色。接觸感應是許多靈能者諸多技藝中的關鍵技能,可以提升靈能解讀的深度和準確度。此外,靈觸力也可以是在沒有任何實際物體的情況下,由能量引發的物理刺激所產生的感知。

靈觸力在靈力的範圍內地位獨特,因為它是心靈與直覺資訊之間的橋梁。雖然所有靈能感官都可以在某種程度上與直覺資訊相關聯,但是由於靈觸力與肉身、情緒及外在刺激,有直接且可感知的相互作用,因此關聯性尤其高。透過觸摸,我們從低我接收到原始、直覺的資料,然後我們的表意識心智可以將其轉譯成靈能的身體感受。我們觸摸的物體扮演著觸發器,喚醒了我們的直覺,將我們與宇宙的能量場相連。然後

第 8 章

這類資訊會成為心靈的印象，上升到我們的表意識覺知。物質世界、心靈的高我以及直覺的低我之間的這份連結，促使靈觸力成為靈能運作的高效工具，尤其是應用到塔羅占卜時。操作牌卡的時候，我們就是在邀請自己的低我參與解讀，它能提供豐富、直覺的脈絡，讓我們更好地運用認知詮釋牌卡的象徵意義。

若要深化你在塔羅占卜中的靈觸力，不妨從拿著水晶之類的實體物品冥想開始。好好感受水晶的質地、溫度與能量，以此磨練你的觸感直覺。此外，你還可以練習接觸感應，拿著屬於朋友或家人的個人物品（始終要經過對方的許可），然後允許直覺資訊透過你的觸碰流動，同時也要在觸覺層面與你的塔羅牌交流。讓指尖滑過牌卡的圖像，留意出現的身體感受和情緒。這種肌肉運動知覺的互動可以強化你與塔羅牌的聯繫，促使奠基於觸摸的靈能技能變得犀利敏銳。某些塔羅占卜師建議在占卜前洗手，以此作為心智和能量的準備工作，這很類似於外科醫生在手術前消毒雙手。至於動手操作的實驗，不妨嘗試蒙眼觸覺測試。讓朋友隨機給你物品，同時遮住你的雙眼，只透過觸摸辨別物品或其主人的相關細節。另一個好玩的練習涉及觸摸不同質地的物體，例如絲綢、羊毛或金屬，然後憑直覺詮釋這些質地的象徵意義。如果你樂於接受額外的訓練，靈氣（Reiki）之類的能量療癒法也極其有用。這類訓練和調頻可以微調你透過雙手感應和導引能量的能力。

識別你的靈能優勢

正如每一個人有不同的學習風格，談到靈能感官，我們也有獨特的癖性。了解你的主導靈力，與識別你的自然學習風格和想像力息息相關。體認到這些優勢後，你便可以提升靈力、獲得寶貴的洞見，並深入了解你與生俱來的靈能傾向。藉由遵循接下來的四個練習，以及覺知到

你的學習風格、日常想像力與記憶,你將可以更深入地了解自己的主導靈力。了解你的靈能優勢可以幫助你知道,在占卜期間得以仰賴什麼作為主要的靈能感知形式,以及你可能需要在哪些領域下工夫。身為靈力教練,我最討厭的事情之一,就是聽見有人說「我有靈視力,但是沒有靈觸力」,或諸如此類的話。你擁有所有的靈通能力,只是某些部分可能需要多多開發。這類陳述也會產生神經可塑性,使那些區域的開發更加困難。因此,要留心你說了哪些你無法做到的事,因為你的腦子正在關注那點。

練習 55
了解你的靈能學習風格

1. 花點兒時間細想,你最擅長如何處理、了解新資訊?你偏愛看見和閱讀(視覺)、聆聽和口說(聽覺)還是動手操作(運動知覺)?
2. 假使你是那種最擅長透過圖片或視覺畫面學習的人,那麼你八成天生具有靈視力。回想一下你在這類靈力方面的體驗,把實例記錄下來,分析它們在你的學習過程中的重要性。
3. 如果你體認到自己最擅長透過聽覺方式學習,你可能天生傾向於靈聽力,靈聽力的特點是聽見別人聽不到的聲音、聲響或音樂。想想有什麼實例是你聽見了別人聽不到的聲音,然後寫下你記得住的內容。
4. 如果你比較偏向運動知覺學習,靈觸力可能是你天生具有的一種靈能力。這是透過觸覺感應蒐集洞見的能力。想想有時候,你可能會在觸碰某樣物體或某人的時候得到啟示,然後把那些內容記錄下來。
5. 如果你最擅長透過味覺或嗅覺學習,你可能會有很強的靈嗅力

（嗅覺）或靈嚐力（味覺）。回想一下有哪些實例顯示出你體會過這類經驗，把它們記錄下來，仔細斟酌它們與你的獨特學習方式有何關聯。

練習 56

觀察你的感官想像力

1. 先找到一個寧靜的地點，大約10分鐘不會有人打擾。
2. 讓自己舒服自在，閉上眼睛。
3. 一旦放鬆了，就讓思緒自由徜徉。不要試圖操控或分析思緒，只要讓想像力好好漫遊。
4. 思緒飄忽不定時，記下出現的任何白日夢或有想像力的想法。避免評斷或詮釋它們──單純地觀察即可。
5. 聚焦在白日夢或心智圖像中涉及的感官。你看到、聽到、聞到、嚐到或感覺到什麼呢？哪些感官最強烈？哪些最微弱？這會使你更清楚地了解到你的想像力如何操作。
6. 療程結束後，立即在你的塔羅日誌本中記下白日夢的要點。不僅包括人物、背景、情感、符號、主題，還要注意哪些感官最活躍和最不活躍。記錄得愈詳細，對你愈有幫助。
7. 假以時日，重新審視你的筆記並尋找模式。在你的白日夢中，某些感官是否比其他感官更為突出呢？是否有重複出現的主題或角色？你會針對未來、過去或想像的場景做白日夢嗎？觀察這些模式可以為潛在的靈視力傾向提供有價值的洞見。

練習 57
聆聽你的內在耳朵

1. 選擇一個安靜、舒適的空間，在那裡，你可以集中注意力且不受干擾。確保你的筆記本和筆隨時可用。
2. 閉上眼睛，慢慢地深呼吸，讓身體放鬆。繼續，直到你的頭腦平靜且開放為止。
3. 注意腦海中出現的任何聲響、歌曲、詞組或對話，將這些視為靈聽力的潛在跡象。
4. 單純地觀察內在的聲響，不試圖操控或詮釋。你是這些體驗的觀眾。
5. 感知到某個內在聲響或對話時，把它寫在筆記本上。詳細記載來源、內容以及你對它的感受。
6. 記錄完每次體驗之後，就閉上眼睛，回到敞開接收的狀態。重複這個過程，直到你當天蒐集到足夠的資訊為止。
7. 每天重複這個練習。經常練習能讓你更善於識別這些內在的聲響，也更能理解它們的重要性。
8. 回想一下你的發現，尋找任何趨勢或反覆出現的主題。這些洞見將會闡明你的靈聽能力及其潛力。

練習 58
觀察你的感官記憶

1. 分配一些安靜的時間，回憶人生中的重要記憶。在你憶起這些事件時，有意識地觀察那些記憶如何來到腦海中；重新體驗時，注意哪種感官最常被牽扯在內。在筆記本中寫下任何模式或觀察。

第 8 章

2. 持續回想你的記憶時，留意你是否傾向於觀想這些事件的場景。你是否以如畫面般的生動方式看見影像、地點、臉孔或動作？如果是，這可能強烈暗示你比較傾向於靈視力。記錄這些體驗和經常出現的任何圖像。
3. 在回想的過程中，關注存在記憶中的聲響或聲音。如果你注意到自己傾向於「聽見」來自過去的字詞、音樂或其他聲響，這可能表示靈聽力的傾向。務必詳細記錄這些體驗，以利於進一步參考和分析。

練習 59

靈能感知校正

這個練習的目的是刺激並平衡松果體（pineal gland）、眼睛、乳突骨（mastoid bone，位於耳朵後方）及咽喉。這個過程能鼓勵能量流動，提高我們的靈視力和靈聽力，並培養我們明確表達這些靈性洞見的能力。結合調息法與觀想可以啓動與這些區域相關聯的高階機能。松果體位於大腦中心深處，在許多靈性傳統中時常被稱作「第三眼」（third eye）。這個腺體與褪黑激素的產生有關，而褪黑激素是幫助調節睡眠模式和晝夜節律的荷爾蒙。在玄學圈內，松果體也與內在視力和直覺有關。刺激它有助於啓動這些機能，提高內在知曉感和內在靈視力，也有助於內在觀想。

我們的肉眼不僅賦予我們實際的視覺，同時也與我們感知周遭世界的方式息息相關。這部分的練習有助於使我們的外在靈視力和外在觀想更加犀利敏銳。位於耳朵後方的乳突骨是聽覺系統的一部分，扮演將聲音振動從外耳傳導到內耳的角色。經由刺激乳突骨，有可能提升我們的聆聽技能，更深入讓自己調頻對準

周遭的細微聲響。這可以增強我們的內在和外在靈聽力，使我們得以辨別可能被忽視的靈性訊息或聲響。咽喉與溝通和表達有關聯，藉由平衡咽喉區，我們可以提高明確地表達思想、感受與靈性洞見的能力。這項工程有助於清除堵塞，改善身體內的整體能量流。

1. 首先將注意力集中在松果體上，它是豌豆大小的小腺體，位於大腦中央。觀想松果體散發著乳白色的光。吸氣時，感應到本區愈變愈溫暖、愈來愈明亮。屏住氣息，數到10，然後慢慢吐氣。如此重複三次。
2. 下次呼吸時，觀想乳白色的光從松果體向外移動，穿過你的大腦，最終抵達雙眼。你的眼睛就是直覺能力的外在門戶。

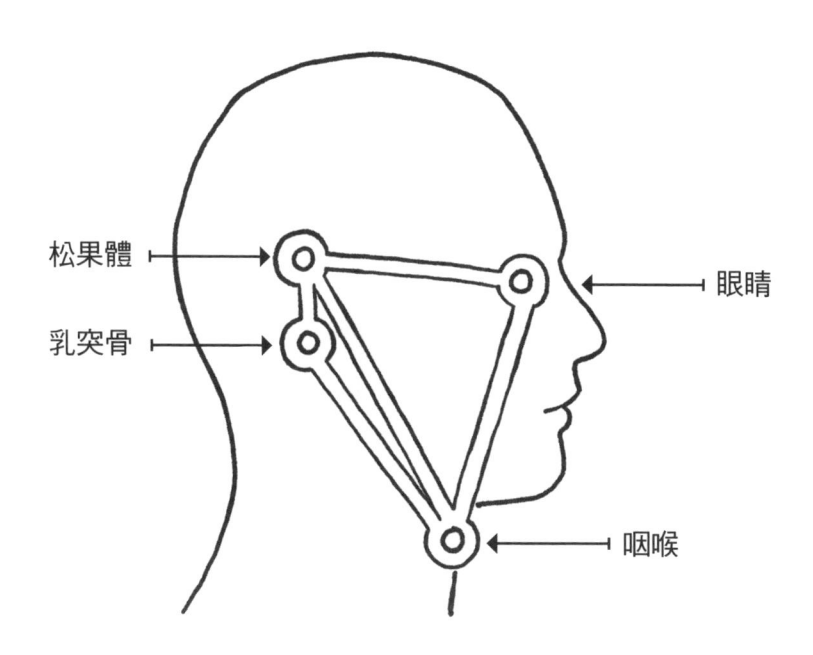

第 8 章

3. 想像在松果體與雙眼之間形成一道乳白色的光通道。好好體驗這條通道，它很溫暖且能量滿滿。
4. 讓乳白色光的焦點集中在雙眼上，數到 10，然後慢慢吐氣。這麼做三次，感受溫暖和能量彌漫你的腦袋。
5. 現在將乳白色光從松果體導引到雙耳後方的乳突骨。這些位置與我們感知精微能量振動的能力連結。
6. 再次吸氣，讓乳突骨周圍的區域充滿晶瑩剔透的亮度。屏住呼吸，數到 10，然後慢慢吐氣。重複這麼做至少三次，隨著每次呼吸，感覺能量和光愈來愈強。
7. 接下來，將乳白色光從雙眼和乳突骨向下導引到咽喉區，創建從這些區域到咽喉區的光之通道。咽喉區與表達靈性洞見有關。
8. 下次呼吸時，讓本區盈滿晶瑩剔透的明亮。屏住呼吸，數到 10，然後慢慢吐氣。重複這麼做至少三次，隨著每次呼吸，感知能量和光愈來愈強。
9. 若要結束這一連串的動作，就將你的注意力從咽喉區重新導回到松果體，完成連接所有區域的乳白色光迴路。好好感受乳白色光的能量和強度因其他能量點位的啟動和同步而擴展增強。
10. 最後，將你的覺知擴展到周遭環境。觀察任何獨特或變異的身體感受。

練習 60

在占卜時連結高我

這個練習是冥想修習法，旨在幫助塔羅占卜師與其解讀對象的高我建立深入、直覺的連結。在許多靈性傳統中，高我被認為是最真實、最開悟版本的自己，它是靈性智慧與洞見的源頭。

在塔羅占卜中，與這個意識層級連結有助於提供更深入且具洞見的解讀。它是橋梁，你可以藉此了解被解讀者的深層需求、渴望、其處境的靈性或情緒根源，從而提出更有意義的指引。

在這個練習中，我們將運用發光球體的觀想來代表占卜師與被解讀者的高我，而無限符號或雙紐線則作為能量迴路的象徵，連結這些高我。在塔羅牌中，雙紐線最明顯可見的是位於「魔法師」牌的頭部上方，以及「力量」牌中人物的頭部上方。這個練習的目的是要打開一條明確的溝通管道，讓占卜師在塔羅占卜期間獲得更清晰的靈能資訊並超越小我（它屬於你自己和解讀對象的中我）。

1. 閉上眼睛，深呼吸。觀想你的腦袋上方有一顆發光的能量球。這顆球代表你的高我——智慧與直覺的源頭。看見它閃閃發光，洋溢著生命和潛力。
2. 現在，以同樣的方式，觀想解讀對象的腦袋上方有另外一顆發光的能量球。這顆球代表對方的高我、對方魂靈的本質、對方最純粹的智慧和直覺形式。
3. 一旦你清楚地觀想了兩顆球，就想像一個無限符號，一個雙紐線，勾勒出兩顆球的輪廓並連結兩顆球。兩顆球各自位於無限符號的其中一個環狀迴圈內。
4. 把這個符號想像成能量迴路。來自你的高我的能量流經無限符號的一個環狀迴圈，穿過中心，流入解讀對象的高我，然後通過無限符號的另一個環狀迴圈回到你的高我。
5. 想像這股能量在你與解讀對象的高我之間流動時，你或許應該運用真言或肯定語來鞏固這份連結並為其灌注力量。真言或肯定語可以大致像這樣：「我與解讀對象的高我智慧連結。」

6. 一旦建立好這份連結且為其灌注了力量，就讓心敞開，接收來自解讀對象的高我訊息。這些可能會以圖像、情緒或完全直覺感受的形式出現。

7. 現在你已準備就緒，可以開始進行塔羅占卜了。在你洗牌、抽牌、詮釋牌卡時，繼續觀想那個能量迴路，而且保持樂於接受訊息來自解讀對象的高我。

8. 一旦解讀完成，就輕輕地讓能量迴路的圖像逐漸消逝，感謝解讀對象的高我帶來洞見與指引。

練習61

能量重新校準

　　投入塔羅占卜往往造成自己的能量與他人糾纏。這類連結在豐富和培養同理心的同時，可能導致意想不到的能量交換。我們可能會吸收到別人的某些能量，對方也可能會吸收到我們的能量。雖然這類融合可以深化靈性連結，但是保留自己獨一無二的能量身分卻至關重要。未經規劃的殘留能量可能會擾亂我們的能量平衡，從而導致疲累或情緒波動。若要防止這種情況，就務必確保每一個人都能保留自己截然不同的能量，避免有可能的能量流失，或在解讀後無意間獲得對方的特質。

　　結合靈性淨化與能量回收的戰略技巧，可以有效地確保每個能量碎片物歸原主，並恢復平衡的能量生態系統。這個修習法不僅使我們重拾自己的能量，而且能幫助他人做到同樣的事。它就像能量分類系統，確保每一個被吸收的能量粒子返回到它的源頭。因此，它培育著平衡、療癒與完整圓滿的氛圍，優化了我們在自己能量場內的運作，也尊重他人的能量邊界。

1. 將注意力集中在頭頂上方幾英尺的空間。觀想一顆與你的腦袋大小相當的銀色天體球輕輕地飄浮在這個空間中。
2. 把這顆球視為空白的畫布。用想像的黑曜石墨水記號筆，在球面上寫下你的名字。
3. 看著你的簽名印記在球體上，在球體內引發蛻變轉化。球體開始脈動，散發半透明的銀色光芒，表現得就像能量磁鐵。
4. 發光的球體現在開始回收你在靈性旅程或療癒工作中，可能無意識地流失的能量。它從曾經與你互動的個體以及你曾經處在的環

第 8 章

境中，蒐集著你的生命原力。當它開始蒐集你在時間、空間或平行實相中失去或移位的碎片時，要留神觀察。

5. 同時想像，在你的解讀對象的腦袋上方有一顆同樣的球體。將對方的名字刻在這顆球體上，允許它跟你的球體以同樣的方式運作，取回對方遺失或消散的能量，強化對方的生命力。

6. 做一次使人精神煥發的深呼吸，留神觀察球體的蛻變轉化。它們的銀色光芒轉變成溫暖的金光，表示成功蒐集到能量。

7. 觀想來自這些球體的金光傾瀉到你和解讀對象的身上。彷彿在一場溫和的能量雨底下，你和對方重新找回的生命力碎片返回到你們的身體和氣場。

8. 肯定地表明：「我是完整圓滿的」，藉此承認你剛剛重建的完整圓滿，也鼓勵對方這麼做。給自己一點兒時間，真正沉浸在這份完整的感受之中。

9. 不屬於你或對方的任何剩餘能量都應該接地回到地球中。觀想這些多餘的能量沉降，與地球具滋養作用的核心重新連結。

運用塔羅牌檢測與開發靈能力

齊納卡（Zener cards）由心理學家卡爾・齊納（Karl Zener）創建，旨在探索和檢測靈力。典型的齊納卡有 25 張牌，分成五組，每組各有自己的符號，例如圓形、方形、波浪線、十字或星形。符號是齊納卡上唯一的東西，這對猜測者來說是公平的檢測。在一般的設定中，一個人（發送者）向另外一個人（接收者）展示牌卡背面，但不揭示正面的符號。然後接收者猜測牌卡上可能是什麼符號。如此持續幾回，由發送者記錄猜測的答案。完成之後，兩人計算一下，看看接收者的猜測是否勝過隨機猜測的機率。假使接收者答對的機率勝過隨機猜測的機率，這可能意

味著,接收者具有某些靈能天賦。雖然齊納卡是此類產品的首選,但你不會止步於此。我們可以類似的方式使用塔羅牌,而且塔羅牌可以提供更多的視覺細節,為靈能練習敞開新的可能性。

練習 62

塔羅牌預知檢測

1. 睜開眼睛,洗勻塔羅牌,同時設定意圖,在不看牌的情況下,調頻進入那些牌的能量。
2. 將洗好的牌展開,牌面朝下放在桌子或檯面上。留神觀察那些牌,看看是否有任何特定的牌脫穎而出或吸引你的注意力。
3. 將你的非慣用手放在牌卡上方大約3～5公分的地方。慢慢地讓手在那些牌的上方來回移動,讓自己感應一下每張牌散發的能量或振動有何差異。
4. 當你感覺被某張特定牌卡吸引時,就暫停一下,將注意力導引到那張牌。保持非慣用手在那張牌的上方,試著感應那張牌的能量。好好注意升起的任何心理感受、身體感受或印象。
5. 一旦你感應到那張牌的能量和身分,就在心裡記下那張牌,或大聲說出你猜測那張牌是什麼。
6. 將牌翻過來,看看牌的身分。如果猜錯了,別灰心,這個練習的重點是實地演練和磨練你的靈力。要設法保持樂觀,畢竟是實地演練,答對機率會增加的。
7. 運用這副牌中的其他牌繼續這個練習。聚焦在感應那些牌的能量,以及在不看牌的情況下,識別那些牌。
8. 完成練習後,花些時間反思你的體驗,寫下你在練習期間接收到的身體感受、心理感受或印象。留意出現的任何模式或洞見。

第 8 章

> 練習 63

心靈感應塔羅牌檢測

1. 開始這個練習之前，先找到一位也有塔羅牌的夥伴（你們倆都應該都先完成預備練習）。面對面坐著，以此建立牢固的連結。
2. 決定第一回合誰是發送者、誰是接收者。發送者要在心裡傳送某張塔羅牌的圖像，而接收者則根據接收到的印象，在心靈上嘗試識別那張牌。
3. 發送者必須將塔羅牌洗勻，然後隨機挑選一張。仔細研究那張牌，聚焦在那張牌的意象、色彩與符號。一旦形成清晰的心智圖像，就閉上眼睛，全神貫注地以心靈感應的方式，將那幅圖像傳送給接收者。
4. 接收者宜閉上眼睛，聚焦在自己的第三眼區（位於兩眉之間且略高於眉毛）。對浮現的任何圖像、感受或印象保持開放和接收的態度，試圖「看見」發送者傳送的那張牌。在此有個重點要釐清：你並不是要與那張牌本身連結，從而看見對方手裡的那張牌；而是要設法接收直接來自發送者的資訊。
5. 幾分鐘後，接收者必須描述自己接收到的任何圖像或印象。然後發送者揭示選出的那張牌，讓兩人比較一下，討論結果。
6. 現在角色互換，另一個人成為發送者，原來的發送者成為接收者。重複這個過程，讓參與的雙方都可以體驗到發送和接收。
7. 持續演練且更自在地面對這個練習。嘗試增加發送圖像的複雜性，可合併多張牌，或是聚焦在更細節的牌面意象。
8. 每一回合結束後，花時間與夥伴討論你們的體驗。分享面臨的任何挑戰，以及任何成功或突破。將這個練習記錄在日誌本中，注意任何模式、洞見或需要改善的領域。

遙視

遙視（remote viewing）是透過心靈之眼運用靈視力的實務作法，可以蒐集到關於遠方或看不見的目標、位置或事件的資訊，而觀看者會試圖感知和描述超出其直接感知或地理位置的細節。這個過程涉及選定的觀看者進入放鬆和冥想的狀態，將其意識導向目標，進而讀取資訊。目標可以是物理上的位置、物體、人，乃至未來或過去的事件。資訊能以目標的圖像、印象、感覺或象徵符號的形式被接收。遙視在超心理學研究中一直有廣泛的探索和研究，尤其是在1970和1980年代期間。不同的政府和組織甚至很認真地對待它，研究調查了遙視在軍事和情報環境中的潛在應用。

練習64
運用塔羅牌遙視

1. 首先讓自己扎根接地、歸於中心。找到一個安靜的地方，在此，你可以放鬆且遠離干擾。聚焦在呼吸，讓頭腦平靜下來，引導自己進入放鬆的阿爾法狀態。
2. 等你扎根接地並放鬆之後，就睜開眼睛，洗勻塔羅牌。這麼做的時候，請設定意圖：你要調頻進入某張牌的能量，方便遙視那張牌的意象和細節。
3. 從那副牌中抽出一張牌，但不要看牌面的圖像。拿著那張牌，讓它面朝下，帶著它到另外一個房間。把那張牌放在某個檯面上，不看牌面。
4. 回到原來的位置，閉上眼睛。深呼吸幾次，聚焦在你的第三眼區，該區位於兩眉之間且略高於眉毛。

5. 觀想自己在內心裡「旅行」到另外一個房間,也就是那張面朝下的牌所在的位置。一旦你感覺好像已經在內心裡來到了那張牌的位置,就讓直覺引導你。
6. 在不實際看牌的情況下,試圖感知那張牌的意象、色彩、符號與細節。保持開放,接受浮現的任何印象、身體感受或觀想。
7. 幾分鐘後,睜開眼睛,在筆記本或日誌本中記下你在遙視練習期間接收到的任何圖像或印象。要盡可能詳細。
8. 現在,去到另外一個房間,把那張牌翻過來。比較一下實際的那張塔羅牌與你記錄的印象和圖像。記下任何相似處、差異點或有趣的洞見。
9. 如果有可能,運用不同的牌,甚至不同的位置重複這個練習。等你更熟練之後,不妨增加遙視練習的複雜性。
10. 完成這個練習後,花些時間回想一下你的體驗。查閱你記錄的印象和圖像,尋找任何模式或洞見。

遙視在塔羅牌中的應用

在靈能塔羅占卜中,遙視可以扮演重要的角色,尤其是塔羅占卜師需要聚焦或瞄準不易取得或並不明顯的特定面向時。這個聚焦的方法可以為各種場景提供有價值的洞見,並提升整體的解讀體驗。舉例來說,如果塔羅占卜涉及了解某個發生在遠距的情境或背景,無論是物理上還是時間上的遠距(過去或未來),遙視都可以提供獨特的洞見。若被解讀的個人與塔羅占卜師不在同一個地方,或是當查詢的問題涉及發生在過去,或者是尚未發生的事件或情況,這個方法尤其好用。也可能有這樣的情況:被解讀者正在努力了解某個複雜的課題,或其人生中某個無法說出口,抑或完全覺察不到的隱藏面向。在這種情況下,遙視可以幫助

塔羅占卜師瞄準這些隱藏的元素，提供比較深入的洞見，而且有可能揭示可以指引解讀的資訊。

在搜尋遺失物品或失蹤人員時，靈能者往往依賴遙視。當靈能者將靈力和意圖聚焦在這個特定的目標上時，就可以「看見」或「感覺到」那件物品或那個人的位置，從而提供有價值的見解或線索。若要更深入地了解一個人的處境或問題，塔羅占卜師可能需要與那人建立更深層的連結。在這個過程中，遙視可以幫助占卜師瞄準並探索那人生命中的特定事件，或那人的情緒和能量狀態。如此深層的連結往往能帶來更具洞察力且更有意義的指引和建言。對於同時忙於能量療癒或靈性實務的塔羅占卜師來說，遙視可以是強而有力的工具。他們可以運用遙視瞄準和感知個體的氣場或能量場，藉此識別任何能量堵塞或干擾，並提供適當的療癒或淨化。

運用塔羅牌遙視
這可能會是什麼樣子

幾年前，一位住家離我很遠的女士聯繫我。她苦惱憂傷，雖然我們無法實際見面，但是經由視訊電話，我們安排了遠端塔羅占卜。這位女士遺失了一枚珍貴的胸針，那是設計精巧且家族世代相傳的珍品。她心煩到幾乎要發狂了，因為她原本打算在女兒即將到來的婚禮當天將胸針送給女兒。她希望塔羅牌能夠提供找到胸針的線索。解讀開始時，我帶著明確的焦點洗牌：**那枚胸針在哪裡？**我抽了一張牌，放在桌上。那是「隱士」牌。一般來說，這張牌與內省和搜索有關，而且往往在孤寂中進行。鑑於提問問題的性質，這表示，那枚胸針可能就在附近，或許藏在某個常被忽略的地點。

我感覺需要更深入的連結才能指引這名女士，所以決定採用遙視技

第 8 章

能。我先讓自己扎根接地，感覺自己的臨在深深地扎根在周遭環境裡。我的頭腦平靜而專注，將注意力轉移到第三眼。觀想自己以星光體的形式抵達她的住家，我打算與胸針的能量連結。當我運用心靈之眼瀏覽她的空間時，一個特定的圖像變得很強烈：那是一片有木質地板和小地毯的區域。它看似微不足道，但它的能量卻與「隱士」牌的訊息起共鳴。我信任自己的直覺，於是將這則資訊轉達給那位女士，暗示那枚胸針可能藏在小地毯附近或下方。滿懷希望和期待的她暫且保留來電，在她家客廳裡搜索這個區域。神經緊張了好一陣子，我才聽見電話那頭傳來興高采烈的聲音。她找到那枚胸針了！胸針在一張很少使用的咖啡桌的抽屜裡，而咖啡桌就擺在我提到的那張小地毯上。胸針並不在地毯上，但是這樣的命中率絕對算是相當不錯了。

練習 65

團體塔羅心靈感應開發

　　這種團體心靈感應開發，是用於在團體環境中培養和探索心靈感應的能力。這個練習不僅可以培養團結感，還能幫助參與者契入自己潛在的靈能天賦。它讓你懂得評估團體集體心靈感應的準確度，同時深入了解不同人們心靈運作的方式。尤其有趣的是，要注意不同的人可能會捕捉到同一張牌的不同面向，這反映出靈能感知的多樣性和複雜性。

1. 一開始，從塔羅牌中挑選一張牌。不要向團體展示這張牌，而是花些時間研究它的意象、象徵意義以及與之起共鳴的整體能量。
2. 熟悉那張牌之後，請團體中的所有人輕輕閉上眼睛。請大家調頻聆聽自己的直覺，摒除頭腦中的任何干擾。
3. 鼓勵成員敞開心扉，聚焦在你手中的那張牌。請大家運用直覺感知那張牌的細節、色彩與符號。
4. 給參與者幾分鐘時間，讓他們全神貫注，接收關於那張牌的任何印象或見解。確保環境安穩寧靜，每一個人都能好好專注。
5. 指定的時間過後，請大家睜開眼睛。要求每一個人寫下自己的想法、感受，以及感應到關於那張牌的任何細節。
6. 蒐集每一個人寫下的印象，或讓所有人圍成一圈，口頭上分享各自的印象。這個步驟有助於驗證每一位參與者的體驗，也可以針對其直覺能力給予有價值的回饋。
7. 等每一個人都分享了自己的印象後，就展示你在練習一開始挑選的那張牌。比較一下實際那張牌的意象和象徵意義與團體的集體印象。

第 8 章

練習 66

你的心智塔羅牌

　　你可以在心裡為日常生活中遇到的任何情境抽一張牌。無論是結識新朋友、聆聽某人說話、面臨決定，或你想到的任何情節，這張抽出的心智牌都可以為你提供指引。只要你清明而開放地完成這個修習法，目標是真正契入你的靈力，而不是被自己的偏見或先入之見影響。隨著你的觀想技能增強，你甚至可能會發現，你不閉眼睛便能完成這個練習。你抽出的心智牌一開始可能看似與當前的情境無關，但是隨著時間推移加上反思內省，它的相關性往往變得昭然若揭。這個技能可以大大提升你的日常生活，不僅能增強你的直覺肌肉，也能深化你與塔羅牌的連結。

1. 在頭腦螢幕上觀想一副塔羅牌。你可能會注意到，平靜的能量從那些想像的塔羅牌中散發出來。
2. 在腦海中將這副牌洗勻，從中抽出一張。觀察你抽到的那張牌。
3. 觀想這張牌時，好好注意出現的任何心理感受、身體感受或印象。設法不要評斷或質疑出現的那張牌，而是接受它本來的樣子，並且信任它的訊息。
4. 花些時間默觀，這張牌與你抽牌時設定的情境有何關聯？它可以如何指引或啟發你？那張牌可能不會立即完全合情合理，但是要記下你抽到的牌，因為它的意義可能會在日後變得比較清晰。
5. 等你花費了足夠的時間研究那張牌，就對那張牌的指引表示感恩，在觀想中將牌放回那副牌裡。
6. 感覺準備就緒時，就輕輕睜開眼睛，將自己帶回到正常的清醒意識，而且重新讓自己扎根接地。

你的心智塔羅牌
這可能會是什麼樣子

幾年前,我發現自己處在職業生涯的十字路口——我收到了一份紙面上看起來難以置信的工作機會。然而,內心深處卻有某樣東西令我猶豫不決。雖然前景和好處很誘人,但我卻甩不掉莫名的不安感。我知道我需要某些指引,因此決定採用在腦海中抽一張塔羅牌的技巧來釐清思緒。我找到了一個安靜的地方,花了些時間讓自己扎根接地。當我達到阿爾法腦波狀態時,我在自己的頭腦螢幕上觀想一副塔羅牌。我在腦中洗好牌,請求得到關於接受這份全新工作機會的指引,然後抽了一張牌。在腦海裡,我看見了「聖杯八」的意象。這張牌往往象徵繼續前進、放下、尋求更高階的人生目的,即使那意味著將看似有價值的某樣東西拋諸腦後。那暗示,閃閃發亮的新工作機會,可能不是我的魂靈真正需要的。

這張牌的圖像及其訊息與我深度共鳴。它呼應了我最初對這份工作

第 8 章

機會的不安,而且提供了我所尋求的清明。我決定信任自己的直覺,而來自「聖杯八」的訊息更強化了我的直覺,於是我婉拒了那個工作機會。某些朋友和家人對我的決定很詫異。但是才過幾個月,消息傳出,我差點兒加入的公司正在經歷嚴重的內部問題和財務困境。若我接受了那個工作機會,那我就慘了。回想起來,在人生中的關鍵時刻,在內心裡抽一張塔羅牌的決定指引了我。「聖杯八」看似晦澀難懂的訊息最終成為極其準確的預警,而這次經驗再次堅定了我對直覺力量的信念,以及即使只是在頭腦中觀想,塔羅牌也可以在我們的日常生活中提供洞見。

如何將這個技巧付諸實踐的另一個實例,發生在一位新來的女性進入我的社交圈期間。一位共同的朋友將這名女子帶進我們的圈子,而這名女子立即散發出社交能量,渴望與每一個人建立緊密的連結。雖然她的魅力很吸引人,但我卻發現,自己在她身邊不知道為什麼感到有些不安。因此,我信任自己的直覺,決定運用心智塔羅抽牌技巧更清楚地理解她的真實意圖。於是我開始了這個流程,找到一個安靜的空間,讓自己進入平靜的狀態。進入阿爾法腦波狀態後,我觀想了一副塔羅牌,在頭腦中洗牌並聚焦在這個問題:**這個女人的真實意圖是什麼?** 我在腦海裡從那副牌中抽出一張牌,看到了「寶劍七」的圖像。眾所周知,「寶劍七」象徵欺騙或隱藏的動機,這張牌立即與我最初的不安起共鳴。那暗示,在她迷人的外表底下,可能存在著操縱或自私的動機。

來自「寶劍七」的訊息警告我要小心謹慎,與她保持一定的距離。我選擇了謹慎行事,在接下來幾週好好觀察她的行為和互動。久而久之,她最初的魅力開始減弱,暴露出操縱的行為和行動模式,以此服務她自己的利益。很明顯,她利用自己在團體中的友誼謀取個人利益。最終,那張心智塔羅抽牌準確地警告了她的真實動機。由於信任這個技巧提供的直覺指引,我才能夠保護自己和我的朋友免於潛在的傷害。

第 9 章
∞

塔羅牌與通靈

儘管我的職業是塔羅占卜師兼靈能師，但我對通靈（mediumship）卻曾卻抱持懷疑的態度，因為那與我對輪迴的信念不太相符。[19]但是多虧天賦異稟的靈媒朋友達尼艾拉‧迪歐妮，那份懷疑在我30出頭歲的時候逐漸消散。一天晚上，在她家，我說服她幫我占卜解讀。她對我搬到新英格蘭之前的經歷知之甚少，當然也對我在第八章開頭寫到的蘇珊一無所知。第一個出現的是我的祖父，他在我人生中是個複雜的人物。假使你讀過我的著作《魔法深化》，你就知道我們相處得並不好。達尼艾拉不僅精確地描述了他，而且傳達了他請求我原諒。令人驚訝的是，我同意了。緊緊抓住那份敵意毫無意義。但接下來發生的事卻令我深信達尼艾拉的能力。她開始描述一位與我們年齡相仿的女性，她有著哥德風的深色妝容以及犀利、略帶刻薄的機智。「那是蘇珊。」我說。達尼艾拉透露，蘇珊和我因為關係緊張，已經結束了彼此的友誼，但是蘇珊經常從另一邊前來探訪我，多半是在夢中，而且我八成已經知道了。蘇珊想要表達，她熱愛我當時走的路，也因此感到自豪。她甚至預見了我未來的「大事」。

最後的細節注定了我永遠信任通靈。達尼艾拉說，蘇珊有訊息要給她母親，問我是否與她母親有聯絡。我證實說，蘇珊過世之後，我跟她媽媽的關係愈來愈親近。達尼艾拉接著說：「這可能聽起來很怪異，可是她一直拿剪刀給我看，而且不斷跟她媽媽說，要把剪刀收起來。」我大為震驚。蘇珊之前在她母親的家裡上吊自殺，蘇珊的母親是發現她上

---

19 至於我對通靈、轉世、祖先傳統習俗何以同時成立的領會，請見《魔法顯化》第六章。

第 9 章

吊的人。她媽媽曾經瘋狂地尋找剪刀,要將她的上吊繩剪斷,同時打電話請求緊急服務。遭受這次精神創傷之後,她母親開始囤積剪刀,到處存放剪刀,從她的車子到她的手提包。她只向我透露過這件事,而我並沒有告訴過任何人。這個訊息毫無疑問來自蘇珊,它不僅讓人釋懷,而且證明我們與摯愛的連結超越這個物質世界。

通靈是橋梁

通靈最常被認為是有助於與往生亡靈連結的作法。這是事實,但是通靈也可以讓人與極大範圍的靈體溝通,不局限於往生的亡靈。這包括與指導靈、自然界的精靈及其他非物質的存在體互動。那意味著,你與塔羅指導靈的所有互動都是通靈的實例。與靈溝通可以帶來安慰、指引與了結,而且在通靈療程期間,塔羅牌可以是加強溝通的絕佳工具。

在通靈療程中,靈媒是靈界與問卜者之間的橋梁,他們接收來自靈的訊息、印象與建言,也與問卜者分享這些資訊。塔羅牌可以豐富這類溝通,提供另一種生氣蓬勃且具象徵性的語言,並滋養與靈界的連結,從而蒐集來自靈的訊息和印象。通靈可以是深度個人與蛻變的體驗,靈媒能藉此探索自己的靈性道路,增強個人與靈界的聯繫。通靈也是強而有力的方法,可以從個人成長、關係、職涯或靈性等不同主題獲得來自靈的指引和洞見。

塔羅牌的特色在於蒐集代表人類經驗和靈性領域不同面向的原型圖像、符號與主題,因此靈媒可以詮釋這些圖像和符號,以此接收來自靈的訊息和印象,並以有意義且具洞見的方式與問卜者分享這些資訊。在通靈療程期間,靈媒可能會以各種方式運用塔羅牌。舉例來說,他們可能會利用專為通靈工作設計的特定塔羅牌陣,聚焦於來自靈的訊息、靈的性格和屬性,或靈與問卜者的關係。此外,靈媒可能會運用塔羅牌

來確認他們從靈那裡接收到的資訊,或是為問卜者提供額外的洞見和指引。

經由塔羅牌從事通靈需要審慎的準備和意念設定。首先,要確認你想要連結的靈或存在體,而且必須搞清楚你希望從這次互動中蒐集到什麼資訊。集中你的思緒和能量,全神貫注在具體的目標以及渴望的結果。挑選哪一副塔羅牌是個人的選擇,但那副牌應該要與你深度共鳴——要選擇不僅美觀好看,且感覺在能量上與你的意圖相映契合的塔羅牌。這類共鳴將會協助你與希望感應的靈性能量培養比較深入的連結。不過,把個人的能量和你的塔羅牌準備好,只是這個過程的第一步。

在打開與靈性界域溝通的任何管道之前,你必須確保手中那副牌被淨化過且得到了能量的加持。這可能涉及用薰香滌淨那副牌、將那副牌放在月光底下或使用水晶。這個提純淨化的過程必不可少,它可以移除掉任何殘留的負面或沉重能量,因為那可能會擾亂或扭曲你與靈界的溝通。在實作這一切的期間,不宜忽略你的個人保護措施。在開始任何形式的與靈溝通之前,記得落實保護練習。這可能涉及觀想保護之光圈住你、召喚具保護作用的存在體,或建立具保護作用的邊界。這些措施將會捍衛你的能量和空間,防止任何不受歡迎或有害的能量滲透到你的占卜中。與靈性能量交流時,尊重和謹慎最為重要。我建議,接近通靈時,始終要在頭腦清明、意圖純粹且空間受到保護的情況下進行。

練習 67
適用於通靈的綻放呼吸法

以下呼吸練習旨在指引你邁向更有利於通靈的意識狀態。這個修習法的核心是萊德偉特史密斯塔羅牌中「愚人」牌的象徵

第 9 章

意義，它體現出邀請你以開放的心和開放的思想面對人生。「愚人」牌鼓勵你以純粹的意圖展開旅程，擺脫先入為主的觀念或期待，欣然接受沿途展開的功課。對於尋求提升通靈能力的人來說，擁抱這種心態特別有幫助，因為它能助長你與更高振動的靈性能量連結，且促使你在沒有評斷或干擾的情況下接收訊息。藉由喚起「愚人」牌的本質，你可以想像一朵白玫瑰處於不同的綻放階段，這個練習旨在鼓勵你培養接受能力、真實性與開放感，對於成功的通靈來說，所有這一切都至關重要。

1. 用鼻子穩定地深吸一口長氣，數到 6。在你腦袋的頂輪上，觀想一朵白玫瑰（類似萊德偉特史密斯塔羅牌「愚人」牌中，人物手裡拿著的那朵白玫瑰）處於綻放的狀態，從花蕾過渡到飽滿、燦爛的美。想像在這個過程中，時間慢了下來。

2. 屏住氣息，讓空氣填滿肺部，數到 6，同時觀想白玫瑰完全綻放、盛開、華美。

3. 用嘴巴穩定地吐出一口長氣，數到6。想像白玫瑰處在閉合的狀態，從盛開的頂峰回到閉合的花蕾。想像在這個過程中，時間慢了下來。
4. 清空肺部，然後屏住氣息，數到6，同時觀想白玫瑰處在閉合的花蕾狀態。
5. 重複整個過程，直至你感覺到自己的能量與房間的能量完全轉換為止。對每一個人來說，這種感覺都不一樣，所以要信任自己的感知和直覺，明白何時該要停止。做這個練習時，務必持續想像時間慢了下來。
6. 當你感覺到已經正確地達到這個意識狀態的時候，就想像那朵盛開的白玫瑰持續在你的頂輪上綻放。

練習68
連結到光的頻率

這個觀想練習有助於提升我們的意識狀態，以及增強我們的通靈能力。這個技巧奠基於前一個修習法，汲取了萊德偉特史密斯塔羅牌當中「愚人」牌的靈感，融合了白色太陽光芒四射的能量，以及白玫瑰象徵的純潔。當我們將白色太陽的光導引到頂輪上的白玫瑰時，無論我們以何種方式與最高神性產生共鳴，都能促進高階的振動頻率，也讓敞開接受聖靈（Spirit）變得更容易。這個修習法使我們敞開來迎接更大的接受能力，從而與靈性洞見和來自更高界域的訊息連結。透過這個練習，我們與包圍我們的靈性能量建立堅實的聯繫，這不僅能提升我們的振動，更在通靈開發中邁出重大的一步。

第 9 章

1. 以平靜而開放的狀態舒服地坐著，完成前一個練習。
2. 觀想萊德偉特史密斯塔羅「愚人」牌上的白色太陽照耀著你。這個太陽代表你個人的神性概念。
3. 將白色太陽的光導引到頂輪上的白玫瑰，觀想白玫瑰吸收白光並散發更明亮的光芒。
4. 感受白色太陽的光滲透身體的每一個細胞，也提升了你的振動頻率。
5. 允許那股能量淨化並校正你的能量中心，促進清明且提升覺知。
6. 感應到你與靈性界域之間形成的連結，你成為了清晰傳達訊息與洞見的管道。
7. 當你與光和靈的頻率契合時，欣然接受那股溫暖且振奮的能量。
8. 沐浴在這種崇高的存在狀態中，感受著白色太陽、白玫瑰、你自己的能量頻率之間的和諧。
9. 準備就緒時，輕柔地將自己帶回到當下此刻，隨身攜帶著已提升的覺知和靈性連結。

通靈解讀的敏感性
與辨別能力

多年前，儘管處在靈能職涯的巔峰，但是我對於通靈卻抱持懷疑和猶豫的態度。與往生摯愛連結的想法對我來說是棘手的麻煩事。我意識到其中涉及的一切極其敏感，而害怕犯錯以及有可能造成苦惱或冒犯更是沉重的負擔，那類擔憂遠遠超過不涉及通靈的塔羅占卜或靈能解讀。然而，某個十月在塞勒姆市發生的一件事卻永遠改變了我的視角。那時，我們的世界與靈性界域之間的帷幕被認為是最薄的時候，因此某位特定靈體的堅持就變得不容忽視。某次解讀期間，那個靈非常明顯就在

現場,它強迫我把它在場這件事轉達給問卜者。我小心翼翼地提出這個話題,表示我感應到某個額外的臨在陪伴著問卜者。得到問卜者的同意後,我才開始確認那個靈的身分,然後事後證明,那個靈所傳遞的訊息對那位解讀對象來說,是深度療癒且安慰人心的。對我而言,這次經驗是轉捩點,它強調了通靈可以在提供慰藉與了結釋懷方面扮演關鍵的角色。我開始進一步培養我的通靈能力,學習更加信任自己的通靈能力。

通靈療程期間,我要問卜者遵守一條關鍵規則:在我完全驗證靈的身分之前,問卜者只能用簡單的「是」或「否」來確認或否定我的見解,而且不可以提供與那個靈有關的任何資訊或細節。唯有當我們雙方都對這個靈的身分有信心之後,問卜者才可以對轉達的資訊做出比較詳細的回應。這份協議不僅確保問卜者不會引導我,藉此保證接觸的真實性,而且能減輕我對錯誤詮釋的擔憂。某些案例顯示,問卜者並不確定靈的身分,要麼是沒有認出提示,要麼是出現的靈在偽裝掩飾。還有一些情況,是我可能無法準確地感知到那個靈。以這類案例而言,假使問卜者無法確認靈的身分,我會在心裡請那位靈離開,向問卜者致歉,並解釋靈不見得都能清晰地溝通。然後我們繼續不通靈的靈能塔羅占卜。儘管一開始有所保留,但擁抱並精煉我的通靈能力,不僅使我有力量提供更具影響力的解讀,而且有助於治癒尋求與靈界的摯愛連結的人。

練習69

看見氣場

基本上,氣場(aura)是包裹個體的能量護盾。這個能量護盾絕非都是同類物質,而是由相互滲透的各層構成。想想彩虹吧,看著天空中的彩虹時,我們可以清楚地辨別不同的色帶。但是如果仔細看,這些色帶交融混合,很難分辨某條色帶從哪裡開

第 9 章

始,另一條在哪裡結束。借助靈視力,我們能夠辨別不同層的氣場以及其內不同的色彩、形狀與形相。這個練習對通靈非常有幫助,我們等會兒就會看見這點。

1. 柔化眼睛,目光不聚焦。你的視野宜放鬆,不要集中在任何特定物體上。培養這類凝視的一個絕佳方法是運用窗戶。交替觀看,讓視線一下穿過窗戶看著遠方某一點,一下注視窗戶本身且看著自己在窗戶中的映像。然後放鬆目光,這樣就不是看著窗戶或視線穿透窗戶,而能毫不費力地將遠、近一切都盡收眼底。

2. 嘗試用你的整體視野來感知,不只收進在你正前方的事物,也納入外圍周邊的景象。

3. 一手擺在身前,最好映襯著昏暗光線照亮的單色表面。牆壁或地板可以充當理想的背景。雖然黑色或白色表面通常效果最好,但其他顏色也行。

4. 以你的手作為焦點,將目光投向手以外的地方。想像你的手是窗戶,讓自己感知手部周圍的氣場。

5. 假以時日,經常練習,你就會開始辨別氣場的乙太體(etheric body)。這通常是顯化成半透明的淡淡白色或灰色薄霧,緊貼著你的手形浮現。

6. 若要感知氣場的乙太層之外還有什麼,不妨進一步延伸焦點,擴大手部周圍的關注區,同時保持凝視的目光放鬆且樂於接收。

7. 一旦你能夠感知到氣場,就開始色彩觀想的過程。反問自己:「如果這個氣場有顏色,它會是什麼顏色?」信任你的第一直覺,即使那個顏色並沒有立即顯而易見。

8. 運用觀想技巧把顏色填滿。舉例來說,如果浮現的是藍色,就觀想周圍氣場彌漫著那個藍色。

9. 投射潛在的顏色並在心靈之眼中接收它們的過程，可以啟動你的潛意識和表意識心智與宇宙之間的對話，提升你感知到這些氣場的能力。
10. 對於有強大內在靈視力的人來說，閉上眼睛、重新創造圖像或想像氣場的顏色可能會比較容易。
11. 若要調和你的內在和外在靈視力，不妨交替觀想內在與外在的氣場。定期睜開和閉上眼睛，比較一下想像和感知的氣場，就可以完成這事。
12. 逐漸加快內在與外在觀想交替的速度，最終變成快速眨眼的狀態。這個修習法有助於將你的內在視界向外投射。
13. 假使你投射到氣場上的顏色出其不意地發生改變，要欣然接受。這個改變很可能是你的高我在精煉感知。要注意，在這個過程中，火花、陰影或突然間閃爍的顏色都是正常現象，我們很快就會探討這點。

氣場顏色

下表提供了各種氣場顏色可能的廣義詮釋。不過，這些詮釋並非絕對，也不是不可更改，它們是來自主觀體驗的建議。氣場顏色的意義可能會因人而大相逕庭，並受到個人經驗、文化背景及個人觀感等諸多因素影響。就跟學習新語言一樣，了解氣場的顏色需要耐心、觀察以及某種程度的直覺過程。因此，這個列表可以作為有用的指南和起點，但若要真正了解氣場內每種顏色含義，很大程度上取決於你的個人洞見和經驗。當你持續探索並從遇到的每一個氣場中學習時，你對這些顏色的詮釋就會進化且變得更加細緻入微。你對氣場那微妙語言的個人理解以及你所得出的詮釋，一定會跟你正在解讀的氣場一樣獨特且有個人特質。

第 9 章

黑色：功能宛如防護盾，可能暗示一個人正在自我防衛或隱藏祕密。在特定的情境下，黑色可能表示身體失衡以及氣場破裂或漏洩，或是負面性或負面勢力在起作用。

藍色：闡明寧靜、祥和、忠誠、誠實、莊嚴、活潑的想像力、敏銳的直覺。深藍可能暗指孤立、追求靈性、良好的辨別力。偏暗的深海藍可能表示理解障礙、幽暗、憂慮、心不在焉、過度敏感。

棕色：描繪樸實、新的成長、承諾、組織、達成的驅動力。棕色出現在臉部或頭部時，可能暗示需要更好的判斷力。

金色：象徵動態的靈性活力、奉獻、強而有力的熱忱、深刻的啟發、恢復元氣的能量。偏暗的金色意指持續的靈性覺醒以及蛻變轉化的過程。

灰色：時常是被偵測到的初始氣場顏色。出現大範圍的暗灰色時，可能表示瘴氣（能量不潔）或某人隱藏著巨大的祕密。若暗灰色只出現在與身體對應的某一氣場區，則可能意指身體有問題。

綠色：暗示手段、迅速萌生的慈悲、進階、慰藉、平和、可靠、開放。較暗或較渾濁的綠色可能意指優柔寡斷、吝嗇、嫉妒、過度依戀、自我質疑、不信任。

橙色：體現安逸、創造精神、情緒智商、勇氣、快樂、外向、出現新洞見等屬性。較不鮮明的橙色可能暗示自負、炫耀、壓力或自我迷戀。

粉紅色：代表同情、愛、潔淨、歡愉、舒適、深度的團結感。根據色澤的濃淡，粉紅色也可能暗示天真以及剛萌芽的新感情和展望。

紅色：強調強健的動力、原始的獨創性、情感的強度、賦予生命

的能量。它包含熱忱、憤怒、浪漫、快速改變之類的情緒。假使過度盛行或暗沉，可能表示過動、腫脹、不均衡、焦慮、凶殘或倉促。

銀色：銀色可能暗示高度的前瞻性、靈力、生動的想像力、通靈的傾向、革新的創意、具洞察力。

藍紫色和紫色：意味著溫柔、蛻變、自決、直覺、靈力、密契主義。偏暗的藍紫色和紫色可能暗示需要克服障礙、強烈的性幻想、獨裁傾向、需要慈悲、被誤解的感受。

白色：經常出現在其他顏色之前，表示誠實、純潔、喚起已增強的創造力。

黃色：黃色賦予了正向性、智力的投入、知識的新展望、智慧、認知上的卓越。深黃或較渾濁的黃色可能指出過度分析、嚴厲批評、不被賞識的心情。

識別靈的方法

我是從達尼艾拉‧迪歐妮那裡學到這個技術的。如果你對更深入地探索通靈感到好奇，她的著作《魔法通靈術》(*Magickal Mediumship*，暫譯) 是必讀之作，她在那本書裡分享了她對這個方法的版本 (尤其要參見第七章)。達尼艾拉的教導奠基於經典的靈學技術，聚焦在靈與解讀對象——所謂的「在座者」(sitter)——之間的關係。這個方法強調觀察在座者的氣場以及定位某些信號 (往往以火花的形式出現)，以此識別靈與在座者的關係。從世代的角度來說，這些火花也可以顯示這個靈與在座者的關係。我自己的觀察與達尼艾拉的觀察多少有些契合，但也有獨特之處。當你深入探究這個技術時，你可能會發現自己的體驗也不太一樣，你可以為這個方法增添你自己的細微變化。

第 9 章

舉例來說，如果你注意到在座者肩膀到耳朵的區域有火花，這通常暗示這個靈與在座者來自同一個世代，可能是兄弟姊妹、配偶或密友，這些靈曾經與在座者一起經歷人生的跌宕起伏。若火花出現在耳朵上方，則暗示靈來自年長世代，例如父母或其他年紀較長的家族成員。這些靈出現時，往往帶來建言、智慧或未竟之事。如果火花顯現在腰部以下，或是如果在座者坐著，出現在在座者的胸部區，這通常指出靈來自年輕世代，例如子女或孫輩。通常，寵物和動物同伴會讓火花出現在在座者的膝蓋以下。諸如此類的靈在場溝通往往是為了提供安慰或愛。這時氣場具有雙重作用：它承載著我們的靈性能量，也扮演了靈性溝通的管道。因此，應用這個技術可以改善訊息的品質，帶來療癒、理解以及與靈界更緊密的關係。每一個人體驗這事的方式都可能不太一樣，並不是每一個人都會在氣場中看見火花，因為人們的靈性感知是高度個人化的。有些人可能會注意到其他跡象指引他們到達氣場的特定區域，或只是感覺到一股直覺拉力拉向某個特定的區域。

了解靈與在座者之間的關係不僅止於世代的連結，氣場中火花或焦點的接近程度，也可以用於判斷靈在世時與在座者聯繫的親疏。如果這些指標離在座者比較近，則暗示他們與在場的靈有較親密的連結。這可能包含最親近的家庭成員、親近的朋友、伴侶或導師，這些人與在座者有過深厚的情感或身體聯繫。如果火花或焦點在氣場內但離在座者較遠，則暗示在座者與在場的靈的關係比較疏遠。這些可能是熟人、遠房親戚或與在座者互動較少的人。儘管對個人的衝擊而言，來自這些靈的訊息可能無法與那些和在座者有較深關係的靈所帶來的訊息相提並論，但它們仍舊可以提供有意義的見解，並且證實物質界域之外的生命連續性。

塔羅牌與通靈

1	高我、指導靈、祖先
2	祖父母、曾祖父母
3	父母
4	叔伯舅舅、姑姑阿姨
5	伴侶和配偶
6	兄弟姊妹、堂表兄弟姊妹
7	朋友
8	子女
9	侄甥輩
10	孫子女
11	寵物

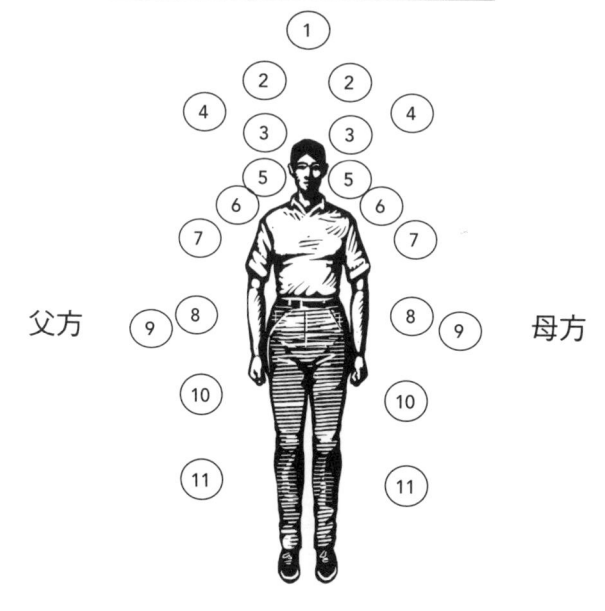

父方　　　　　　　　　　母方

較遠的關係　　較近的關係　　較遠的關係

←　　　→←　　　→

第 9 章

通靈時的性別

談到與靈溝通期間的性別認同時,達尼艾拉建議了一種細微差別法。她不嚴格依賴傳統的男女劃分法,而是鼓勵採用「陽性能量」、「陰性能量」或「非二元能量」之類的詞。這些表達反映出靈在塵世生活中如何認同或呈現自己。你可能會發現,靈的性別表達可能並不總是與它們的身體性別一致,而且它們的性取向也未必會在性別探索期間浮現。身為靈媒,要有耐心且虛心開放,允許在場的靈以自己的方式表達其性別認同。假使資訊不清楚,建議直接找在場的靈釐清。與靈溝通時納入性別表達的證據可以提升通靈技巧,而與開發團體或朋友一起演練則有助於微調這些能力。達尼艾拉的教導強調通靈方法的個人化,以及尊重每一個靈的個體性。每一個靈都是獨一無二的,承認並尊重它們的個體性在與靈溝通時至關重要。[20]

練習 70
驗證靈如何往生

與你的塔羅指導靈建立溝通系統可能是極其個人且有益的過程。以我為例,我採用玫瑰的象徵意義,但你可以採用與你共鳴共振的任何符號。不妨隨意採用我的玫瑰系統作為起點,或建立完全屬於你自己的系統。雖然這套系統的確可能偶爾不起作用,但我不記得是什麼時候了,因為它幾乎總是準確。以下概述如何運用塔羅牌指導靈與某套符號系統來驗證靈的身分。

---

20 如果你正在尋找談論塔羅牌和稀奇古怪的優質資源,我極力推薦卡珊卓拉・史諾的《酷兒塔羅》(暫譯),以及查理・克萊爾・伯吉斯的《激進塔羅》》(暫譯)。

1. 首先，你需要決定一套符號系統。對我來說，不同色彩的玫瑰效果最好，每一種顏色分別代表不同的死因。你的系統可以完全獨一無二，不過你應該靠直覺便感應得到。
2. 接下來，進入冥想狀態並與塔羅指導靈連結的時候到了。這需要放鬆、進入阿爾法狀態、設定意圖，並觀想明確地與塔羅指導靈連結。
3. 待連結建立好之後，就開始與你的指導靈溝通。如果你正在設法識別某個靈的身分，不妨請求指導靈運用你的符號系統確認這個靈是如何往生的。
4. 然後是符號的詮釋。舉例來說，在我的系統裡，白玫瑰代表和平或自然死亡，黑玫瑰暗示病死或醫療併發症導致死亡，紅玫瑰表示非自然或暴力死亡，藍玫瑰則指出自殺或藥物過量。
5. 然後你需要與問卜對象分享這個詮釋，看看資訊是否符合他們對往生親人的了解。
6. 根據你收到的回饋，你可能必須進一步推敲你的詮釋，或請求指導靈進一步釐清在場的靈是如何往生的。舉例來說，我時常請求我的指導靈讓我從細微處了解，像是在場的靈往生時，身體有何感受，也會請求指導靈突顯出與在場的靈往生時相關的身體部位。

驗證靈如何往生
這可能會是什麼樣子

有一次，我對面坐著一位來做通靈解讀的女子。她眼裡融合了獨特的好奇、希望，以及不著痕跡但在悲慟摯愛過世的人身上常見的失落感。在我調頻聆聽周圍的能量時，我感覺到明顯有個與她有關係的女性

靈在場。她氣場中火花的位置讓我相信這是姊妹關係。當我轉達給來解讀的女子時，她證實她的確失去了她的姊妹。為了進一步確認，我召喚了我的倉鴉塔羅指導靈。當我們的連結加深時，我可以在心靈之眼中觀想那隻倉鴉，於是我在內心裡請求牠讓我明白，那位摯愛是如何去世的。療程推進期間，在我的心靈之眼中，始終是可靠盟友的倉鴉，在問卜女子的身邊飛來飛去，繞著她轉，彷彿在調查、了解並與依戀她的靈交流。然後倉鴉回到我身邊，爪子裡抓著一朵玫瑰，那是一朵藍玫瑰。我小心翼翼地詢問女子：「妳姊妹……她是不是藥物過量往生的？」她眼中的淚水立即湧出，證實了我的見解。在我的符號系統中，藍玫瑰象徵親手奪走自己的生命或藥物過量，它再一次準確地傳達了往生的原因。然後我請在場的靈上前，看看她有什麼訊息要傳達給在座的女子。放心吧，其餘的解讀內容以及來自她姊妹的訊息對她來說非常具療效。

練習 71

執行塔羅通靈療程

塔羅通靈結合塔羅占卜與通靈，並提出了探索靈性連結的獨特方法。這個練習是專門為你量身訂製的，目的是讓你在值得信賴的塔羅指導靈的指引下，透過塔羅牌與靈溝通。在這整個練習中，我們主動地邀請來自靈界的溝通，保持樂於接收它們可能會分享的任何訊息或指引。然而，至關重要的是，結合直覺洞見與邏輯分析，仔細審查任何的靈。如果有什麼感覺不對勁或令你不安，要記住，你始終可以請求你的塔羅指導靈將那個靈從解讀中移除掉。然後你可以回復傳統的塔羅牌占卜，完全信任指導靈的保護智慧。有時候，問卜者可能會認出某個靈，但卻選擇不與對方溝通。無論何時，我們都應該尊重這類個人邊界。

1. 完成基礎修習法之後,執行綻放呼吸(練習67)以及與光的頻率連結(練習68)。
2. 召喚你的塔羅指導靈、盟友、在這趟旅程期間保護和指引你的幫手。想像明亮且具保護作用的光圈住你,強化了你的靈性防禦。
3. 連結你的高我與在座者的高我。
4. 首先觀察在座者的氣場。如果氣場清楚地展現,則要注意其內的任何火花並聚焦在這類火花上。
5. 告訴問卜者你捕捉到的內容,包括靈的性別以及與問卜者的關係。如果問卜者可以確認對方可能是誰(無須告訴你),那就繼續。
6. 在心裡請求塔羅指導靈讓你看見這個靈是如何往生的(例如玫瑰法)。將這則資訊轉達給問卜者。如果對方確認,那就繼續。
7. 在心裡對在場的靈發出邀請,看看它是否願意與你溝通。保持虛心開放,準備好接收任何印象、訊息或指引。
8. 想像那個靈邁步向前,注意對方的外表與性格。
9. 洗勻塔羅牌,然後抽牌。可以抽一張牌或一整個牌陣,這取決於身為靈媒兼塔羅占卜師的你。保持開放,樂於接受塔羅牌呈現給你的印象和訊息。在心裡請求在場的靈告訴你每一張牌或那些牌的大致意涵。
10. 詢問開放式問題,讓在場的靈提供更詳細且資訊豐富的回覆。這個方法可以避免無意間引導在場的靈或影響對方的回應。

通靈療程與
塔羅占卜之間的關係

擔任塔羅占卜師這些年來,我時常注意到,塔羅占卜與往生親人的

第 9 章

靈的出現之間有著重大連結。當某人來諮詢塔羅牌，且某位已故家庭成員或朋友的靈出現時，他們相互的關聯性經常就會跟著出現。雖然這可能不是普遍的體驗，但它一直是我的工作中反覆出現的主題，同時也為塔羅占卜增添了一層額外的深度和智慧。舉例來說，相當常見的情況是，在場的靈曾經遭遇的人生情境，與問卜者努力解決的當前課題或問題類似。這類共時性借助了靈本身的生命經驗，可以提供獨特的建言或視角。

我時常發現，在場的靈的特徵（無論是優勢或弱點），在塔羅占卜期間變得相當中肯。這個靈可能代表尋求指引的人應該擁抱的品質，或應當小心謹慎的特質，所有這一切都與塔羅牌的訊息相映契合。在場的靈的人生功課和特徵可以釐清塔羅牌暗示的方向，同時占卜解讀也可能揭示在場的靈的訊息或影響的具體細節。因此，塔羅占卜以及與靈溝通可以彼此鏡映且相互放大，使問卜者在療程期間獲得更周全的洞見。

通靈療程與塔羅占卜之間的關係
這可能會是什麼樣子

我清楚地記得曾經替一名中年女子做塔羅占卜，這名女子在為她尚未付諸行動的終生抱負尋求建言。當我洗好牌並攤開牌陣，「愚人」牌與「聖杯九」出現了，暗示著旅程的開始以及渴望和夢想有可能實現。然而，卻又搭配「聖杯四」，這張牌往往意味錯失的機會和沉思。顯然，她心中有夢想，但還沒有向前大步邁進的信心。隨著療程進行，一個明顯的臨在顯現出來，那是一股與母親形相強烈共鳴的陰性能量。在我敞開自己、接受療程的通靈面向時，一幅清晰的視界浮現：一艘遊輪在燦爛的陽光下航行，目的地是一座寧靜的島嶼。我將視野的內容轉達給那名女子，解釋說，似乎是她母親的靈正在傳達這些特定的景象。她

的回應混合了驚訝與溫暖的回憶。她說，她母親一直夢想全家乘坐遊輪到巴哈馬群島度假，但在她去世前，這個夢想並沒有實現。突然間，牌面的敘述與母親的靈的訊息開始變得有意義。這個靈正在運用她自己未實現的夢想（引領期盼的郵輪之旅）來呼應那次塔羅占卜中的訊息。她敦促女兒不要讓自己的夢想停滯不前，要擁抱「愚人」牌的冒險精神，尋求「聖杯九」所代表的情感滿足。

另一個療程則闡明了塔羅牌與通靈之間的相互關係，內容涉及一位透過塔羅占卜尋求指引的年輕同性戀男子。當我攤開牌陣時，它們講述了一則辛酸的故事。「寶劍八」與「惡魔」牌浮現了，意味著被困住、被操縱的感覺；「聖杯四」則表示不滿，渴求更多，同時「錢幣五」則代表害怕孤立，害怕自己離開目前的關係後會變得孑然一身。顯然，他正在忍受一段情感虐待關係，但是恐懼卻囚禁了他。

當我們過渡到療程的通靈部分時，一股強大、獨立的能量顯現出來，那是他祖母的靈。她是令人敬畏的人物，不怕維護自己的權利。我不斷看見她強行取下結婚戒指並扔掉的畫面。分享那些畫面時，年輕人起初很驚訝，然後表示他了解了。他透露，在遇見他祖父之前，祖母曾經有過一段短暫不幸福的婚姻。她的第一任丈夫在結婚才一個月的時候

第 9 章

賞了她一巴掌,那時,她立即收拾好行李,離開對方。這為她認識祖父並嫁給祖父打下了基礎,她與祖父之間共享充滿愛且相互尊重的關係。

這次塔羅占卜與來自其祖母的訊息之間的連結很值得注意。他祖母敦促他借助自己的勇氣和韌性,在關係中遇到不可接受的事情時,要保持堅定的個人邊界,而且立即離開對方,拒絕委曲求全。最令人振奮的啟示出現在療程近尾聲。他祖母傳達了一則強而有力的訊息:她早就知道男子的性取向,卻還是無條件地愛他,就愛他本來的樣子。這位年輕人一直小心謹慎,不對信教虔誠的祖母透露自己的性取向,擔心自己可能會失去祖母的愛。領悟到祖母無論如何都愛他,而且還在他的戀愛關係中指引他,為他帶來了他所亟需的療癒——在這次占卜之前,他甚至沒有覺察到自己需要這份療癒。

練習 72

關閉通靈療程

在通靈解讀完成之後,正確地關閉通靈療程對於釋放滯留的能量、保護自己的能量場、建立靈界與物質世界之間的健康邊界至關重要。這個修習法能讓你清明而平衡地回到日常生活中。

塔羅牌與通靈

只要你遵循這些步驟,就可以自信而順利地結束療程並返回到日常現實中。記得在療程結束後好好照顧自己,投入扎根接地的活動,唯有落實自我照護,才能在能量上保持健康。

1. 表達感恩往生之靈的溝通與指引。
2. 在內心裡釋放任何執著依戀,包括解讀期間接收到的靈或資訊,允許對方返回他們自己的空間和能量場。
3. 感謝所有塔羅指導靈、盟友及幫手在整個療程中的保護與指引。
4. 感激自己和在座者的高我促成這次的連結與溝通。
5. 觀想你的高我與在座者的高我之間的連結逐漸關閉,允許能量輕輕返回到正常狀態。
6. 執行能量重新校準(練習61)。
7. 做幾次深呼吸,觀想明亮、潔淨的光圈住你與在座者,清理掉任何殘餘的能量。
8. 感謝在座者在療程中的開放態度與參與。
9. 想像頂輪上的白玫瑰逐漸閉合。
10. 重新讓自己扎根接地並歸於中心。
11. 整理好塔羅牌,將塔羅牌收起來,象徵解讀結束。
12. 花點兒時間回想這次體驗,以及解讀期間獲得的洞見。
13. 最後表達對神性的感恩,無論你如何感知神性,都要感謝這次的靈性連結以及擔任靈媒的機會。

IX

THE HERMIT.

第10章
∞

更深入探究靈能塔羅理論

探索進階的塔羅概念能幫助我們探索塔羅牌更深層的奧祕。這趟旅程使我們深入領會塔羅牌的符號與心靈的真相有何關聯，也使我們得以投入永恆智慧與隱藏意義構成的世界。這些概念觸及一切事物，從命運到共享的潛意識想法和強大的集體能量。它們根植於古代，揭示了塔羅牌與靈能力的深層目的，還結合了歷史洞見與玄學理論。以這個視角來看，塔羅牌不只是預測的工具，更是連接器，將我們的表意識思想連結到精神上共享的心智流動，以及生命和存在的奧祕。研究這些比較古老的理念能幫助我們理解塔羅牌的象徵意義，以及象徵意義與潛意識的連結。塔羅牌藉此契入了普世的模式，從而揭示我們隱而不見的心智面向。掌握這些深層概念不僅能讓我們做好準備，迎接本書中最後的練習，而且還可以解決塔羅牌如何運作以及為何有效等難以回答的問題。

自由意志與宿命

占卜中常見的爭論總圍繞著自由意志與宿命的概念。我們的人生是由命運決定的嗎？還是我們有力量塑造自己的未來呢？塔羅哲學兼容這兩種視角——塔羅牌是幫助我們契入自己的直覺與內在智慧的工具。詢問塔羅牌問題的時候，我們並不是在尋找固定的預言，而是在尋求指引和洞見，從而做出更好的決定。塔羅牌體現了自由意志的力量，也了解我們的選擇將大大地影響自己的人生道路。未來並非固定不變，而是反映出占卜當時的能量和處境。塔羅牌可以揭示我們的選擇可能帶來的結果，但最終做決定的始終是我們自己。如此承認自由意志讓人有力

第10章

量,因為它使我們成為人生的主動參與者,有能耐塑造自己的命運——雖然塔羅牌為我們提供指引和洞見,但我們擁有最終的決定權。

有可能看見未來的確很誘人。儘管塔羅牌無法提供中獎彩券號碼之類的具體細節(相信我,我嘗試過了),但它可以讓人感應到未來。藉由詮釋當前的能量和處境,塔羅牌成為識別潛在挑戰和障礙的寶貴工具。塔羅牌能解讀當前的能量,並根據最有可能的結果提供預測,或者顯示可以走向何方。如此洞見使我們得以做出明智的決定,並採取主動出擊的步驟,從而邁向有可能的最佳結果。誠如瑞秋・楚的解釋:

> 塔羅牌非常擅長根據當下的能量,展示出未來有可能的結果。不過,沒有什麼是固定不變的,你的未來永遠會基於你的選擇而改變。我們始終處在成為的過程中。[21]

本質上,塔羅牌的功能就像個人的預警系統,那是一張心靈路線圖,讓我們對不可預見的事保持警惕。

塔羅牌應該作為一種工具,使我們有力量做出符合自身價值觀和目標的明智決定。不妨把它想成全球定位系統(GPS):它建議抵達目的地的最佳路線,但是由我們決定要走哪一條路,以及如何對待迂迴曲折的彎路。塔羅牌應該提供金玉良言,而不是支配我們的行動或操控我們的人生。它反而應該提供更清晰的視角,幫助我們做出更好的決定。在塔羅的指引之下,我們可以做出符合目標的選擇,懂得應對人生的起伏跌宕,並達到有可能的最佳結果。無論如何,塔羅牌不應該取代我們的個人力量和獨立性。未來不可改變的僵化想法雖然簡單,卻會暗中破壞運用塔羅牌的目的。如果一切都是命定,那為什麼還要占卜呢?我們就

---

21 True, *True Heart Intuitive Tarot*, xi.

當人生的觀察者,等待命運的安排好了。但我們知道,我們有力量塑造自己的未來。我們相信意念和顯化的力量,且那份能力透過專注的能量和意志力塑造我們的實相。泰瑞莎・里德在下述這段話中揭示了這點:「那些牌講述了一則故事……但結局是你寫的。」[22] 這個理念強調,未來不是一個固定點,而是不斷改變的畫布,靠我們的渴望和選擇渲染。

練習73
規劃邁向完美抉擇之路牌陣

1. 確認你目前面臨的特定情境或決定。
2. 洗牌,同時將思緒聚焦在這個情境或決定。
3. 從整副塔羅牌中抽出兩張牌。牌面朝上放在桌子上。每一張牌都代表這個情境可能產生的不同潛在的結果。
4. 分析第一張牌的象徵意義。仔細斟酌這條路與你的個人價值觀、長期目標,以及當前需求的契合度。
5. 針對第二張牌重複這樣分析。反思兩條路各自可能對你的人生造成什麼影響。
6. 當你詮釋完這兩張牌,也反思了兩條路的潛在結果,就決定你最想要朝哪一條路努力。這個決定應該奠基於那條路與你的價值觀和目標契合的程度。
7. 將意念放在為這個選出的結果開闢一條路。再次洗勻塔羅牌,聚焦在你渴望的結果。
8. 再抽出三張塔羅牌。這些牌將會提供洞見,使你深入了解可以採取哪些步驟來達成目標。

---

22 Reed, *Tarot: No Questions Asked*, 14.

第10章

9. 詮釋這三張牌中的第一張（圖中的編號3）。把它視為在邁向目標的旅程中，應該要採納的行動步驟或態度。
10. 詮釋第二張和第三張牌，把每一張牌都視為邁向目標的另外一個步驟。
11. 深思過這些步驟之後，將它們寫在日誌本或可以回頭參照的地方。務必要記下在練習期間浮現的任何想法、感受或洞見。向前邁進時，要在制定決策的過程中運用這些洞見作為指引。它們會幫忙照亮你的道路，使你邁向渴望的結果。

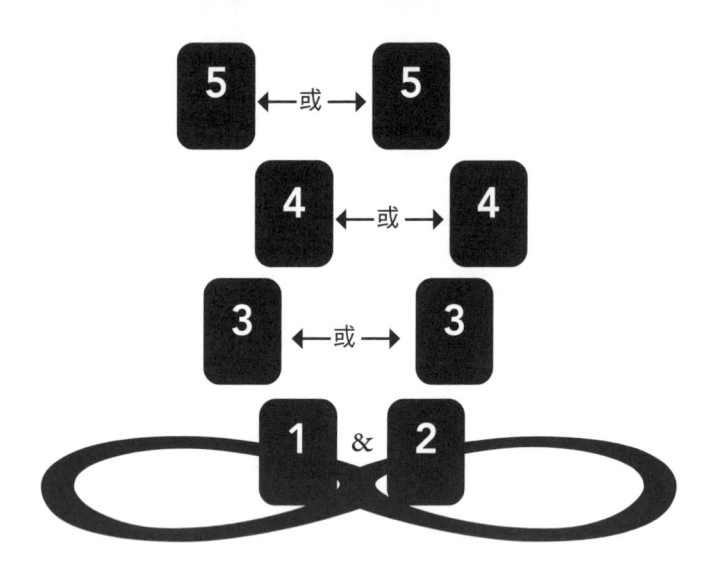

規劃邁向完美抉擇之路
這可能會是什麼樣子

我的友人一直在考慮為日漸增長的家庭購置新房，面對兩個不同的選項時，他左右為難：要選擇靠近工作地點的舒適住家，還是鄉間古雅

更深入探究靈能塔羅理論

的農舍？見他猶豫不決，我提議做一次塔羅占卜，幫助他深入了解。他聚焦在自己的購屋困境，而我小心翼翼地洗牌。我從塔羅牌中抽出兩張牌，牌面朝上放在桌上。我向他解釋說，兩張牌各自代表他正在考慮的兩間房子的潛在結果。第一張是「錢幣十」，這張牌往往與家族和世代財富有關聯。我暗示他，這張牌可以代表靠近工作地點的舒適住家，由於通勤時間較短，他可以有更多時間與家人相處。第二張牌是「權杖四」，這張牌往往與和諧、寧靜及喜悅有關聯。我告訴他，這張牌可以聯想到鄉村古雅農舍的寧靜和幸福。

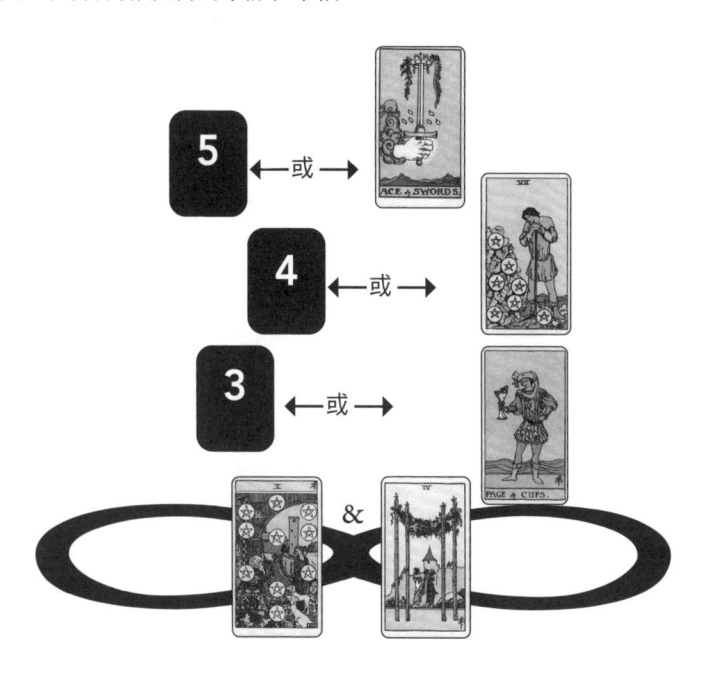

分析完兩張牌之後，他感覺深受鄉間農舍可能帶來的寧靜生活所吸引，那正是「權杖四」所暗示的。然後我重新洗牌，同時聚焦在他渴望的結果。我又抽了三張牌，讓他深入了解邁向這個目標可能要採取的步

247

第10章

驟。首先抽出的是「聖杯侍從」。我告訴他,這張牌是勸他跟隨自己的直覺並聆聽自己的心。下一張是「錢幣七」,我詮釋說,要有耐心和長期規劃。最後一張牌是「寶劍王牌」,我解釋說,這是在提醒他做出最終決定之前,要花時間蒐集所有必要的資訊。他感覺比較穩定之後,寫下了自己的見解以及必須採取的步驟,並利用這份指引完成購屋過程,最終根據占卜內容愉快地買下房子並搬家。

新柏拉圖主義與「迦勒底神諭」

「世界靈魂」(anima mundi)的古老概念體現了以下這個信念:世界或宇宙之所以栩栩如生,是因為它的靈魂獨一無二,而且它將其內在的所有生命形式捆綁和連結在一起。塔羅牌中「愚人」牌的旅程可以被視為靈性之路,邁向了「世界」牌(象徵「世界靈魂」)的團結統一。這個理念在古代哲學中根深柢固,隨著時間漫步前行,經過許多改造和進化,但其基礎精確地指向柏拉圖的教導。儘管柏拉圖從未明確地給它貼上這樣的標籤,但世界靈魂的痕跡卻在他的對話集《蒂邁歐篇》(Timaeus)當中顯而易見。他在其中談到,世界靈魂是神性工匠或「德謬哥」(Demiurge,譯注:即「巨匠造物主」,意指一個類似工匠的存在,負責創造並維持物質世界),用來為宇宙帶來生命的本質。斯多葛學派(Stoics)進一步豐富了這個思想脈絡,他們假設「邏各斯」(Logos)——一種既神性又理性的原則——滲透到宇宙之中,從而使其內部一切充滿活力且井然有序。希臘化哲學的新柏拉圖主義者(Neoplatonist),尤其是像普羅提諾(Plotinus,譯注:西元205－207年,新柏拉圖學派最著名的哲學家,被視為新柏拉圖主義之父)這樣的傑出人物,進一步完善了柏拉圖最初的洞見。普羅提諾的《九章集》(Enneads)將世界靈魂描繪成一座連結神性與物質的天橋。

同樣地,那個時代的神祕文獻「迦勒底神諭」(Chaldean Oracles),將世界靈魂描繪成一條導管,讓神性能量從更高界域過渡到物質世界,或反之亦然。雖然這些神諭(oracle)的起源籠罩在神祕之中,但往往與神祕的「通神師朱利安」(Julian the Theurgist)有關,而且這些神諭造成的巨大影響顯而易見。這些著作闡明了和諧宇宙與人類靈體的複雜交織,而且為神聖的靈性儀式提供指導方針。揚布利庫斯(Iamblichus,譯注:大約西元245-325年)是新柏拉圖主義的領導人物,也是迦勒底神諭的狂熱信徒,他堅信,這些神諭蘊含透過通神儀式揭開的神性奧祕。通神術(Theurgy)翻譯後的意思是「神的工作」,它是運用儀式魔法結合神性的神祕技術。揚布利庫斯對迦勒底神諭的崇敬,進一步突顯這部經典在塑造新柏拉圖哲學方面扮演了奠基性的角色。快進到文藝復興時期(Renaissance,譯注:14-16世紀發生在歐洲的文化運動),此時這個概念再次復興。馬爾西利奧・費奇諾(Marsilio Ficino,譯注:西元1433-1499年)、喬瓦尼・皮科・德拉・米蘭多拉(Giovanni Pico della Mirandola,譯注:西元1463-1494年)、焦爾達諾・布魯諾(Giordano Bruno,譯注:西元1548-1600年)等知識分子從古典教義與赫密士主義(Hermetic doctrine)中汲取靈感,重新激勵了「世界靈魂」的概念。後來,在浪漫主義時代(Romantic era)、歌德(Gothe,譯注:西元1749-1832年)與柯勒律治(Coleridge,譯注:西元1772-1834)等有識之士更借助世界靈魂的概念,明確地表達了他們感應到的大自然相互連結性與生氣活力。

集體無意識與世界靈魂

1900年代初,著名的瑞士心理學家卡爾・榮格提出了開創性的集體無意識(collective unconscious)概念。這個界域超出日常的表意識,由全體人類所共享,而且融入了名為「原型」(archetype)的通用符號、

模式及敘述。這些原型巧妙地塑造了我們的思想、感受與行為，為我們的本能和直覺奠定根基。此外，榮格理論的內在結構與各種談到「內在層面」的靈性傳統有著驚人的相似處，而「內在層面」是非物質的界域，擁有大量象徵或原型的存有，這反映出在集體無意識中發現的普世主題。神祕學家加雷斯・奈特（Gareth Knight，譯注：西元1930-2022年）曾在荻恩・佛瓊創辦的祕傳學派中接受訓練，他寫道：

> 這時候，我們或許會感覺到我們正漂向某個中央場，在不同的術語底下以及從不同的觀點來看，這個中央場可能是同樣的東西。深層心理學家把它看作是「集體無意識」，而神祕學家視之為「內在層面」。[23]

榮格的視界不只是心理概念，更深入探究了存在的靈性維度。他體認到，「世界靈魂」是天界的拴繩，捆綁著所有生命形式且維護著大自然的和諧，從而鏡映出他化為概念的集體無意識。榮格以文字流利傳神地捕捉到這個理念：「世界靈魂的理念，與中心是自我的集體無意識理念不謀而合。」[24] 世界靈魂與集體無意識的這份和諧有助於解碼塔羅理論，因為它賜給我們更加浩瀚的框架，讓我們得以理解內在層面，以及為什麼那些塔羅牌在心靈上如此強而有力，得以契入現實本身的結構以及自我和他人的心靈。

集體無意識與原型

原型的概念（普世認可的符號、模式或字符）深深地根植於古代哲學

---

23 Knight, *Experience of the Inner Worlds*, 126.
24 Jung, *Dreams*, 118.

中,最顯著的是柏拉圖主義(Platonism)。柏拉圖斷定,抽象且非物質的形相(例如「正義」或「美」)蘊含著更深層的實相,勝過它們在物質界域的表達。他將這些形相視為永恆的藍圖,塑造著我們周遭每一樣可感知的事物。「原型」(archetype)一詞本身源自希臘字 *arche* 和 *typos*,分別翻譯成「首要/原初」和「模式/印象」——反覆重申著柏拉圖的基礎理念。這個概念上的架構在希臘化晚期和中世紀初開始進化演變,新柏拉圖主義者重申了柏拉圖的意識形態,提出這些原型形相源自於單一的統一源頭——世界靈魂。

若要深入剖析這個概念,不妨細想一個界域,在此,杯子的存在是完美無瑕的終極概念。在現實世界裡,那個完美的理念有無窮無盡的變形:從一次性紙杯到精心設計的手工聖杯,好比「聖杯王牌」上描繪的聖杯。但是無論杯子的形相如何,它們全都將回歸到杯子的單一理想版本。是什麼因素讓杯子真正是杯子?基本上,它容納了可飲用的液體,而且容易抓握。如果有把手,可能屬於馬克杯。倘若太大或不實用,恐怕就會歸類成碗。每天與我們互動的杯子種類繁多,但全都可以回溯到理想的「聖杯」形相,「聖杯」強調的觀念是:就連最普通的物體,也能連結到較高階、完美、理想化的概念。

接著卡爾・榮格登場,他將原型置於集體無意識理論的核心。根據榮格的說法,這些永恆的象徵符號包括「英雄」、「母親」與「陰影」等主題,它們一再出現在夢境、藝術及宗教主題裡。榮格超越純粹的心理學透鏡,相信這些原型就是宇宙的基本結構,甚至在後來的論述中稱它們是「靈」(spirit)。榮格覺知到,我們的原型體驗很主觀,無法用科學方法驗證,因為它們超出了我們的身體感官,完全存在於自己的心智中。他主張,我們的內在世界與更大的宇宙彼此映照,而集體無意識透過我們的潛意識,扮演著兩者之間的橋梁。因此,從某種意義上來說,一切都在我們的心智中,但是我們需要改變自己的視角,重新看待心智

第10章

是什麼、心智與現實的關係,以及它對現實造成的衝擊。

就像在我們的例子中,柏拉圖認定杯子之類的物體是某種理想的形相,正義或美之類則是比較抽象的理念,但當我們看著人們扮演的角色時,原型變得比較容易理解,而這正是榮格有興趣探索的特定領域。舉例來說,「老師」的原型是個理想化的概念,概括指引、教導及啟發的本質。這個概念超越課堂教師的特性,包括靈性嚮導、上師,乃至父母。無論這些人物以何種形相出現,都具有共同的核心品質,例如,培養好奇心、鼓勵批判性思考、滋養個人成長。以榮格的視角來說,這個原型也可以被視為「智慧老人」或「智慧老婦」,亦即照亮自我發現和更深層理解之路的指引力道。如此一來,我們遇到的各種老師,都是某種更廣泛且普世概念的個別表達——他們都是原型。

個體化與煉金術

榮格的「個體化」(individuation)概念深受煉金術中煉金階段的啟發,他把煉金術視為隱喻,象徵個體在追求自我發現和自我實現過程中經歷的心理蛻變。榮格體認到並整合了這些煉金階段的象徵意義,提供了一個框架,讓我們理解邁向成為完整圓滿個體的旅程。他對煉金術的迷戀延伸到歐洲、中東及道教傳統,而他從那些古老智慧和心理洞見中汲取的靈感,依然是現代心理學和個人成長領域中極有價值的工具。榮格對煉金術的探索也使他得以破譯無意識的隱藏訊息,發展出具蛻變作用的個體化概念,而在當今的心理治療和自我覺知實踐當中,這點仍舊頗具影響力。

他感知到,煉金過程是個人在這條路上經歷心理蛻變的象徵性表現。榮格並沒有照字面意義詮釋這些煉金階段。相反地,他體認到煉金的寓意本質,汲取了它們的古老智慧和心理洞見,而這些在現代心理學

和個人成長中依舊相當關鍵。榮格提出的個體化概念，是指個體從「個體」（自身的碎片版本）進化成完整圓滿的個體。一個人有意識地擁抱和整合這些原型後，可以超越自己的無意識影響，經歷個人的蛻變。

對榮格來說，「煅燒」（calcination）的煉金階段等同於個體化的開始，這時，個體必須面對「陰影」（shadow），也就是其人格面具（persona）遭忽視或被拒絕的面向。這樣的對峙就像物質被分解成灰燼一樣，個體必須面對其脆弱、恐懼與負面的傾向，從而瓦解小我的防禦。「溶解」（dissolution）是隨後的煉金階段，代表個體更深入地探索自己的無意識心智。它意味著放棄長期持有的信念，導致小我進一步溶解並與浩瀚的集體無意識結合。隨著個體的進步，「分離」（separation）階段強調了區分真實自我與人格面具（呈現給世界的外觀），這份辨別能力使個體得以擺脫與核心自我並不相映契合的屬性。隨著煉金旅程持續，「結合」（conjunction）期反映出調和心靈的對立面向。「發酵」（fermentation）則表示個體化的關鍵點，象徵個人的重生、更深入的洞察參透、振奮人心的創造力，以及與無意識的緊密連結。在如此的蛻變之後，「蒸餾」（distillation）期鏡映出意識的磨練，促使覺知層次提升並邁向自我的本質。在煉金過程的結尾，「凝結」（coagulation）創造出賢者之石（philosopher's stone），象徵完成和開悟。在個體化方面，這個階段象徵自我的全面了悟和接納，標示著心理和靈性的完整圓滿。

個體化與單一神話

個體化的概念大大影響了自我旅程的文化和心理故事。這趟旅程是自我實現與心靈整合的個人冒險之旅，類似於喬瑟夫・坎伯（Joseph Campbell，譯注：西元1904－1987年，美國神話學家、作家、教授）的「單一神話」（monomyth，更常被稱作「英雄旅程」）。坎伯在其經典作品《千面英

第10章

雄》(The Hero with a Thousand Faces)當中勾勒了這趟英雄旅程（Hero's Journey），詳細描述了神話冒險家的普遍階段。究其核心，這趟旅程反映出個體化的過程。坎伯熟悉榮格的工作，而且公開承認過榮格的概念對他理解神話影響至鉅。

英雄旅程可以被視為個體化過程的故事版本，它強調遍及不同文化和神話的普遍模式。在英雄旅程的初期階段，「歷險的召喚」與個體化的初期相應，此時，個體努力應對人生中不安或不滿的感受。而英雄經歷「啟蒙與試煉」的過程，則與榮格提出的觀念——與陰影艱難對抗——相似。在此期間，英雄面對並克服了挑戰，努力將自己的無意識元素融入表意識的自我之中。最後，英雄之旅的「贖罪和回歸」也與個體化過程的高潮相呼應，在此階段中達成了和解與整合，從而通向自我的全面實現。

愚人旅程

這個框架隨後影響了許多敘事結構的詮釋，包括「愚人旅程」（Fool's Journey）。這個概念由伊登・格雷（Eden Gray）在《塔羅牌完全指南》(A Complete Guide to the Tarot，暫譯）當中提出，他描述了一個人以塔羅牌「愚人」牌的身分，與大阿爾克那的各種原型互動，從而穿越人生的挑戰和體驗並進化。格雷在1970年代的工作使塔羅牌更容易被一般大眾所接受。格雷強調大阿爾克那當中的敘事結構，這也間接強調了與坎伯英雄旅程的相似處，暗示兩條道路雖然有不同的意象和符號，但都透過成長、挑戰、死亡、重生、最終精通或開悟等普世共鳴的經驗規劃路線。這份相互關聯性強調了這個理念：在人類意識中有一個共同的敘事模式，在此模式中，故事、神話、符號、原型似乎跨越文化與時代，它們共鳴共振，彼此呼應。

更深入探究靈能塔羅理論

練習74

個人煉金術牌陣

　　以下是運用煉金過程七個階段的個體化塔羅牌陣練習，對靈性發展和個人成長來說，這可能帶來深刻的洞見。

1. **煅燒**：洗牌，同時聚焦在可能會牽絆小我和執著的面向。抽一張牌。這張牌代表你需要承認和放下的面向。
2. **溶解**：再次洗牌，這次聚焦在你的無意識情緒。抽一張牌。這張牌代表隱藏的情緒，你需要將它帶到表面，承認然後釋放掉。
3. **分離**：再次洗牌，想著將自己有價值的部分與不再為你服務的部分分開。抽一張牌。這張牌代表你自己需要聚焦並融入人生的面向。
4. **結合**：洗牌，再抽一張牌。這張牌代表將你有用的品質整合成和諧的整體，仔細思考如何將這張牌的含義應用到你邁向自我實現的旅程。
5. **發酵**：洗牌，然後抽一張牌。這張牌代表在這個階段，將會出現在你腦海中的個人見解或靈性洞見。應該要有充足的時間好好反省和理解這張牌。
6. **蒸餾**：默觀完前一個階段之後，洗牌，再抽一張牌。這張牌將會指引你完善對自我的理解，幫助你精煉真實自我的本質。
7. **凝結**：最後一次洗牌，然後抽一張牌。這張牌象徵你如何在世界上顯化真實、完整的自己。仔細思考如何使自己的生活形態與這個真實自我契合，好好慶祝這個新發現的領會。

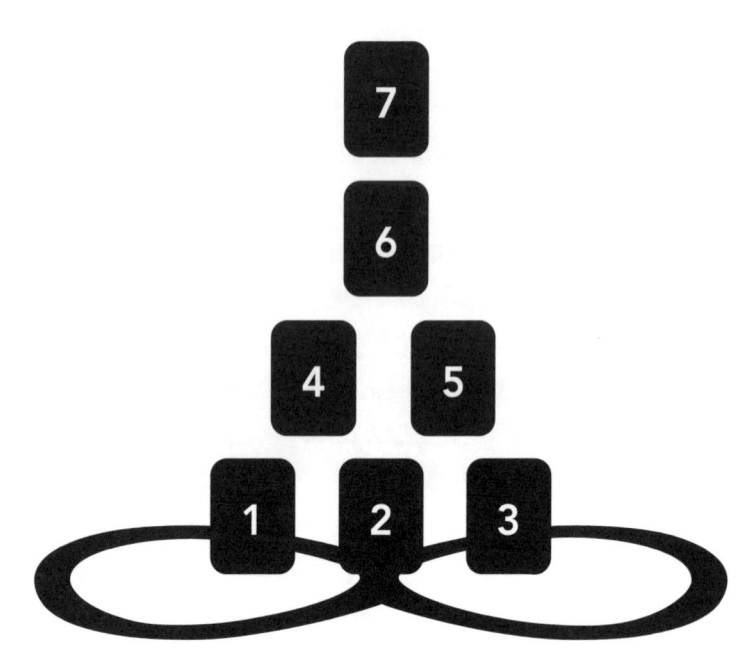

個人煉金術塔羅
這可能會是什麼樣子

在我人生的某個轉變期，我決定求助於我的塔羅牌，運用煉金術過程的象徵意義，指引我完成個體化的歷程。根據我在塔羅日誌本中的筆記，以下是那次占卜的內容。有趣的是，每一張牌似乎都與煉金過程的步驟共鳴共振。在第一階段「煅燒」，我洗牌並聚焦在可能會阻礙我的小我與執著。我抽到了「聖杯四」，牌面的男子拒絕神性之手賜予的聖杯，這點與我起共鳴。它暗示我糾結在不滿的循環中，我的視界被過去的失望蒙蔽了。這層領悟是我的第一步。

來到「溶解」階段，我再次洗牌，讓思緒深入探究我的無意識情緒。我抽到的是「月亮」牌，它描繪了一條尚未被馴服的狂野道路，那提醒我，在表面之下潛藏著恐懼和不安全感。我很清楚，承認這些感受是旅程的重要部分。

更深入探究靈能塔羅理論

在「分離」階段，我重新洗牌，抽出了「女皇」牌。我認為這表示我的滋養和創造能力是我寶貴之處，需要專注於此並進一步整合。

「結合」階段把我帶到「聖杯二」。這張牌象徵團結、夥伴關係與連結，暗示整合我的特質，包括培養我的人際關係作為創意表達的管道。

當我洗牌並想著「發酵」階段時，我抽到了「隱士」牌。我明白這是信號，暗示我的靈性成長勢必需要獨處期和自我反省期。

進入「蒸餾」階段，我抽到了「寶劍王牌」。這張牌告訴我的是心智的清明與突破，暗示完善我的自我理解勢必帶來新層次的清明，從而了解我是誰以及我的目的。

針對「凝結」，我抽到了「世界」牌。這張牌象徵實現、完成與成就，而且我覺得它在告訴我，我的個體化旅程正在引領我去到某個地方，讓我有一天可以準備好，在世界上充分表達我的真我和真實意願。

第10章

塔羅牌與原型

　　塔羅牌的操作集合了通用符號與原型，這些與我們共享的內在和外在經驗共鳴共振。這些符號鏡映出柏拉圖的「理型」（Ideal Forms）概念，顯化成「英雄」或「愚人」等可識別的人物或角色。除了原型角色外，塔羅牌還概括了基本的人類主題，例如愛與無常。我們與這些符號交流，從而解鎖深層的自我覺知並獲得有價值的視角，舉例來說，大阿爾克那牌涉及改變人生且影響我們所有人的重要事件和原則；小阿爾克那牌則深入探究日常，詳細描述了我們的個人屬性和情境。塔羅牌藉此扮演平易近人和深入自我覺知的導管，以及通向心靈中無形維度的橋樑。誠如備受讚譽的塔羅牌專家瑞秋・波拉克所言：「塔羅牌以我們可以使用的形式提供原型，用於療癒以及自我發現。」[25]

　　塔羅牌中的原型符號也提出了透過象徵符號直接通向神性。卡爾・鹿韋林・威史克（Carl Llewellyn Weschcke）是鹿林出版社的前任發行人，也是太陽黃金團（Ordo Aurum Solis，譯注：1897年創立於英格蘭的魔法教團）的前任宗師，他闡明了塔羅牌的這個面向。他寫道：

> 　　塔羅牌是一套系統，不是一樣「東西」，因此塔羅牌卓爾不群，可以獨立實現其目的，也就是提供內在體驗，包括接觸神性力量，以及將那一切納入自己的心靈，從而促進你的靈能開發並為靈能灌注力量。如此你才有辦法針對無形的層面採取行動，運用這些力量解決個人的人生問題⋯⋯我們將塔羅牌視為神性力量在整個和諧宇宙發揮作用的真正象徵性總結，因此我們進入了新的關係和責任，成為有意識的共同創造者，知道每一個念頭和行

---

25 Pollack, *Rachel Pollack's Tarot Wisdom*, 45.

更深入探究靈能塔羅理論

動都會產生超出個人領域的後果。就連我們的占卜也不只是詮釋，更是打開一條互動的管道，影響著解讀的結果。[26]

威史克的洞見強調，使用塔羅牌是互動的過程，也是與靈性能量合作的努力。每次解讀都不只是窺見我們當前的處境或潛在的未來，更是與神性力量的動態對話。這類互動有力量修正影響我們人生的能量模式。就此而言，塔羅牌不僅是釐清思緒的機制，更是與有能力即時影響塔羅占卜（甚至影響未來）的靈性存在體連結和協作的方法。

共時性

「共時性」一詞最早由榮格提出，用來描述沒有因果關係的巧合——但這些巧合對於體驗到的人來說，卻蘊含深度的象徵意義。這個詞是一個概念，本意是為欠缺傳統因果解釋的巧合提供解釋——那些發生的事暗示了宇宙本身正在為我們提供隱微的線索，將我們的內在世界與外在世界編織在一起。榮格對共時性的興趣不僅源自於他的病人體驗到有意義的巧合，更因為他自己也體驗到同類的巧合。

榮格的工作中有一則引人注目的例子：病人講述自己在夢中看到一隻金色的金龜子，她分享這個夢時，正好一隻金龜子進入房間——在榮格看來，發生的事體現了共時性。對榮格來說，當一個人無意識心智內的原型受到刺激，並在現實中自行顯化時，這類巧合就被啟動了。個人經驗與集體無意識之間的這份連結是共時性浮現的地方。這些共時性往往令人猝不及防，不僅會增強衝擊力，還會激起敬畏和驚奇感，因此這類巧合時常看似由某隻無形的手，基於某個更高目的而精心策劃。

---

26 摘自卡爾・鹿韋林・威史克為德・比亞西的著作撰寫的前言，見《神聖阿爾克那的太陽之光》（暫譯），xvi-xvii。

第10章

共時性與占卜

中國古代的《易經》占卜法進一步闡述了榮格的觀點。《易經》是古中國的經文，用於占卜和求取智慧。占卜者拋擲一組硬幣或棍子後可以得到一卦，總共有64種卦象，每一卦都有其獨一無二的詮釋。對榮格來說，《易經》不只是隨意的機率，它是共時性在起作用的證據。他相信，由此產生的卦象直接反映了問卜者當前的心理狀態及其詢問的本質——硬幣或棍子掉落的方式，受到拋擲者深層心靈狀態的影響。他相信，《易經》就如同橋梁一般，促成了表意識心智與無意識界域之間的溝通，帶出原本隱而不現的洞見。

塔羅牌就跟《易經》一樣，也是一種占卜，每一張牌都蘊含豐富的象徵和意義。當一個人洗牌並抽牌時，以榮格的觀點來看，所產生的牌陣就是問卜者心靈及其與外在世界互動的顯化。就跟《易經》一樣，抽到的塔羅牌不只是隨機的結果，它是同步事件，鏡映出個人的內在狀態、擔憂與潛在的軌跡。換言之，透過解讀塔羅牌，我們有意識地祈請共時性。誠如帕米塔夫人在她的著作《魔法塔羅》（*Magical Tarot*，暫譯）當中寫到的：

> 比起在世界上閒晃亂撞，關注剛好可以為我們帶來訊息的小事，塔羅牌更直接一些。我們刻意地坐下來，詢問一個具體的問題，然後洗牌，憑直覺排好那些具象徵意義和共時性的牌卡，從而獲得答案。[27]

---

27 Pamita, *Magical Tarot*, 3.

這與靈能塔羅有何關係？

集體無意識、靈力與塔羅牌之間的關係，根植於深層的相互連結性。靈能的洞見往往汲取自浩瀚的集體無意識共享庫，因為塔羅牌而展現出深度與清明。塔羅牌運用其符號的深度，放大了這些洞見。塔羅牌不僅作為工具，更是催化劑，開啟了通向深層心靈啟示的門戶。抽牌時，塔羅牌的象徵意義使我們的直覺焦點變得敏銳，指引我們從內在層面更廣闊的集體無意識中，取得特定的訊息或振動。這類互動會搭配個人尋求指引的能量，創造出適合靈能感知的氛圍。當塔羅占卜的結果顯示某張牌與個人的情境完全相符時，那是共時性在起作用。塔羅牌絕不是被動的，而是主動地塑造和引導我們的心靈流動。它們的符號與普世的原型掛鈎，與我們的直覺和靈力共鳴共振，將我們的個人故事與更大的普世主題結合在一起。

練習 75
共時性與塔羅詮釋

1. 閉上眼睛，深呼吸幾次，回想你最近體驗到的共時性事件。這事可能看似隨機，但你無論在哪裡，都一遍又一遍地看見。一旦你記得這事，就把它寫在日誌本裡。
2. 洗牌時，仍然聚焦在你的共時性事件，不斷在腦海中回想，這有助於你在抽牌時設定意圖。目標是抽出一張可以針對共時性事件提供進一步洞見，或使你更清明的牌。
3. 等你感覺準備就緒，就抽出一張牌。將那張牌放在面前。如果你要解讀逆向牌，務必注意那張牌是正或反，因為這會影響那張牌的意義。

4. 花點兒時間觀察牌面的意象、色彩與符號。在日誌本中記下你對那張牌的最初反應、感受及想法。這時不要擔心傳統的牌義，只要聚焦在你個人從那張牌中觀察和感受到的訊息。
5. 可隨意召喚你的塔羅指導靈，看看你是否可以更深入地了解那張牌。
6. 思考一下那張牌的意義，以及它與你的共時性事件有何關聯。那張牌提供了哪些額外的洞見？它如何與你的共時性事件起共鳴？在日誌本中寫下你的見解。
7. 最後，花些時間反思這整個練習。你的感受如何？出現了哪些新的洞見？針對你體驗過的共時性事件，有新的視角嗎？在日誌本中寫下任何最終的想法或感受。

思想念相與集體靈識

我們在本書稍早探討過「思想念相」，現在我們要更深入地探討它，從而更了解塔羅理論。思想念相是深植於神智學（Theosophy）和某些祕傳傳統的心智概念，這個心智或情緒概念源自於個人的念頭、感受或信念。最簡單的講法是思想念相是我們每天體驗到的短暫情緒或想法，好比開車時有人搶道，憤怒瞬間升起；或看見摯愛時，喜悅澎湃湧現。這些短暫的念頭散發著能量，但通常很快便煙消雲散。比較有力且持續而集中的情緒或念頭，可以產生更強烈、更持久的思想念相。舉例來說，培養多年的野心可以積累能量和意圖，形成比較有力的思想念相。這個原理是某些顯化與觀想實踐的基礎。但這些概念不只是在頭腦中，當我們全神貫注時，它們可以在內在層面顯化，具體化現原始念頭或情緒的力量和本質。

儘管思想念相起源於個體的心靈，但是一旦被充分授權賦能後，就

可以獨立運作。它可能會影響當事人的周遭事物，乃至影響當事人的情緒和心智狀態。創造者與思想念相之間的這份連結可能會變成循環性的關係：思想念相如果經常得到能量加持，就可以放大創造者心中原始的情感。思想念相的性質、持續時間及強度，很大程度上取決於最初情緒或念頭的強烈度和持久性。如果沒有持續培育滋養，思想念相可能會逐漸消退，但是若有能量持續灌注，思想念相便可經久不衰。在某些傳統中，異常有力的思想念相被看作類似於「靈」，它們會像非物質存在體一樣互動。許多魔法修習者會刻意為特定的任務精心打造這些思想念相。

集體靈識

　　集體靈識（egregores）將思想念相的理念提升到群體層級。這個詞代表當多人懷抱共同信念或意圖時，所產生的集體能量。這股結合的力道超越了個別的輸入，而且可以獨立運行。相較之下，假使個人的思想念相被視為心靈能量的細胞，那麼集體靈識就是由這些細胞形成的身體。一旦由某群體的共同目標和感受驅動的多重思想念相合併時，就會出現某個集體靈識。集體靈識不同於通常由個人升起的思想念相，它們根本上與集體捆綁在一起，而且隨著愈多人運用專注和能量為其添加燃料，集體靈識愈被增強鞏固。某個集體靈識形成後，就可以影響其群體成員，而且當集體靈識足夠強大時，甚至可以按照該群體的意圖，衝擊現實世界的事件。就跟個人的思想念相一樣，集體靈識與其群體成員之間是共生關係。

　　由於集體靈識固有的性質，它能滲透到幾個群體動力之中，並基於共同的意圖和焦點茁壯成長。舉例來說，公司有其獨特的文化，在公司裡，集體能量體現出公司的精神特質，可以影響從員工士氣到品牌認知

等一切事物。體育團隊、政治團體、宗教集會、社交俱樂部,乃至線上社群,也都具有因共同的情感、信念或興趣而形成的獨特集體靈識。集體靈識與其成員之間的互惠關係扮演著關鍵角色,如果群體的專注動搖或浮現分歧,該集體靈識就可能會減弱或改變。承認這些存在體的存在及其產生的影響,可以深入參透指揮集體追求的無形勢力。

HRU:塔羅天使

在黃金黎明協會之類的神祕傳統中,人們往往把塔羅天使叫做HRU——被感知為具統一和指引作用的靈性存在體或力量,負責監督塔羅牌、塔羅占卜與塔羅占卜師。主要的概念是,當你洗牌或攤開牌陣時,你不只是在與塔羅牌打交道,你也同時契入了某個更偉大且支配並傳導塔羅智慧的靈性存在體或原力。這個概念可能有點兒抽象,很像設法理解完全超越我們在日常生活中感知到的次元。同樣地,HRU存在於形而上的空間中,那未必符合線性或理性的理解。HRU的臨在可以提供指引或影響,但是對我們的有限感知而言,祂提供的方式可能顯得神祕、前後不一或似非而是。

HRU並不局限於單一的詮釋。對於如何與這股靈性原力互動,不同的神祕傳統和個人修行者可能各自有著獨一無二的理解和方法。根據赫密士派哲學家、太陽黃金團現任宗師尚－路易・德・比亞西的說法,所謂的塔羅天使,是所有在時間洪流中曾經使用塔羅牌的人,所共同創造出如今有其自我生命的集體靈識。[28] 亞瑟・偉特、潘蜜拉・柯爾曼・史密斯、阿萊斯特・克勞利(Aleister Crowley)等曾經在塑造現代塔羅牌方面扮演重要角色的神祕學家,都深深地接受了塔羅天使的理念。身為

---

28 de Biasi, *The Divine Arcana of the Aurum Solis*, 61-62.

黃金黎明協會的成員，他們將HRU視為指導靈，有能耐透過塔羅占卜揭示深度的智慧和隱藏的真理。根據黃金黎明協會的塔羅手稿，HRU被稱為「監督祕密智慧運作的偉大天使」。

克勞利看見了HRU與「荷魯－拉－哈」（Heru-Ra-Ha）之間的通信，相信祂們是同一個存在體。荷魯－拉－哈是泰勒瑪（Thelema，譯注：泰勒瑪是古希臘單詞θέλημα的音譯，意味一個人的真實意志，有別於一般意義上的表層意願）體內的複合神，匯集了埃及男神荷魯斯（Horus）的兩個不同面向。HRU與「荷魯－拉－哈」都被認為是支配一切的智慧或神力，並透過塔羅牌本身統治事件或洞見的開展。HRU與「荷魯－拉－哈」的連結，使克勞利能夠把他的泰勒瑪世界觀直接融入托特塔羅牌之中，讓這副牌不僅是占卜工具，更是泰勒瑪宇宙學和哲學的鑰匙。在傳統的塔羅牌當中，例如萊德偉特史密斯塔羅牌的「審判」牌通常描繪一位吹著號角的天使，這往往被詮釋成復活或最終審判的預兆。克勞利在他的托特塔羅牌中，以「新紀元」（the Aeon）牌取代「審判」牌，這是更符合泰勒瑪學說與埃及神話的轉變。

在托特塔羅牌的「新紀元」牌中，你會注意到，天使被荷魯－拉－哈的兩個面向所取代。孩童荷魯斯（Horus the Child或Hoor-paar-kraat）出現在前景中，意味著「聖靈」的被動形式，同時成年荷魯斯（Ra-Hoor-Khuit）在背景裡，象徵「聖靈」的主動形式。與傳統天使吹著號角在末日時代召喚魂靈接受審判不同，在此，根據泰勒瑪信條，「荷魯－拉－哈」的雙重面向代表荷魯斯的新紀元，這是由個人主義、直接的個人靈知以及意志的應用所定義的時代。

這將焦點從一個紀元的結束轉移到另外一個紀元的開始。

克勞利相信，他的托特塔羅牌的插圖代表「法律之書」（Book of the

第10章

Law），而HRU則是有影響力的天使，掌管著塔羅牌。克勞利的私人祕書兼東方神殿騎士團（Ordo Templi Orientis）的創始人肯尼斯·格蘭特（Kenneth Grant），將HRU視為啟發托特塔羅牌意象的神性靈感。關於HRU主題，阿萊斯特·克勞利寫道：

> 占卜某件事無異於計算機率，我們得以運用的心智所觸及的知識，超越了我們的頭腦但又不是無所不知。HRU是掌管塔羅牌的大天使，祂對我們而言，就如同我們之於螞蟻一樣，遙不可及。然而就我們所知，HRU的知識也以同樣的比例被某個更強大的心智所超越。假使我們根據自己的妄想誤解塔羅牌，我們也無權指責HRU無知或犯錯。祂或許已經知道，祂或許已經說了真話；錯的可能只是我們自己的洞察力。[29]

這段話呼應了這個理念：HRU在塔羅占卜期間提供的任何見解絕不會出錯。然而，由於我們的理解或視角有限，我們可能會不正確地詮釋HRU透過塔羅牌傳達的內容。此外，這段話強調，雖然塔羅牌具有預測性，但那個預測是指，如果事情繼續按照原本的樣子開展，這條路上最有可能發生的事。這讓一個人的自由意志在面對命運時有發揮的空間，而且將如何詮釋塔羅牌的責任交給我們自己，而不是塔羅天使。

誠如我們所見，HRU的概念提供了多種詮釋，每一種都有其獨特的細微差異和好處。當塔羅占卜被視為某個集體靈識，或是由整個歷史上塔羅占卜者的信念和作法塑造形成的集體意識時，塔羅占卜便具有參與性。你不只是翻牌，而是在連結跨越時間和空間的集體智慧和意念，為塔羅占卜增加分量和分享的意義。HRU被視為某股天使原力，為塔

---

29 Crowley, Desti, and Waddell, *Magick: Liber Aba: Book 4*, 263.

更深入探究靈能塔羅理論

羅體驗帶來了神性與保護的氛圍。這些牌成為傳達宇宙真理和指引的管道，超越了原本只是符號的狀態。

將HRU視為塔羅牌整體中某個首要的榮格原型，這等於是在喚起呈現在塔羅牌內具有集體特質的個體原型，然後藉此引發個人的洞見。如果HRU被看作是神明，那麼塔羅占卜就變成了崇拜或靈性交流的行為，從而使塔羅占卜成為涉及求道者、神明與塔羅牌的神聖互動。

這些詮釋可以共存，它們不僅提供多面向的理解，也能豐富每一次的塔羅占卜。這樣的塔羅占卜變成了與更高智慧的複雜互動，無論更高智慧是集體思維、天使存在體、原型意象、神性力量，或是這些理念的組合。因此，對HRU的信念，促使我們將塔羅占卜從基本的占卜實務提升成多層的靈性參與。這加深了塔羅占卜的細微差異，使其不僅可以解決眼前的課題，還可以解決存在的疑問。塔羅占卜成為占卜師、塔羅牌以及HRU代表的存在體或概念之間的持續對話。有意識地祈請並連結HRU，可以進一步強化與塔羅牌的這份連結，從而大幅提升塔羅占卜的價值。

練習76

與HRU會面

閉上眼睛，深呼吸，進入內在塔羅神殿的界域。走進去時，你注意到周遭事物很熟悉，燭光柔和，香的氣味令人心曠神怡。這是你的神聖空間——你內省反思和自我發現的聖域。

你四處閒逛，探索著神殿的各個角落，突然間，你注意到有東西不一樣：一座以前沒有注意到的樓梯藏在隱蔽的角落。樓梯的臺階召喚你，邀請你踏上新的旅程。好奇心激起了你的興趣，於是你決定爬上樓梯。每走一步，你都感覺到期待與驚異

第10章

感,彷彿你正揚升到更高的意識界域。抵達樓梯頂部時,你發現自己在一間令人敬畏的廳室裡,這是你以前從未見過的神殿。廳室內閃爍著耀眼的光,從描繪塔羅天使HRU的宏偉彩色玻璃窗中散發出來。鮮豔的色彩在牆上舞動,照亮了似乎隨著你的每一次呼吸而活靈活現的圖案。

HRU的雕像矗立在神殿中央,這是令人動容的神祕存有,有溫和的微笑以及散發智慧與理解的眼睛。接近這位天使臨在時,你感受到深度的連結和崇敬感。廳室內的能量包圍著你,使你盈滿深度的平靜與安寧感。站在HRU面前時,你注意到這位天使臨在最令人敬畏的面向:宏偉、神聖的翅膀以獵鷹飛行的優雅姿態展開。鮮明的羽毛是色彩的鑲嵌細工,閃爍著天國之光,反映著和諧宇宙的本質。這些翅膀有著超凡的美,似乎可以連結天與地,架橋銜接神性與凡人的界域。

在HRU的獵鷹翅膀面前,你感受到深深的連結,連結到靈界以及物質世界之外的無限可能性。它們象徵凌駕凡俗的能力、從更高的視角看見生命,以及契入宇宙的無邊智慧。當你凝視這些雄偉的翅膀,感受它們蘊含的力量和古老智慧時,驚奇感湧上心頭。它們似乎掌握著宇宙的祕密,承載著無數宇宙循環的能量。就好像它們是飛行、自由與超越的化身,指引著魂靈邁向更高的意識界域。

這些美麗的翅膀似乎低語著古老的知識,訴說著過去文明的故事、被遺忘的奧祕,以及創造與蛻變的永恆之舞。你感覺被它們懷抱著,彷彿它們在你的靈性旅程上為你提供保護與指引。在這個交流的時刻,HRU開始揭露洞見與啓示,不是透過言語,而是透過圖像和感受。你看見象徵意義和原型形相閃現,在你的魂靈深處共鳴共振。就好像整副塔羅牌活躍起來了,它的能量和

更深入探究靈能塔羅理論

訊息流入你的存在。當你體認到這次相遇的重要性時，這些洞見令你升起敬畏感。HRU 賦予了你一份神性天賦，使你睜開眼睛，看見萬物的相互連結性以及宇宙的智慧。

心中滿懷感恩與崇敬，你告別了 HRU，因為你知道，每當你想要尋求指引與靈感時，這座神聖的神殿隨時為你服務。你開始走下樓梯，心中帶著 HRU 的智慧回到你的內在塔羅神殿。當你睜開眼睛時，花點兒時間反思你剛剛走過的旅程。要珍惜與 HRU 的連結，以及從中獲得的洞見，讓有美麗獵鷹之翼的塔羅牌神性守護天使指引你，繼續走在人生的道路上。

練習 77

召喚 HRU 的祈禱

赫密士黃金黎明協會教導剛入會的會員，在以塔羅牌占卜之前，要先進行召喚 HRU 的祈禱，藉此祈請 IAO 帶出 HRU。縮寫 IAO 是一條吟誦公式，根源於神祕學，代表神明伊西斯（Isis）、阿波菲斯（Apophis）與歐西里斯（Osiris）。這個神力的強大組合象徵生命、死亡與重生的神性永恆循環。藉由祈請 IAO 的能量，我們得以契入這股生命循環階段的普世力量，更深入了解存在的奧祕。以下是傳統赫密士黃金黎明協會召喚 HRU 的祈禱文：

我祈請祢們，IAO，請祢們派遣 HRU，負責這個祕密大智慧運作的大天使，將祂的手無形地放在這些被聖化的藝術牌卡上，使我們獲得隱藏事物的真實知識。榮耀祢們無可言喻的聖名。阿門。[30]

第10章

在這段祈禱文當中，我們謙卑地求助於神聖的IAO，祈請強大的HRU——那位受人尊敬的集體靈識天使、祕傳知識的守護者。我們懷著崇敬之心尋求HRU的協助，為這些神聖的塔羅牌注入提升的洞見，使我們更深入地了解帷幕背後隱藏的真相。我們誠摯的熱望是要照亮神性的聖名，要揭開蘊藏在這些牌卡核心的奧祕。我們真誠地投入，信任自己祈請的神性力量，尋求獲得可以照亮道路並指引我們踏上靈性旅程的理解與知識。獻上這份祈禱文時，我們想像HRU雄偉的獵鷹之翼，圈住我們解讀塔羅牌的神聖空間。這些天界的翅膀包裹著我們自己、塔羅牌以及在場的任何人，並創建出魔法圈，那是保護和交流的神聖空間。我們對祈請的神力有信心，因此我們說「阿門」，肯定地表明自身完全信任並臣服於HRU帶來的智慧和指引。如果阿門令你不舒服，可以說諸如此類的詞語，例如「阿蒙」（Amun，埃及造物神的名字）或「但願如此！」（So mote it be!），願這份神聖的連結增強我們的靈性洞見，帶領我們更接近神性真理。

練習78

HRU的托特塔羅奧義圖書館

在本練習中，你要進入你的內在塔羅神殿並登上HRU廳室，古老智慧正在那裡等候著你。當你打開門，進入浩瀚無垠的圖書館時，你會發現塔羅牌深層祕密的編碼知識。

---

30 Louis, *Tarot Beyond the Basics*, 104.

更深入探究靈能塔羅理論

1. 進入你的內在塔羅神殿，走上樓梯，來到屬於塔羅天使HRU的廳室。
2. 進入時，你沐浴在溫暖的金光之中。那樣的能量彌漫在空氣中，而你懷著敬畏之心站立著。
3. 在這間廳室中，一扇門引起了你的注意，門上雕刻著塔羅牌中四個王牌花色的四隻天使之手。中央是埃及朱鷺頭神托特的圖像。在關於塔羅牌的古老傳說中，人們相信塔羅牌是托特本人遺失的著作。

4. 信任你的直覺，當你打開門之後，映入眼簾的是一座浩瀚無垠的圖書館，珍藏著塔羅牌最深層的奧祕。

第10章

5. 探索圖書館，館內滿是古老的卷軸、布滿灰塵的大型書冊與神祕的文物。感應到從每個角落共鳴回來的智慧和古老知識。
6. 走近中央的桌子，在天鵝絨的枕頭上找到一本散發祖母綠光芒的書。這本書內含塔羅牌深層奧祕的編碼知識。若要讀取那些資訊，請將雙手輕輕放在祖母綠色的書皮封面上，與HRU的指引能量連結。
7. 打開祖母綠色的書本時，一股神性能量流經你全身。那些扉頁變得栩栩如生，滿是與你魂靈共鳴的圖像、符號與洞見。允許自己吸收其內的知識和智慧。
8. 慢慢來，探索編碼在書中的教義，知道HRU正在指引你獲得你最需要的知識。信任這個神聖的空間是為你的靈性旅程所量身訂製。
9. 對HRU表達感恩，感謝你從祂那裡接收到的指引與教導。闔上祖母綠色的書本，知道每當你需要更深入地探究塔羅牌的奧祕時，都可以進入這座神聖的圖書館。
10. 攜帶著在你之內的HRU能量和智慧，開始沿著祕密的通道樓梯間下行。返回到你的神殿，知道在塔羅的探索旅程上，HRU的指引始終與你同在。
11. 準備就緒後便睜開眼睛，將來自HRU祕密圖書館的洞見與靈感帶入正在覺醒的世界。欣然接受你已接收到的智慧，知道你總是可以返回到這個神聖的空間，深化你與塔羅奧祕的連結。

逐漸開展的塔羅奧祕

根據我個人的經驗，冥想期間從HRU圖書館獲得的知識，可能並不總是立即顯而易見或被完整地處理過。從那個神聖空間蒐集到的洞

見，彷彿徘徊在我的潛意識深處，等待著對的時機才會浮現，讓人們知曉它存在。有好幾次，我驚愕地發現，在深夜的夢境中，我碰巧找到了引入入勝的視角，得以洞悉塔羅牌內隱藏的象徵意義。這些夢境提供了超現實然而深刻的邂逅，讓我遇見編碼在塔羅牌內的奧祕。在那些夢境中，我發現自己以超乎表意識理解的方式，探索著塔羅牌的意象和象徵意義。就好像我的潛意識心智成為塔羅天使的通道，揭露了表意識無法領會的複雜關係和深層意義。醒來後，夢中生動的片段流連在腦海裡，每個片段都內含關於塔羅牌更深層的寶貴洞見。這些夢境的啟示就像隱藏的寶石，等待著在白天被發掘和檢驗。

更令我驚訝的是，後來在深入探究夢中發現的象徵意義時，我無意間找到了實質的證據，證實那些洞見確實有效。就好像宇宙本身透過共時性共謀，確認了從HRU圖書館接收到的智慧。夢境知識的碎片以意想不到的方式自行展現，好比偶遇罕見的塔羅牌相關資訊，或在日常活動中突然間領悟到那些牌。這些共時性的作用在於驗證我所接收到的指引真實不虛，且值得進一步探索。這段逐步開展的發現之旅讓人既謙卑又敬畏，它提醒我，塔羅的奧祕浩瀚無垠，總是有更多事物待學習和揭露。來自HRU圖書館的資訊並不意味著可以一次全部理解，那是逐漸同化與整合的過程。我其實很重視冥想、夢境以及與日常生活融合在一起的方式，這些都增進了我與HRU的連結。當我更深入地挖掘塔羅牌中隱藏的意義時，這個臨在不斷指引著我。我保持開放，樂於接受意想不到的時刻，因此得以窺見更大的靈性問題。我有信心，HRU的洞見將會持續為我的塔羅占卜和個人成長增添理解層次。我希望你在自己的旅程中也體驗到同樣的事。

∞

WHEEL of FORTUNE

結語

茱莉亞・卡麥隆（Julia Cameron）在她極具洞見的著作《創作，是心靈療癒的旅程》（*The Artist's Way*）當中，說了這段動人心弦的話：

> 藝術不是想出什麼東西。它的重點恰好相反，是記下些什麼。在此，方向很重要。[31]

這個概念強烈呼應了靈能塔羅占卜的實踐。就跟藝術家將抽象的視界化為現實一樣，塔羅占卜師讓塔羅牌呈現牌面的故事，他們不發明故事，而是揭露故事。塔羅牌陣中的每一張牌都像畫布上的筆觸一樣，描繪著這則故事的一部分。在熟練的靈能占卜師手中，這些牌反映出我們最深層的想法，將我們連結到共有的人類經驗。占卜師的才華在於融合他們的心靈直覺與塔羅牌的象徵「色彩」，並揭露與個人和人際動態有關的洞見。

塔羅占卜深入探究表面底下，使看不見的事物變得可見，為隱藏的念頭和感受賦予形相。塔羅牌是可見與不可見之間的橋梁，闡明等待著要被帶出來的靈能與直覺資訊的各個面向。就像在藝術家的調色盤上輕抹幾下顏料，每一張牌都在為塔羅占卜的整體畫面增添明顯不同的色調。塔羅的靈能藝術揭示了我們的內在自我與生命的外在奧祕，塔羅占卜釐清了複雜的情感與經歷，讓我們更理解自己在世上的地位。投入這些實作法能豐富我們的感知，使我們更清晰地了解自己的身分、與他人連結的本質，以及我們在更大的世界故事中，處在什麼樣的地位，進而

---

31 Cameron, *The Artist's Way: 30th Anniversary Edition*, 117.

結語

讓我們更加領會到人生不斷展開的故事。

　　塔羅占卜的靈能面向更符合藝術性，而不是嚴格的科學。透過它，我們與集體無意識建立起獨特的聯繫，這份聯繫並不是由嚴格的規則指引，而是由我們心靈想像力的鮮豔色彩所引導。這種想像力的作用宛如畫筆，使隱藏在塔羅牌內的故事變得生動鮮活。我們的想像力帶領著我們超越世俗現實，允許我們跳脫傳統邏輯的限制，就好像藝術家從內在世界捕捉更挑釁人心的東西，然後以自己為媒介傳達。在靈能塔羅的藝術中，想像力不僅有用，而且不可或缺。想像力類似於畫家看待世界的獨特視角，它是我們獲得靈能洞見的鏡頭。塔羅牌真正的美就好像曠世鉅作的美，在於它能夠建立連結並傳達真實性。正如同藝術家可能會擔心下筆錯誤，當我們想到詮釋錯了塔羅牌，也可能會感到驚恐。不過，在塔羅的靈能藝術中，這些所謂的錯誤卻是珍貴的老師。它們鏡映出「愚人」的旅程——他張開雙臂，踏入未知的世界，準備好要從自己的經驗（包括錯誤）中學習。

　　愈是與塔羅牌交流，我們就愈本能地了解塔羅牌。就此而言，塔羅就好像藝術——對每一個個體來說，都是深度個人且獨一無二的。雖然我們可能會從傳統的方法開始，打下堅實的基礎，但是每一位塔羅占卜師就如同藝術家一樣，最終會發展出與眾不同的風格。對某人有效的方法可能對另外一個人無效，而那正是塔羅牌真正的魅力：它具有個人化和可改造的能力。要把你的內在塔羅神殿想成你自己的個人藝術工作室，在這個空間裡，你磨練著自己的直覺和靈性洞察力——它是主動參與和探索的地方。你的塔羅指導靈就像繆思女神，照亮了你的旅程並為你的占卜注入靈感。隨著這份關係的增進，你的占卜將變得更豐富細膩。你的詮釋開始與更大的清明相呼應，鏡映出身為占卜師的你與問卜者之間形成的深度連結，就好像藝術家與其觀眾之間的關係。

　　我相信，這些練習已經讓你做好準備，在直覺發現與靈能表達方面

結語

迎接令人興奮雀躍的冒險。隨著每次洗牌和牌陣的展開,願你更深入地探究這門藝術的美,並豐富他人的人生。在本書結尾,請想像自己是塔羅牌的「愚人」,站在奇妙旅程的邊緣。帶著藝術家接近空白畫布的勇氣和樂觀邁出那一步,搭配生動的想像力和堅定的信念,相信塔羅之靈(Spirit of Tarot)就好比睿智的藝術導師,只要你的意圖真誠而熱情,就會帶領你發揮最大的潛力。

附錄 A
靈能肯定語與塔羅牌

愚人（THE FOOL）：「我樂於接納新的體驗和視角，從而喚醒靈能洞見。」

魔法師（THE MAGICIAN）：「我內在擁有一切工具和能力，可以解鎖我的靈能潛力。」

女祭司（THE HIGH PRIESTESS）：「我信任我的直覺和它所帶來的智慧，它指引我邁向更深層的理解。」

女皇（THE EMPRESS）：「我滋養我的靈能天賦，看著它們茁壯成長。」

皇帝（THE EMPEROR）：「我指揮我的靈力，運用智慧和力量操控它們。」

教皇（THE HIEROPHANT）：「我得到普世智慧的指引，也連結到靈性界域。」

戀人（THE LOVERS）：「我允許愛指引我的靈能旅程，為我的身心靈帶來清明與統一。」

戰車（THE CHARIOT）：「我以決心與自信向前邁進，開發我的靈力。」

力量（STRENGTH）：「我堅強而有彈性，而且我的靈能力量與日俱增。」

隱士（THE HERMIT）：「在孤獨中，我發現我的靈能知識之光照亮著前進的道路。」

命運之輪（WHEEL OF FORTUNE）：「我信任宇宙的流動，知道它能提升我的靈力。」

正義（JUSTICE）：「我追求真理與平衡，增強我的靈能洞見。」

倒吊人（THE HANGED MAN）：「有了新的視角，我得以擴展自己的靈能意識。」

死神（DEATH）：「我放下老舊的限制，為已提升的靈能覺知騰出空間。」

節制（TEMPERANCE）：「我調和身心靈，以此契入靈能智慧。」

惡魔（THE DEVIL）：「我正在擺脫所有自我強加的障礙，從而提升靈力。」

高塔（THE TOWER）：「雖然改變可能很紛亂，但是它為我的靈能覺醒掃清道路。」

星星（THE STAR）：「我信任宇宙的指引，從而提升靈能覺知。」

月亮（THE MOON）：「我與潛意識相連，揭開隱藏的靈能洞見。」

太陽（THE SUN）：「我被正能量包圍，它喚醒了我的靈力。」

審判（JUDGEMENT）：「我正醒悟到更高層級的意識和靈能理解力。」

世界（THE WORLD）：「我完全連結到普世的智慧，明白我的靈能潛力。」

錢幣王牌（ACE OF PENTACLES）：「我的靈能旅程才剛剛開始，而且宇宙支持我的每一步。」

錢幣二（TWO OF PENTACLES）：「我維持身體自我與靈性自我之間的平衡，從而提升自己的靈力。」

錢幣三（THREE OF PENTACLES）：「當我與他人合作時，靈能洞見得以增長並深化。」

錢幣四（FOUR OF PENTACLES）：「我相信自己的靈力，將它們落實在日常生活中。」

錢幣五（FIVE OF PENTACLES）：「即使遭逢艱難，我也會找到深化靈力的力量。」

錢幣六（SIX OF PENTACLES）：「我慷慨地分享我的靈能洞見，從而自宇宙中接收到更進一步的智慧。」

錢幣七（SEVEN OF PENTACLES）：「我有耐心地培養靈力，知道假以時日且小心照護，它們一定會增長。」

錢幣八（EIGHT OF PENTACLES）：「持續演練讓我得以磨練靈力，並深化靈性洞察力。」

錢幣九（NINE OF PENTACLES）：「我享受靈能增長的成果，欣賞它為人生帶來的智慧。」

錢幣十（TEN OF PENTACLES）：「我有豐富的靈能智慧，它為我的人生帶來和諧與洞見。」

錢幣侍從（PAGE OF PENTACLES）：「好奇心與開放性引導著我的靈能開發。」

錢幣騎士（KNIGHT OF PENTACLES）：「我保持堅定不移，致力於追求靈能知識。」

錢幣女王（QUEEN OF PENTACLES）：「我善於滋養且心地善良，並運用靈力實現更大的善。」

錢幣國王（KING OF PENTACLES）：「我以我的靈力為基礎，以智慧和辨別能力運用它們。」

寶劍王牌（ACE OF SWORDS）：「我的頭腦清明而專注，非常適合開發靈力。」

寶劍二（TWO OF SWORDS）：「我在混亂中找到平靜，允許我的靈能直覺指引我。」

寶劍三（THREE OF SWORDS）：「我可以從任何痛苦中痊癒，並運用這些體驗深化我的靈能理解力。」

寶劍四（FOUR OF SWORDS）：「在休息和獨處的時候，我的靈力茁壯成長。」

寶劍五（FIVE OF SWORDS）：「我從衝突與不和諧當中學習，運用這些體驗磨練靈能智慧。」

寶劍六（SIX OF SWORDS）：「我信任我的旅程，知道我的每一個行動都可以提升靈力。」

寶劍七（SEVEN OF SWORDS）：「我信任自己的智慧與直覺，那指引著我邁向更強而有力的靈能洞見。」

寶劍八（EIGHT OF SWORDS）：「我讓自己擺脫限制性信念，並敞開來迎向無限的靈能潛力。」

寶劍九（NINE OF SWORDS）：「我釋放恐懼和焦慮，因為我明白它們只會遮蔽我的靈能視界。」

寶劍十（TEN OF SWORDS）：「我從結局中學習，運用這些時刻帶來靈能的重生。」

寶劍侍從（PAGE OF SWORDS）：「我的好奇心為我的旅程添加燃料，指引我邁向更深層的靈能知識。」

寶劍騎士（KNIGHT OF SWORDS）：「我的勇氣和野心驅動著我的靈能開發。」

寶劍女王（QUEEN OF SWORDS）：「我運用我的辨別能力和智慧指引自己的靈能旅程。」

寶劍國王（KING OF SWORDS）：「我是思想的主人，我運用頭腦的清明提升靈力。」

權杖王牌（ACE OF WANDS）：「我潛力滿滿，準備好要點燃我的靈力。」

權杖二（TWO OF WANDS）：「我樂於接納新的道路和可能性，從而擴展靈能視界。」

權杖三（THREE OF WANDS）：「在靈能洞見的指引下，我有力量塑造自己的未來。」

權杖四（FOUR OF WANDS）:「我歡慶自己在靈能旅程上的進步與成就。」

權杖五（FIVE OF WANDS）:「我從挑戰和衝突中學習,運用它們完善我的靈力。」

權杖六（SIX OF WANDS）:「我自信地分享我的靈能洞見,運用它們提升他人。」

權杖七（SEVEN OF WANDS）:「我堅信自己的信念,為我的靈能力量和韌性添加燃料。」

權杖八（EIGHT OF WANDS）:「在我的靈能旅程上,我迅速行動,清明而有目的。」

權杖九（NINE OF WANDS）:「我有韌性,而且儘管有障礙,也決心要持續滋養我的靈力。」

權杖十（TEN OF WANDS）:「我釋放不必要的負擔,為靈能成長騰出空間。」

權杖侍從（PAGE OF WANDS）:「我擁抱驚異感與好奇心,我的靈能探索力也提升了。」

權杖騎士（KNIGHT OF WANDS）:「我的熱情和決心指引著我的旅程,同時增強了我的靈力。」

權杖女王（QUEEN OF WANDS）:「我是溫暖、勇氣與靈能智慧的燈塔。」

權杖國王（KING OF WANDS）:「我以直覺領導,運用靈能天賦達到激勵和啟發。」

聖杯王牌（ACE OF CUPS）:「我樂於接納內在和周圍流動的大量靈能直覺。」

聖杯二（TWO OF CUPS）:「有了與他人的連結,我得以深化自己的靈能理解力與同理心。」

聖杯三（THREE OF CUPS）：「在分享體驗的喜悅中，我的靈力提升了。」

聖杯四（FOUR OF CUPS）：「我追求超越可見事物的智慧和意義，從而提升靈能感知。」

聖杯五（FIVE OF CUPS）：「我釋放過去的失望，為不斷增長的靈能覺知騰出空間。」

聖杯六（SIX OF CUPS）：「我尊重我的過去和我的內在小孩，從而打開通向靈能洞見的大門。」

聖杯七（SEVEN OF CUPS）：「我能辨別幻相與真理，使靈能視界更敏銳。」

聖杯八（EIGHT OF CUPS）：「我有勇氣拋開那些對靈能開發不再有用的東西。」

聖杯九（NINE OF CUPS）：「我信任我的心願與靈能抱負正在實現。」

聖杯十（TEN OF CUPS）：「我與內在及外在的和諧相映契合，我的靈力也因此推升了。」

聖杯侍從（PAGE OF CUPS）：「我具有開放的心與好奇的頭腦，善於接收靈能訊息。」

聖杯騎士（KNIGHT OF CUPS）：「我無畏地追隨我的心與直覺，我的靈力也因此提升了。」

聖杯女王（QUEEN OF CUPS）：「我信任我的直覺，以愛與慈悲滋養靈力。」

聖杯國王（KING OF CUPS）：「我很平衡，善於掌控自己的情緒，運用智慧引導我的靈力。」

附錄 B
應急資源

在塔羅占卜期間，有時候出現的課題超出你的能力範圍，而且大家時常更願意告訴塔羅占卜師他們不會告訴別人的事。成為塔羅牌占卜師並不是扮演治療師、律師或醫生的免費入場券，你也不會希望自己是因為越界而最終陷入法律麻煩的占卜師。

手邊隨時準備一份熱線或網站清單，如果談話出現重大的轉折，你可以為問卜者指出正確的方向。許多時候，你可能會因為這麼做而救人於水火。

我為你整理了一些關於這些主題的資源，網址如下：

www.Auryn.net/emergency

參考書目

Adam, Elliot. *Fearless Tarot: How to Give a Positive Reading in Any Situation.* Llewellyn, 2020.

———. *Tarot in Love: Consulting the Cards in Matters of the Heart.* Llewellyn, 2023.

Antenucci, Nancy. *Tarot Rituals: Ceremonies, Ideas, and Experiences for the Tarot Lover.* Llewellyn, 2022.

Antenucci, Nancy, and Melanie Howard. *Psychic Tarot: Using Your Natural Psychic Abilities to Read the Cards.* Llewellyn, 2011.

Arrien, Angeles. *The Tarot Handbook: Practical Applications of Ancient Visual Symbols.* Penguin, 1997.

Auryn, Mat. *Mastering Magick: A Course in Spellcasting for the Psychic Witch.* Llewellyn, 2022.

———. *Psychic Witch: A Metaphysical Guide to Meditation, Magick, and Manifestation.* Llewellyn, 2020.

Braden, Nina Lee. *Tarot for Self Discovery.* Llewellyn, 2002.

Brennan, Barbara Ann. *Light Emerging: The Journey of Personal Healing.* Random House, 2011.

Bunning, Joan. *The Big Book of Tarot: How to Interpret the Cards and Work with Tarot Spreads for Personal Growth.* Weiser, 2019.

Burgess, Charlie Claire. *Radical Tarot: Queer the Cards, Liberate Your Practice, and Create the Future.* Hay House, 2023.

Cameron, Julia. *The Artist's Way,* 30th anniversary ed. Penguin, 2016.

Campbell, Joseph. *The Hero with a Thousand Faces.* New World Library, 2008.

Chang, T. Susan. *Tarot Correspondences: Ancient Secrets for Everyday Readers.* Llewellyn, 2018.

參考書目

Chang, T. Susan, and M. M. Meleen. *Tarot Deciphered: Decoding Esoteric Symbolism in Modern Tarot*. Llewellyn, 2021.

Cicero, Chic, and Sandra Tabatha Cicero. *Tarot Talismans: Invoking the Angels of the Tarot*. Llewellyn, 2006.

Cicero, Chic, Lon Milo DuQuette, and Israel Regardie. *The Complete Golden Dawn System of Magic*. Falcon, 2020.

Cicero, Chic, Sandra Tabatha Cicero, and Pat Zalewski. *The Golden Dawn Enochian Skrying Tarot: Your Complete System for Divination, Skrying, and Ritual Magick*. Llewellyn, 2004.

Colish, Marcia L. *The Stoic Tradition from Antiquity to the Early Middle Ages*. Germany: Brill, 1990.

Coyle, T. Thorn. *Evolutionary Witchcraft*. Penguin, 2005.

Crowley, Aleister. *Book of Thoth*. Weiser, 1969.

Crowley, Aleister, Mary Desti, and Leila Waddell. *Magick: Liber ABA,* book 4. Weiser, 1997.

Curtiss, F. Homer, Harriette Augusta Curtiss, Manly P. Hall, A. E. Thierens, Papus, S. L. MacGregor Mathers, Arthur Edward Waite, Eliphaz Levi, P. D. Ouspensky, and P. R. S. Foli. *The Tarot: A Collection of Secret Wisdom from Tarot's Mystical Origins*. Foreword by Juliet Sharman-Burke. St. Martin's, 2021.

de Biasi, Jean-Louis. *The Divine Arcana of the Aurum Solis: Using Tarot Talismans for Ritual and Initiation*. Llewellyn, 2011.

Dionne, Danielle. *Magickal Mediumship: Partnering with the Ancestors for Healing and Spiritual Development*. Llewellyn, 2020.

Dominguez, Jr., Ivo. *Keys to Perception: A Practical Guide to Psychic Development*. Weiser, 2017.

———. *Spirit Speak: Knowing and Understanding Spirit Guides, Ancestors, Ghosts, Angels, and the Divine*. New Page, 2008.

參考書目

Drury, Nevill. *The Watkins Dictionary of Magic: Over 3,000 Entries on the World of Magical Formulas, Secret Symbols, and the Occult.* Watkins Media, 2011.

DuQuette, Lon Milo. *Understanding Aleister Crowley's Thoth Tarot: New Edition.* Weiser, 2017.

Elford, Jaymi. *Tarot Inspired Life: Use the Cards to Enhance Your Life.* Llewellyn, 2019.

Ende, Michael. *The Neverending Story.* Penguin Young Readers Group, 1993.

Fortune, Dion. *The Cosmic Doctrine.* Weiser, 2000.

———. *The Mystical Qabalah.* Weiser, 2022.

———. *Spiritualism in the Light of Occult Science.* Rider, 1931.

Gad, Irene. *Tarot and Individuation: A Jungian Study of Correspondences with Cabala, Alchemy, and the Chakras.* Nicolas-Hays, 2004.

Gilbert, Elizabeth. *Big Magic: Creative Living Beyond Fear.* Penguin, 2016.

Graham, Sasha. *Llewellyn's Complete Book of the Rider-Waite-Smith Tarot: A Journey Through the History, Meaning, and Use of the World's Most Famous Deck.* Llewellyn, 2018.

———. *The Magic of Tarot: Your Guide to Intuitive Readings, Rituals, and Spells.* Llewellyn, 2021.

Gray, Eden. *The Complete Guide to the Tarot: Determine Your Destiny! Predict Your Own Future!* Random House, 1982.

Greer, Mary K. *Archetypal Tarot: What Your Birth Card Reveals about Your Personality, Your Path, and Your Potential.* Weiser, 2021.

———. *Mary K. Greer's 21 Ways to Read a Tarot Card.* Llewellyn, 2011.

———. *Tarot for Your Self: A Workbook for the Inward Journey,* 35th anniversary ed. Weiser, 2019.

Greer, Mary K., and Tom Little. *Understanding the Tarot Court.* Llewellyn, 2004.

參考書目

Halvorson, Ailynn. *The Tarot Apothecary: Shifting Personal Energies Using Tarot, Aromatherapy, and Simple Everyday Rituals*. Llewellyn, 2022.

Hanson, Rick. *Hardwiring Happiness: The New Brain Science of Contentment, Calm, and Confidence*. Harmony/Rodale, 2016.

Hauser, Christine. 2023. "A Pennsylvania Shop Offered Tarot Readings. Then the Police Came," *The New York Times*, October 15, 2023. https://www.nytimes.com/2023/10/14/us/pennsylvania-witchcraft-tarot-law-police.html.

Hendrickson, Nancy. *Ancestral Tarot: Uncover Your Past and Chart Your Future*. Weiser, 2021.

Hesselroth, Denise. *Intentional Tarot: Using the Cards with Purpose*. Llewellyn, 2020.

Hunter, Devin. *The Witch's Book of Power*. Llewellyn, 2016.

Huson, Paul. *Dame Fortune's Wheel Tarot: A Pictorial Key*. Witches Almanac Limited, 2017.

———. *The Devil's Picturebook: The Compleat Guide to Tarot Cards: Their Origins and Their Usage*. iUniverse, 2003.

———. *Mystical Origins of the Tarot: From Ancient Roots to Modern Usage*. Inner Traditions/Bear, 2004.

Jones, Diana Wynne. *Howl's Moving Castle*. HarperCollins, 2001.

Jung, C. G. *Jung on Active Imagination*. Princeton UP, 2015.

———. *Letters of C. G. Jung: Volume 2, 1951–1961*. Taylor and Francis, 2015.

———. *Man and His Symbols*. Random House, 2012.

Jung, C. G., and Gerhard Adler. *Collected Works of C. G. Jung, Volume 9 (Part 1): Archetypes and the Collective Unconscious*. Princeton UP, 2014.

———. *Dreams* (from volumes 4, 8, 12, and 16 of *The Collected Works of C. G. Jung*). Princeton UP, 2010.

參考書目

———. *On the Nature of the Psyche* (from *Collected Works,* vol. 8). Princeton UP, 1969.

———. *Psychology and Alchemy* (from *Collected Works*, vol. 12). Princeton UP, 1980.

———. *Synchronicity: An Acausal Connecting Principle* (from *Collected Works,* vol. 8). Princeton UP, 2012.

Knight, Gareth. *Experience of the Inner Worlds*. Skylight Press, 2010.

Kraig, Donald Michael. *Modern Magick: Twelve Lessons in the High Magickal Arts*. Llewellyn, 2010.

———. *Tarot and Magic*. Llewellyn, 2002.

Leadbeater, C. W. *Man, Visible and Invisible: Examples of Different Types of Man as Seen by Means of Trained Clairvoyance*. Theosophical Publishing, 1927.

Lewis, C. S. *The Magician's Nephew*. HarperCollins, 2014.

Louis, Anthony. *Llewellyn's Complete Book of Tarot: A Comprehensive Guide*. Llewellyn, 2016.

Nichols, Sallie. *Tarot and the Archetypal Journey: The Jungian Path from Darkness to Light*. Weiser, 2019.

Nugteren, Albertina. *Religion, Ritual and Ritualistic Objects*. Spain: MDPI Books, 2019.

Pamita, Madame. *Madame Pamita's Magical Tarot: Using the Cards to Make Your Dreams Come True*. Weiser, 2018.

Plato. *Timaeus and Critias*. Penguin, 2008.

Penczak, Christopher. *The Inner Temple of Witchcraft: Magick, Meditation and Psychic Development*, 20th anniversary ed. Llewellyn, 2021.

Plotinus. *The Enneads*. Penguin, 2005.

Pollack, Rachel. *The Complete Illustrated Guide to Tarot*. Barnes and Noble, 1999.

參考書目

———. *Rachel Pollack's Tarot Wisdom: Spiritual Teachings and Deeper Meanings.* Llewellyn, 2014.

———. *Seventy-Eight Degrees of Wisdom: A Tarot Journey to Self-Awareness.* Weiser, 2020.

———. *A Walk Through the Forest of Souls: A Tarot Journey to Spiritual Awakening.* Weiser, 2023.

Reed, Theresa. *The Cards You're Dealt: How to Deal When Life Gets Real.* Weiser, 2023.

———. *Tarot: No Questions Asked: Mastering the Art of Intuitive Reading.* Weiser, 2020.

———. *Twist Your Fate: Manifest Success with Astrology and Tarot.* Weiser, 2022.

Reed, Theresa, and Shaheen Miro. *Tarot for Troubled Times: Confront Your Shadow, Heal Your Self, Transform the World.* Weiser, 2019.

Robinson, Dawn. *Pamela Colman Smith, Tarot Artist: The Pious Pixie.* Fonthill Media, 2020.

Shaw, Gregory. *Theurgy and the Soul: The Neoplatonism of Iamblichus.* Pennsylvania State UP, 1995.

Snow, Cassandra. *Queering the Tarot.* Weiser, 2019.

True, Rachel. *True Heart Intuitive Tarot, Guidebook and Deck.* HarperCollins, 2020.

Waite, A. E. *The Pictorial Key to the Tarot: An Illustrated Guide.* Random House UK, 2021.

Weber, Courtney. *Tarot for One: The Art of Reading for Yourself.* Weiser Books, 2016.

Welch, Michelle. *Spirits Unveiled: A Fresh Perspective on Angels, Guides, Ghosts & More.* Llewellyn, 2022.

Wen, Benebell. *Holistic Tarot: An Integrative Approach to Using Tarot for Personal Growth.* North Atlantic Books, 2015.

索引

A

Active imagination　積極想像
　…… 142, 155, 290

ADHD　注意力不足過動障礙症
　…… 144, 145

Affirmations　肯定語
　…… 17, 46, 60, 135-137, 185, 187, 194, 207, 279

Alchemy　煉金術
　…… 252, 255-256, 289, 291

Alpha　阿爾法
　…… 28-29, 34, 36, 59, 213, 219-220, 235

Anima mundi　世界靈魂
　…… 248-251

Archetype　原型
　…… 21, 37, 47, 72, 75, 80, 142-143, 155, 222, 249-254, 258-259, 261, 267-268

Aura　氣場
　…… 34, 36, 97, 100, 210, 215, 227-232, 235, 237

B

Birth card　出生牌
　…… 177-179, 289

Brainwave　腦波
　…… 26, 28, 34, 185, 219-220

索引

C

Campbell, Joseph　喬瑟夫・坎伯
  …… 253-254

Centering　歸於中心
  …… 36, 38-39, 41, 45-46, 66, 75, 187, 213, 241

Chaldean Oracles　迦勒底神諭
  …… 249

Charging　加持充電
  …… 36, 52, 61

Clairalience　靈嗅力
  …… 168, 170, 194, 197-198, 201

Clairaudience　靈聽力
  …… 168, 170, 194, 196-197, 201, 203-204, 205

Clairgustance　靈嚐力
  …… 168, 179, 195, 198-199, 202

Clair senses　靈通感官
  …… 13, 163, 168, 194

Clairtangency　靈觸力
  …… 54, 111, 168, 170, 195, 199-201

Clairvoyance　靈視力
  …… 168, 170, 194-196, 201-202, 204, 213, 228-229, 291

Collective unconscious　集體無意識
  …… xxi, xxiv, 71-72, 140, 142, 182, 249-251, 253, 259, 261, 276, 290

Crowley, Aleister　阿萊斯特・克勞利
  …… 264-266, 288-289

D

Dionne, Danielle　達尼艾拉・迪歐妮
  …… 221, 231, 288

Divination 占卜
…… 9-11, 72, 87, 108, 138, 147, 243-244, 259-260, 265, 288

Divinity 神性
…… 7, 9-18, 117, 197, 225-226

Dominguez, Jr., Ivo 小伊沃・多明格斯
…… 19, 188, 288

Dream incubation 夢境孵化
…… 182-183

Dreams 夢
…… 64, 71, 104, 139, 141, 179, 182-184, 221, 239, 251, 273, 290-291

E

Ego 小我
…… 12, 15-16, 115, 120, 127-128, 207, 253, 255-256

Egregores 集體靈識
…… 105, 262-264, 266, 270

Empathy 同理心
…… 101, 107, 125, 194, 209, 283

Energetic recalibration 能量重新校準
…… 209, 241

Energy, essence, and information 能量、本質、資訊
…… 19, 21

F

Fate 命運
…… 73, 243-245, 266, 292

Fortune, Dion 荻恩・佛瓊
…… 70, 122, 139, 185, 250

索引

Fortune-telling　算命
　　⋯⋯ 9-10
Free will　自由意志
　　⋯⋯ 83, 164, 243, 266

G
Genius　天才
　　⋯⋯ 14-15
Greer, Mary K.　瑪莉・K・格瑞爾
　　⋯⋯ xxii, 38, 155, 177, 289
Grounding　扎根接地
　　⋯⋯ 35-36, 38-39, 41-44, 47, 53, 60-61, 99, 132, 213, 216, 241

H
Hero's Journey　英雄旅程
　　⋯⋯ 253-254
Higher self　高我
　　⋯⋯ 12-21, 23-25, 27, 72, 112-113, 120, 129, 142, 164, 200, 204, 206-208, 229, 233, 237, 241
Holy Guardian Angel (HGA)　神聖守護天使
　　⋯⋯ 14
HRU　荷魯－拉－哈（Heru-Ra-Ha）
　　⋯⋯ 264-273

I
I Ching　《易經》
　　⋯⋯ 260

Imagination　想像力
　　…… 2, 26, 67, 74, 87-88, 93, 104, 140-141, 167, 174, 185-186, 200-202, 230-231, 276-277, 290

Individuation　個體化
　　…… 253-257, 289

Inner planes　內在層面
　　…… 71, 139-143, 146-147, 155, 163, 182-183, 193-194, 250, 261-262

Intuition　直覺
　　…… xxii, 2-7, 11-13, 19-22, 29-31, 35, 49, 53-54, 56-57, 67-68, 70, 73, 76-77, 79, 81, 87-88, 91-111, 115-118, 120, 125-127, 129, 131-132, 136-137, 141-142, 148, 152-153, 160-161, 165, 169-170, 173, 175-176, 188-189, 192, 195, 199-200, 204-208, 214, 216-218, 220, 225, 228-232, 235-236, 243, 248, 250, 260-261, 271, 279-284

J

Jung, Carl　卡爾・榮格
　　…… xxi, 71, 140, 142, 155-156, 249-254, 259-260, 267, 289-291

L

Lower self　低我
　　…… 12-13, 18-25, 27, 91-92, 98-99, 108-109, 111, 120, 199-200

M

Magic 8 Ball　神奇八號球
　　…… 9

Major arcana　大阿爾克那
　　…… xxii, xxiii, 133, 146, 148, 153-156, 159-161, 177-179, 254, 258

Marseilles Tarot/Tarot of Marseilles　馬賽塔羅牌
　　…… 79, 116

Meditation　冥想

　　…… 4, 6, 11, 25, 43, 63-67, 69, 97, 137, 139, 145-146, 160, 166, 175, 183, 186-187, 195-196, 198, 200, 272-273, 287, 291

Middle self　中我

　　…… 12-14, 18-22, 24-25, 72, 92, 120-121, 207

Mindfulness　正念

　　…… 4, 35, 69, 97, 99, 103

N

Neoplatonism　新柏拉圖主義

　　…… 248-249, 251, 292

P

Pendulum　擺錘

　　…… 108-110

Persona　人格面具

　　…… 253

Pillars of wisdom　智慧之柱

　　…… 30, 36

Pollack, Rachel　瑞秋·波拉克

　　…… xxii, 26, 258, 291-292

Preliminary exercises　預備練習

　　…… 35-36, 61, 167, 212

Psychic　靈能者；靈能的

　　…… xxiv, 1-7, 9-10, 13-21, 26-27, 33-36, 38-40, 48-49, 53-54, 57, 59-61, 64, 66-68, 70-73, 75-76, 87, 91, 96, 98, 101, 111, 115-120, 122-124, 128, 136-137, 140, 163, 168, 170, 189, 191-201, 204, 207, 210-211, 214-215, 217, 221, 225-226, 243, 261, 263, 275-276, 279-284, 287-288, 291

Psychometry　接觸感應

　……54, 168, 199-200

Purifying　純化

　……52

Q

Querent　問卜者

　……5, 16-17, 22-23, 35, 49-50, 70, 88-89, 94, 101, 103-104, 111, 117, 121-126, 128, 138, 196, 199, 222-223, 227, 260, 276

R

Reed, Theresa　泰瑞莎‧里德

　……245, 292

Regardie, Israel　以色列‧雷加迪

　……288

Rider-Waite-Smith　萊德偉特史密斯塔羅牌

　……6, 30, 71, 79-80, 82, 116, 153, 157, 177-181, 223-226, 265, 289

S

Scrying　凝視占卜

　……87-89, 147

Shadow　陰影

　……120, 141, 251, 253-254, 292

Smith, Pamela Colman　潘蜜拉‧柯爾曼‧史密斯

　……177-181, 264, 292

Spirit Guide　指導靈

　……142, 163-169, 170-179, 182-189, 222, 234-237, 241, 262, 276

索引

Symbolism 象徵意義

……31, 70-76, 78-79, 87, 92, 100, 105, 118, 129, 138, 142, 168, 173, 176, 178-181, 195-198, 200, 217, 234, 243, 245, 256, 259-261, 268, 273, 288

Symbols （象徵）符號

……xxi, 5, 19, 21, 35, 69-72, 74-76, 78-79, 81, 84, 87, 94, 119-121, 129, 131, 138, 141-142, 145, 149, 157, 165-168, 175, 183-184, 195-196, 202, 210, 212-214, 217, 234-236, 243, 249-251, 254, 258, 261-262, 267, 272, 287, 289-290

Synchronicity 共時性

……238, 259-262, 273, 291

T

Tarot spirit guide 塔羅指導靈

……142, 163-169, 171-173, 177-179, 182-189, 222, 234-237, 241, 262, 276

Tarot temple 塔羅神殿

……139-149, 151-153, 155-157, 159, 161, 164, 166, 267, 269-271, 276

Thelema/Thelemic 泰勒瑪／泰勒瑪的

……265

Theosophy 神智學

……262

Theurgy 通神術

……249

Thoth 托特

……6, 116, 265-266, 270-271, 288-289

Thoughtforms 思想念相

……33-34, 43, 262-263

索引

Three souls/three selves 三魂／三個自我
    ······ 7, 12-13, 24
True, Rachel 瑞秋・楚
    ······ 244, 292

W

Waite, Arthur Edward 亞瑟・愛德華・偉特
    ······ 71, 179-181, 264, 288, 292
Wells of power 力量之井
    ······ 36-37, 39-42, 43
Wen, Benebell 班妮貝兒・溫
    ······ 118, 292

Y

Year card 流年牌
    ······ 178

Z

Zener 齊納
    ······ 210

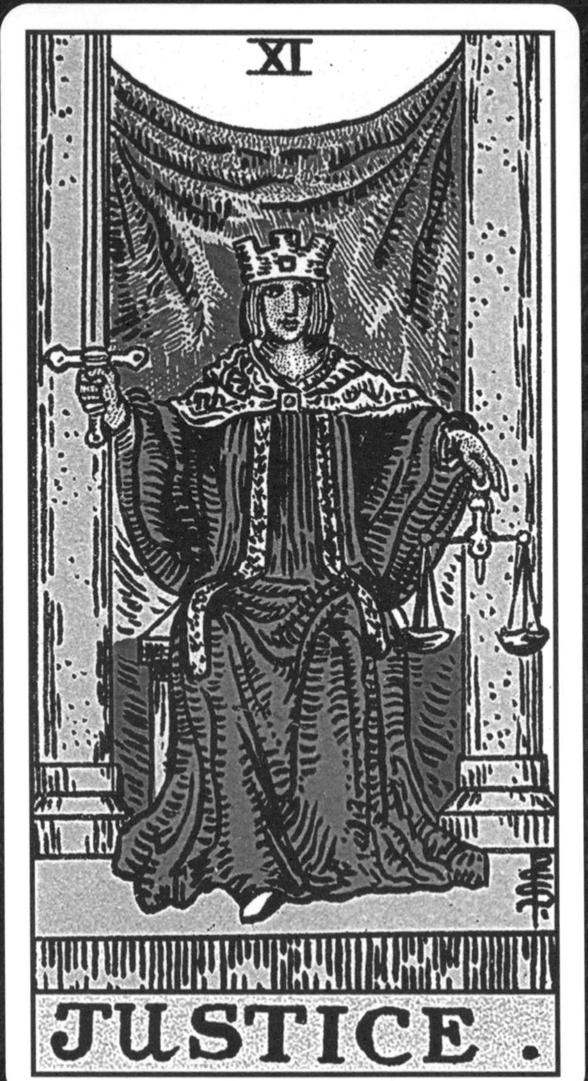
XI
JUSTICE.

Translated from
The Psychic Art of Tarot：
Opening Your Inner Eye for More Insightful Readings
Copyright © 2024 Mat Auryn
Published by Llewellyn Publications
Woodbury, MN 55125 USA
www.llewellyn.com

靈能塔羅

打開內在之眼，迎接更具洞見的占卜

出　　　版	╱楓樹林出版事業有限公司
地　　　址	╱新北市板橋區信義路163巷3號10樓
郵 政 劃 撥	╱19907596　楓書坊文化出版社
網　　　址	╱www.maplebook.com.tw
電　　　話	╱02-2957-6096
傳　　　真	╱02-2957-6435
作　　　者	╱麥特・奧林
譯　　　者	╱烯巢
責 任 編 輯	╱周季瑩
校　　　對	╱邱凱蓉
內 文 排 版	╱洪浩剛
港 澳 經 銷	╱泛華發行代理有限公司
定　　　價	╱650元
初 版 日 期	╱2025年8月

國家圖書館出版品預行編目資料

靈能塔羅：打開內在之眼,迎接更具洞見的占卜 /
麥特・奧林作；烯巢譯. -- 初版. -- 新北市：楓樹
林出版事業有限公司, 2025.08　面；　公分

譯自：The psychic art of tarot : opening
your inner eye for more insightful readings

ISBN 978-626-7729-30-4（平裝）

1. 占卜

292.96　　　　　　　　　　　　　114009031